法律专业学位教育案例研习系列教材

国际金融法
案例研习教程

主　编　何　焰

副主编　肖　鹏　余素梅

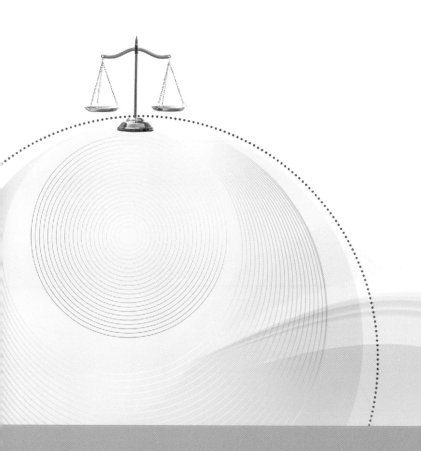

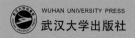

WUHAN UNIVERSITY PRESS
武汉大学出版社

图书在版编目(CIP)数据

国际金融法案例研习教程/何焰主编 . —武汉：武汉大学出版社，
2023.12

法律专业学位教育案例研习系列教材
ISBN 978-7-307-24206-7

Ⅰ.国…　Ⅱ.何…　Ⅲ.国际法—金融法—案例—高等学校—教材
Ⅳ.D996.2

中国国家版本馆 CIP 数据核字(2023)第 250545 号

责任编辑:胡　荣　　　责任校对:汪欣怡　　　整体设计:韩闻锦

出版发行:**武汉大学出版社**　　(430072　武昌　珞珈山)

(电子邮箱：cbs22@whu.edu.cn　网址：www.wdp.com.cn)

印刷:湖北云景数字印刷有限公司

开本:787×1092　1/16　印张:12　字数:259 千字　插页:1

版次:2023 年 12 月第 1 版　　2023 年 12 月第 1 次印刷

ISBN 978-7-307-24206-7　　　定价:48.00 元

前　言

一、国际金融法教学的目标和使命

培养人才、发展科学、服务社会，是高等教育的基本职能。其中，培养人才是核心职能，发展科学和服务社会是派生职能。同理，国际金融法教学的核心目标和使命是培养金融法治人才，这也是实现金融强国、落实课程思政的必然要求，需要高度重视、努力推进。

（一）金融法治人才培养是金融强国的要求

2023年10月30—31日我国中央金融工作会议在北京举行，中共中央总书记、国家主席、中央军委主席习近平出席会议并发表重要讲话。习近平总书记指出，要坚定不移走中国特色金融发展之路，以加快建设金融强国为目标，推动我国金融高质量发展，为以中国式现代化全面推进强国建设、民族复兴伟业提供有力支撑。此次会议，中央首次提出"金融强国"概念。加强我国金融法律法规建设、提升我国金融执法司法效能，是我国应对国际经济摩擦、维护国家经济安全和发展利益的重要举措，也是我国参与全球经济竞争、推动国际金融治理体系改革的重要途径。要实现上述目标，必须重视国际金融法知识的推广和普及，重视国际金融法的教学与研究，重视金融法治人才队伍建设。

金融法治人才队伍建设是国际金融法教学肩负的重要使命。高质量的国际金融法教学，应能为国家和国际组织持续不断地培养、储备和输送优秀的金融法治人才。金融法治人才队伍建设，将不仅有助于推进我国乃至国际金融法治水平，而且为构建我国涉外金融法治话语体系、建设涉外金融法治工作部门、应对国际摩擦纠纷、保障涉外企业的合规经营、促进"一带一路"建设的高质量实施提供了基础和保障。

（二）金融法治人才培养是课程思政的要求

培养金融法治人才是国际金融法课程思政的初心和归属。国际金融法教学追求的知识目标、能力目标和价值目标中，最基础和最根本的是体现思政育人宗旨的价值目标。仅追求知识和能力而不遵照价值目标的培养是失败的。在教学中如何落实价值目标，可以考虑以下两点：第一，实施德法兼修，促进三观涵养。国际金融法教学应自然合理地融入思政元素，发挥课程思政的育人功能。在案例研习中对学生进行价值引领，帮助学生提升格局、扩大眼界、培养大局观，在案例研习中体会思政理论和思政方法对于解决问题的指导意义，促进传道与授业、育人与成才的联动，培养政治素养和专业技能兼备的复合型人才。第二，不忘中国视角、激发家国情怀。教学中不仅要具有国际视野，也不忘关注中国问题。在讨论国际金融法的基本原理、规则体系、风险防范的同时，也讨论中国金融法治的现状和实践，引导学生在仰望星空时也脚踏实地，积极思考中国问题、中国方案，主动将我党治国理政的智慧与我国法治建设实际相结合，尝试以专业知识服务国家的法治建设，急国家之所急，树立报效国家的责任感和使命感。

总之，国际金融法教学应高度重视金融法治人才培养，注重价值目标、知识目标和能力目标三位一体。案例研习是金融法治人才培养的重要手段。

二、案例研习在国际金融法教学中的作用

(一) 案例研习对价值引领的作用

德法兼修的复合型金融法治人才，是我国实现金融强国目标的根本保障，也是我国在全球金融治理中阐释中国主张、提出中国方案的持久依托。国际金融法案例研习可以自然地融入思政元素，实现价值引领。例如，案例研习中常常需要对问题进行理论剖析和政策溯源，需要分析国家的金融政策制度，反过来又能指导问题的分析和解决，彼此促进。课程思政既可以是高屋建瓴指导实践的理论束，如引入人类命运共同体、总体安全观、三大攻坚战、六保六稳、可持续发展观等思政理论或元素，也可以是助力问题解决和人才培养的方法束，如在案例研习中引导学生观大局、思根源、查真相，将理论与实践相融通；将习近平法治思想与亟待解决的现实问题相结合，引导学生体会顶层设计、底线思维、辩证思维等。案例研习中融入思政元素的方式多种多样，如嵌入思政主题词、抛出思政小问号，例如提出蕴含思政元素的问题："金融法的顶层设计：体系与功能是怎样的？""金融如何服务实体经济？""四个自信在金融法中的体现？""金融法与经济双循环如何联动？""金融法与三大攻坚战是什么关系？""如何理解国际货币治理中的硬实力、软实力与巧实力？""人民币国际化是不是突破外部遏制的有效方法？""从法律角度测度，我国资本市场如何走出一管就死、一放就乱的困境？""如何理解我国证券市场的人民性？市场化与法治化的关系是怎样的？本土化与国际化的关系是怎样的？""如何理解科技金融、互联网金融、虚拟金融的意涵、发展与影响？它们是否应被套上制度的锁链？"

(二) 案例研习对知识传授的作用

金融全球化推动下的国际金融法已经形成一个结构立体、涵盖面广、内容丰富的法律体系。各类规范在内容上相互衔接和渗透、效力上相互支持和肯定、功能上相互配合和补充，不同程度地约束着各国政府、金融机构、其他金融交易当事人的金融行为，影响全球货币资金的流向与流量。考察国际金融法规范的现状，可以发现其内在联系：全球性条约和区域性条约相互促进、国际规则和国家立法相互衔接、公法性规范和私法性规范相互配合、实体法规范和程序法规范相辅相成，共同组成具有动态和开放的法律体系。根据调整对象的不同，国际金融法又可分为国际货币法、国际银行法、国际证券法、金融新业态的

法律问题等板块，各板块内容丰富、各有特点，同时也有交叉和互动。此外，国际金融法也是一个主权敏感、守成派与变革派激烈博弈、考验国际社会治理能力的法律领域。近年来国际金融创新迭起、发展迅猛，国际金融法面临多种外部挑战，承受了较大的改革压力。在不同时期、不同国家和国际组织对国际金融法的价值取向、内容构成和发展趋势等抱持不同观点。

案例研习所具有的知识普及功能显而易见。每个案例都是一个线索，辐射相关的国际金融法知识，或蕴含某个学理或涉及某条法律法规的解释，并打开了观察域外相关法律实践的窗口。与此同时，还可以举一反三地兼顾国际金融法的宏观和微观问题、理论与实践问题、国际法和国内法问题、法治建设与法学研究问题，帮助学习者加深理解、融会贯通。例如，通过银行倒闭事件，既可以从宏观角度联系亚洲金融危机、次贷危机、欧债危机等探讨系统性金融风险防范的宏大问题，又可以从微观角度探寻银行倒闭的具体原因，梳理案例背后的银行监管问题。中观性问题如人民币国际化的法律保障问题、金融创新与监管创新的关系问题等；微观性问题如虚拟货币的合法性问题、银行资本监管的合理性问题、中概股退市问题等。

（三）案例研习对能力培养的作用

研习国际金融法案例，可以锻炼学生的思辨能力、表达能力、写作能力和团队合作能力，尤其是培养学生的问题意识、逻辑思维、法律思维、融通思维。案例研习对于能力培养的作用，是基于案例研习的下述特点：

一是以问题为导向的思维模式。案例研习需要提炼争议焦点，围绕焦点问题展开分析，有助于知识的融会贯通和灵活应用，成就跨学科的融通思维，减少传统分科对于分析和解决问题造成的羁绊。

二是以学生为主体的互动式教学。案例研习与传统教学的教师一言堂不同，而是以学生为主体，有较为充分的师生互动、生生互动。研习过程中一般不设标答，鼓励发散思维、各抒己见，即使所研习的案例配有裁判文书，依然可以展开质疑和辩驳。因此，案例研习的课堂氛围十分活跃，有利于批判性思维的培养，学生的积极参与能大大促进课堂信息量的扩展，促进教学效果的提升。

三是案例取材广泛、丰富多彩。案例既可以是来自裁判文书网的成案，也可以是源自金融市场的新问题、新实践；既可以来自国内也可能来自国外，灵活多样。有目标、有设计的案例研习，可以将抽象理论与具体实务相结合，从而拓展视野、培养觉察力和分析力，提升研习者的综合素养。

三、本书的结构与特色

（一）基本结构

本书是中南财经政法大学法硕中心国际金融治理和我国涉外金融法治优质教学案例建

设成果，也是学校和涉外法治研究院国际经济法和国际金融法课程思政教学成果。本书由前言和四章构成：前言概述国际金融法教学的目标和使命，阐明案例研习在国际金融法教学中的重要作用；第一章至第四章为国际货币法、国际银行法、国际证券法、金融新业态法等国际金融法细分领域的案例研习。各章设计了基础知识、典型案例、裁判说理、学理分析、域外视野或中国视角、若干思考等栏目。同时，在本书的最后列出了引导自学的参考文献，并在附录中列明了教材案例所涉及的法律法规，以及主要缩略语的中英文对照。

在上述板块中，基础知识旨在阐释案例所涉领域的基本概念、基本原理或规则现状，为过渡到典型案例的分析作必要的知识铺垫。需要指出的是，国际金融法是调整跨国金融关系和与之密切相关的其他关系的国内法规范和国际法规范的总和。因此，国内金融法问题亦属于国际金融法的研究范围。本书涉及的案例既包括国际性或跨国性案例，也包括国内金融法案例。为兼顾中国金融法治和国际金融法治，本书在案例研习中设计了域外视野和中国视角，设计思路是：在域外案例分析中增设中国视角，以反映中国金融法治在相关问题上的态度和做法；在国内案例分析中拓展域外视野，为学习者提供了中外金融法治比较的研究进路，并通过研习国际金融组织的评估报告和相关制度、中美间的经济与法律博弈等，思考中国金融法治未来的发展方向。

(二) 主要特色

本书的特色在于以案说法，即以国际金融法领域的典型案例为中心，串联国际金融法的基本原理与法律实务，对国际金融法重难点问题予以分析，对中外相关法律制度予以评述，以举一反三、拓展视野、延伸思考。本书案例素材来源广泛，有的来自国际组织、政府部门、金融监管机构的官方网站，有的来自裁判文书网和有关案例数据库，有的来自金融学和法学的核心期刊和有关史料。本书的案例为案与例的统称，既包括当事人提起诉讼或寻求其他争议解决的真实案件，也包括国内外重大金融事件或典型金融实践的事例。案例有大有小，有个案分析，也有类案比较。古人云：法与时转则治，治与世宜则有功。法度只有顺应时代的变化而变化，社会才能治理得好；社会治理只有与社会实际相适应，才能取得成效。由于国际金融法是一个发展迅猛的法律部门，伴随层出不穷的金融创新，金融法治必然呈动态发展之势，相应地，国际金融法案例也将与时俱进、不断刷新。鉴于此，本书今后将择机修订，力求跟进国际金融法治的最新实践。

本书由中南财经政法大学法学院副教授、涉外法治研究院何焰、肖鹏、余素梅共同策划和编撰，研究院助理张琪梦、蒋琼、曾莹、李语欣参与撰写。本书既适合作为高等学校法学专业国际金融法课程的案例教学用书，也适合作为法律与金融实务工作者的专业参考书，对于培养国际金融法问题意识，促进逻辑思维、法律思维和融通思维具有积极作用。

目　录

第一章 国际货币法案例研习

货币是金融活动得以开展的基石。从历史发展看，货币形态不断演变，货币认定问题日益复杂。本章以纪念币被拒收案、比特币撤裁案、数字人民币试点为例，关注国家货币制度的现行规定和发展趋势。金融大国货币政策制度的影响不仅及于本国，而且会外溢辐射国际货币体系。例如美元霸权的负外部效应、国家间的货币博弈、国际炒家的货币攻击引发的货币危机等，造成国际货币秩序的破坏，需要各国央行及国际组织加强合作、联手应对。本章探讨国际货币互换、美国指控人民币汇率操纵、美俄金融战等事例，旨在管窥国际货币合作和国际货币体系面临的挑战，为我国参与全球货币治理和国际货币体系改革提供警示。

案例一：货币的认定
——以纪念币拒收案和比特币撤裁案为例

一、基础知识

(一)货币的概念

货币是由法律创制和保障，以国家信用为价值基础，具有价值尺度、交换媒介和价值储藏功能的信用流通工具。[1] 信用是货币的本质特征。当今货币由法律创制和保障，以国家信用为价值基础，具有法偿性，即法律赋予货币以强制流通能力，以其偿还公私债务时任何人不得拒绝的性质。法偿性是货币法律强制性的重要体现。

(二)货币的职能

货币具有价值尺度、流通手段、贮藏手段、支付手段以及世界货币五大职能。[2] 价值尺度是指货币表现其他一切商品是否具有价值和衡量其价值大小的职能；流通手段是指货币被社会普遍接受、用于交换货物和服务的职能；贮藏手段是指货币处于静止状态时作为贮藏价值的载体所具有的职能；支付手段是指当商品的让渡在时间上与价格相分离后，货币被用于支付服务或清偿债务所具有的职能；世界货币是指货币在世界市场上执行一般等

---

[1] 韩龙：《国际金融法》，高等教育出版社 2020 年版，第 69~70 页。

[2] 参见马克思：《资本论》，郭大力、王亚南译，上海三联书店 2009 年版，第 46~82 页。

价物的职能。其中,价值尺度和流通手段是货币最基本的职能。

(三) 货币形态的演变

货币的形态经历了商品货币、金属货币、纸质货币、电子货币、数字货币等形态变化。最早的货币形态是牛、羊、贝、盐等商品货币,后来发展为黄金、白银等金属货币。由于金属货币等存在不便携带、价值波动大等不足,各国开始发行纸质货币。纸质货币主要依托于其与黄金的兑换关系,通过自由地向发行单位兑换金属或金属货币来发挥流通和支付功能,而非独立地发挥作用。纸币的发行量与贵金属的储备量呈正相关。信用货币由政府铸造和发行,价值来源于政府的信用担保,依靠法律的强制力兑换和流通。政府通过控制信用货币的供应量来调控经济、防止通货膨胀和通货紧缩。随着信息科技的发展,信用货币的表现形态和运行方式不断演变,电子化、数字化进程不断加快,对国际货币体系及世界经济运行带来新的机遇和挑战。电子货币(electronic money)是指以电子化机具和各类交易卡为媒介,以计算机技术和通信技术为手段,以电子数据流形式存储在银行的计算机系统,并通过计算机网络以信息传递形式实现流通和支付功能的货币。[①] 其实质为法定货币的电子化,常见的电子货币如银行卡、IC 卡、电子钱包、支付宝、微信等。这些电子货币的源头依然是央行发行的法定货币。数字货币(digital money)是货币的数字化表现形态,如我国央行发行的数字人民币。至于由私人发行且拥有自己计价单位的比特币等,由于没有国家信用背书,价值容易暴涨暴跌,经常被用作投机工具,因此许多国家不认可其货币属性。

二、典型案例

(一) 纪念币拒收案

2017 年 11 月 30 日,李某在北京家乐福超市消费购物,在收银台付款结账时,李某想以纪念币结算,家乐福超市的收银员拒绝接收,要求李某支付非纪念币。李某认为家乐福超市拒收流通纪念币的行为侵犯了公民的货币使用权利,故诉至法院。在庭审中,被告提出,超市或商店不具有类似银行等金融机构甄别流通纪念币的能力,也就不应承担与之相关的责任和义务。原告则坚持认为被告侵犯了其使用货币的权利,应当赔礼道歉。[②]

(二) 比特币撤裁案

2017 年 12 月 2 日,云丝路企业、高某宇、李某签订了《股权转让协议》,约定云丝路企业将其持有的极驱公司 5%股权以 55 万元转让给高某宇,李某委托高某宇进行个人数字

---

① 帅青红主编:《电子支付》,重庆大学出版社 2016 年版,第 24~25 页。
② 参见北京市昌平区人民法院(2018)京 0114 民初 5118 号民事裁定书。

货币资产的理财。基于该数字货币资产产生的收益，李某同意代替高某宇向云丝路企业支付30万元股权转让款，高某宇直接向云丝路企业支付25万元股权转让款。同时高某宇分三期将李某委托其进行理财的货币资产（20.13个比特币、50个比特币现金、12.66个比特币钻石）全部归还至李某的电子钱包。该协议签订后，高某宇未履行合同义务。

云丝路企业、李某根据其与高某宇于2017年12月2日签订的《股权转让协议》中约定的仲裁条款，向深圳仲裁委员会申请仲裁。主要请求为：变更云丝路企业持有的极驱公司5%的股份到高某宇名下，高某宇向云丝路企业支付股权款25万元，高某宇向李某归还数字货币资产20.13个BTC（比特币）、50个BCH（比特币现金）、12.66个BCD（比特币钻石）资产相等价值的美金493158.40美元和利息，高某宇支付李某违约金人民币10万元。

仲裁庭经审理认为，高某宇未依照案涉合同的约定交付双方共同约定并视为有财产意义的比特币等，构成违约，应予赔偿。仲裁庭参考李某提供的okcoin.com网站公布的合同约定履行时点有关BTC（比特币）和BCH（比特币现金）收盘价的公开信息，估算应赔偿的财产损失为401780美元。仲裁庭作出（2018）深仲裁字第64号仲裁裁决书，裁定变更云丝路企业持有的极驱公司5%的股份至高某宇名下；高某宇向云丝路企业支付股权转让款人民币25万元；高某宇向李某支付401780美元（按裁决作出之日的美元兑人民币汇率结算为人民币）；高某宇向李某支付违约金人民币10万元。

2018年9月29日，高某宇以该仲裁裁决违背社会公共利益为由，向广东省深圳市中级人民法院申请撤销仲裁裁决。[①]

三、裁判说理

(一)纪念币拒收案的裁判观点

纪念币是一个国家或组织为纪念国际或本国社会生活各方面的重大事件、杰出人物、名胜古迹等而发行的法定货币，其主要功能为流通、纪念和收藏。国际上通常将纪念币分为流通纪念币和非流通纪念币。流通纪念币是为了纪念特定的人物和事件，在特定的时间发行，能够在商业领域流通的货币。非流通纪念币则是以贵重金属为材料制作的货币，虽然象征性地铸有面值，理论上能购买商品和服务，但并不参与实际货币流通，一般用于收藏。[②]

我国一般将纪念币分为普通纪念币和贵金属纪念币两种类型。其中，贵金属纪念币的发行价通常是面额的几十倍或上百倍，其面额只是象征性的货币符号，并不表明货币的真实价值，所以贵金属货币不具有流通性。而普通纪念币是国家发行的具有纪念意义且可以流通的法定货币，其面额一般较小，可以与普通人民币等值流通。可见，与贵金属纪念币

---

① 参见广东省深圳市中级人民法院（2018）粤03民特719号民事裁决书。
② 曾凡平：《国外普通纪念币发行制度与启示》，载《青海金融》2014年第6期。

相比，普通纪念币的收藏价值相对较小，而流通属性更强。本案中被拒收的纪念币确属流通纪念币。那么本案的争议焦点为，家乐福超市是否有权拒收流通纪念币？

法院认为，人民法院受理公民之间、法人之间、其他组织之间以及他们相互之间因财产关系和人身关系提起的民事诉讼。纠纷是否可诉，要看其是否属于平等主体之间的财产法律关系或人身法律关系。《中华人民共和国民法典》第 1164 条规定，本编（即侵权责任编）调整因侵害民事权益产生的民事关系。本案中，李某所称的家乐福超市拒绝收取纪念币的行为，并未侵犯李某的民事权益，本案不属于人民法院受理民事诉讼的范围，故对于李某的起诉，法院予以驳回。①

（二）比特币撤裁案的裁判观点

在本案的《股权转让协议》项下，高某宇的义务为将李某委托其进行理财的比特币全部归还至李某的电子钱包，李某的义务为代替高某宇向云丝路企业支付 30 万元股权转让款。可见，30 万元股权转让款相当于李某委托高某宇进行比特币投资的对价。深圳仲裁委员会认可了该协议的效力，裁定高某宇不归还比特币的行为构成违约，要求其按照相关网站比特币交易的价格予以赔偿。深圳市仲裁委员会的裁决相当于将比特币的价值与法定货币挂钩，变相支持了比特币与法定货币之间的兑付、交易。因此，本案的争议焦点为，变相支持比特币与法定货币之间兑付、交易的仲裁裁决是否违反社会公共利益？

在探讨上述问题之前，有必要先明确比特币的概念、特征、法律风险，以及其在法律上的认定难题。

从虚拟货币的诞生来看，2008 年 10 月，中本聪发布了《比特币：点对点电子现金系统》的白皮书，以此宣告比特币的诞生。比特币是基于密码学和网络 P2P 技术，由计算机程序产生，并在互联网上发行和流通的虚拟货币②。与传统货币不同，虚拟货币是一种由私人发行，以电子方式转移、储存或交易的数字化价值，具有去中心化、去信任化等特点，可以作为一种不受任何个人、团体或实体控制的支付方式使用，从而消除第三方对金融交易的参与。它是"信用货币违约"泛滥背景下的产物，承载了人们追求自由货币的信念。③

虚拟货币以数字形态承载着价值特征，在带动支付方式革新、完善国际货币体系的同时，也暗含法律风险。首先，虚拟货币存在信用风险。虚拟货币非央行发行，没有国家信用背书，其价值本身具有不确定性和不可靠性。加之虚拟货币具有匿名性，潜藏着较大的投机与市场操作空间，有可能引发价格泡沫。其次，虚拟货币存在流动性风险。虚拟货币

---

① 参见北京市昌平区人民法院（2018）京 0114 民初 5118 号民事裁定书。
② 漆彤、卓峻帆：《加密货币的法律属性与监管框架——以比较研究为视角》，载《财经法学》2019 年第 4 期。
③ 刘刚、刘娟、唐婉容：《比特币价格波动与虚拟货币风险防范——基于中美政策信息的事件研究法》，载《广东财经大学学报》2015 年第 3 期。

不是真正的货币，世界各国多禁止虚拟货币与法定货币双向兑换，其流通性也因此受到国家监管政策的影响。此外，虚拟货币存在安全风险。虚拟货币与生俱来的数字化、匿名化与去中心化的特征，使之成为违法犯罪行为的温床，极易滋生洗钱、盗窃、诈骗、逃税等违法犯罪行为。基于虚拟货币 P2P 的交易模式，传统的监管方法难以识别资金流向和行为对象，因此如何保障虚拟货币的安全性成为监管当局面临的巨大挑战。①

虚拟货币在我国的法律地位如何？鉴于虚拟货币存在的种种法律风险，以及其私人发行的性质可能给传统货币体系带来的冲击，当前我国不承认虚拟货币法律地位，表现为否定虚拟货币作为货币形式流通的可能性，并严格禁止各金融机构和支付机构开展与虚拟货币相关的业务。中国人民银行先后发布《关于防范比特币风险的通知》《关于防范代币发行融资风险的公告》《关于进一步防范和处置虚拟货币交易炒作风险的通知》等文件，强调比特币等虚拟货币不具有与货币等同的法律地位，不能且不应作为货币在市场上流通，尤其是不能与货币兑换。与虚拟货币相关的业务属于非法金融活动，开展相关非法金融活动构成犯罪的，依法要追究刑事责任。

自然人、法人以及非法人组织从事虚拟货币投资与交易活动，由此产生的损失是否能得到法律救济？2017 年，央行发布的《关于防范代币发行融资风险的公告》提醒社会公众高度警惕代币发行融资与交易的风险隐患，投资者从事相关活动的须自行承担风险。从文件精神上看，自然人从事虚拟货币交易的行为不受我国法律保护，由此产生纠纷也不得向法院主张权利。2019 年，央行发布《关于进一步防范和处置虚拟货币交易炒作风险的通知》，基本重申了 2017 年的文件精神，强调法人、非法人组织和自然人从事虚拟货币相关活动，违背公序良俗的，相关民事法律行为无效，由此引发的损失须自行承担，涉嫌破坏金融秩序、危害金融安全的，由相关部门依法查处。与虚拟货币有关的活动是否一定会被认定为"违背公序良俗"，此时仍属模糊不清。

2023 年 4 月 13 日，最高人民法院颁布《全国法院金融审判工作会议纪要(征求意见稿)》，进一步强调禁止开展和参与虚拟货币相关业务，但同时认为虚拟货币具备网络虚拟财产的部分属性。关于约定以虚拟货币为支付对价的纠纷，如果当事人之间约定以少量虚拟货币抵偿因互易、劳务等基础关系所生债务的，且不存在其他无效事由，法院应当认定合同有效。当事人可请求对方依合同履行交付虚拟货币义务。如果当事人假借基础交易合同之名，以虚拟货币为经常性支付工具兑换法定货币与实物商品，法院应当认定合同无效。关于委托投资虚拟货币的纠纷，以央行 2017 年 9 月 4 日发布的《关于防范代币发行融资风险的公告》为界，合同签订于公告之前的，委托合同有效；合同签订于公告之后的，委托合同无效。对于委托人因此所受的损失，可以将委托事项的发生原因作为确定过错程度的主要考量因素，由当事人分担。依前述规定，法院在坚持虚拟货币禁止流通这一基本

---

① 漆彤、卓峻帆：《加密货币的法律属性与监管框架——以比较研究为视角》，载《财经法学》2019年第 4 期。

原则的同时，部分认可了它具有财产属性，并依法对当事人合法的财产权益予以保护。

与民事纠纷相对应，在财产犯罪中，涉案虚拟货币的处置问题同样留有疑惑。实务中有观点认为，在法律无明文规定的情况下，不应将虚拟货币认定为刑法意义上的财产；另有观点认为，虽然虚拟货币具有财产价值，但鉴于我国现行禁止其流通的管理政策，不应将其认定为合法财产予以保护；与前述会议纪要保护当事人合法财产权益的精神相承接，还有一种观点认为，除非虚拟货币持有人利用虚拟货币进行违法犯罪活动，否则应当保护其合法的财产权益。[1]

总之，无论是在民事领域还是刑事领域，虚拟货币都陷入了法律定性的难题。虚拟货币缺乏国家信用背书，不是真正的货币，我国主要采取禁止其流通的监管政策。但虚拟货币毕竟承载着价值，《全国法院金融审判工作会议纪要（征求意见稿）》部分承认了其财产属性，那么虚拟货币可以被视为合法的财产予以保护吗？保护的程度与方式如何？如何处理保护虚拟财产与禁止虚拟货币流通之间的关系？支持比特币与法定货币兑付的仲裁裁决是否违反社会公共利益？

根据央行等五部委《关于防范比特币风险的通知》（银发〔2013〕289号）规定，比特币不具有与货币等同的法律地位，不能且不应作为货币在市场上流通使用。2017年央行等七部委发布的《关于防范代币发行融资风险的公告》，重申了上述规定。同时，从防范金融风险的角度，进一步提出任何所谓的代币融资交易平台不得从事法定货币与代币、"虚拟货币"相互之间的兑换业务，不得买卖或作为中央对手方买卖代币或"虚拟货币"，不得为代币或"虚拟货币"提供定价、信息中介等服务。上述文件实质上禁止了比特币的兑付、交易及流通，炒作比特币等行为涉嫌从事非法金融活动，扰乱金融秩序，影响金融稳定。

法院认为，案涉仲裁裁决高某宇赔偿李某与比特币等值的美元、再将美元折算成人民币，实质上是变相支持了比特币与法定货币之间的兑付和交易，与我国现有法律文件的规定不符，违反了社会公共利益，因此，法院裁定，应予撤销该仲裁裁决。[2]

四、域外视野

（一）关于纪念币的法律实践

在上述纪念币拒收案中，法院从程序的角度驳回了原告的起诉，但未就交易相对方是否有权拒收流通纪念币这一问题作实体角度的回应。我国也暂时没有法律对纪念币流通问题作出相应规定。实际上，对交易相对方是否有权拒收流通纪念币的问题可以从行政管理与民商事交易两个角度来理解。

---

[1] 王中义、杨聪惠：《虚拟货币的财产属性认定及涉案财产处置问题》，载《人民法院报》2023年9月1日。

[2] 参见广东省深圳市中级人民法院（2018）粤03民特719号民事裁决书。

从行政管理角度看，纪念币属于法定货币，由国家信用作为背书，任何人不得拒收，否则会减损法定货币的信用。例如，欧盟提出，欧盟成员国可以自主发行欧元纪念币，该纪念币可以像任何其他欧元硬币一样使用并且必须被接受。①

从民商事交易的立场来看，普通商家确实难以判断纪念币的真假。且根据民法的意思自治原则，交易双方均有权选择商品对价的支付方式，这就赋予了交易相对方根据实际情况拒收流通纪念币的自由。比如瑞典央行既承认流通性纪念币具有支付功能，也认可交易相对方有是否拒收的合同自由。② 新加坡金融管理局（MAS）也提出，自1967年以来发行的所有纸币和硬币（包括纪念币）均为法定货币，可以用于支付新加坡的商品和服务。但由于商品和服务的付款为买卖双方自由协商，因此买卖双方都有权决定如何付款。卖方可以根据交易价值、接受成本以及客户的便利性来决定付款条件。③ 毕竟纪念币主要承担的是纪念与收藏功能，其作为流通和支付手段仍然有内在缺陷，真正在市场上流通的纪念币比较罕见。

（二）关于虚拟货币的法律实践

与我国法律对虚拟货币流通持否定态度不同，美日等一些国家对虚拟货币的流通并未全面禁止，而是有的放矢地实施准入监管。

1. 美国

美国允许开展虚拟货币交易、投资等活动，并对虚拟货币业务实行有的放矢的重点监管，而非全面禁止。在市场准入方面，2017年7月19日，美国通过了《统一虚拟货币经营监管法案》（*Uniform Regulation of Virtual Currency Business Act*），要求虚拟货币服务和产品供应商均应当获得相应经营许可证，并对后续可持续监管中有关信息披露、储备金设立、网络安全、反洗钱、消费者保护等问题做了明确规定。④ 而就持续性监管而言，美国商品期货交易委员会（CFTC）和美国证券交易委员会（SEC）是主要的执法部门，他们依据所涉虚拟货币属于商品还是证券划分出各自的执法权限，并以现有法律框架为基础对虚拟货币交易行为进行监管。例如，SEC认定基于以太坊技术而构建的 the DAO 代币属于证券后，有权要求发行方办理证券发行登记，并遵守其指示行动。CFTC则有权监管交易平台Ledger

---

① 参见欧盟央行网站，https：//www.ecb.europa.eu/euro/coins/comm/html/index.en.html，2023年10月22日访问。

② 瑞典央行网站，https：//www.riksbank.se/en-gb/payments—cash/notes—coins/coins/commemorative-coins/，2023年10月22日访问。

③ 参见新加坡金融管理局网站，https://www.mas.gov.sg/contact-us/faqs/currency-faqs? #_commemorative-and-numismatic-currency，2023年10月22日访问。

④ 参见张继红、牛佩佩：《美国数字货币监管考量及对我国的启示》，载《金融法苑》2018年第1期。

X 为与加密货币市场挂钩的期权及衍生品提供清算服务的相关活动。①

2. 日本

与美国相似，日本也认可虚拟货币及其交易平台的合法地位，并对虚拟货币的发展持适当监管、鼓励创新的态度。2016 年 5 月，日本正式通过《资金结算法》，承认虚拟货币可以作为一种支付手段在市场上流通和使用，虚拟货币交易机构经登记称之为"虚拟货币交换者"之后，可以进行虚拟货币买卖、兑换等业务。在后续经营阶段，虚拟货币交易平台必须履行诸多义务，以保护用户财产权益，具体包括：用户资产与固有资产的分别管理义务、对用户信息告知和说明义务、系统信息安全保障义务、妥善保管用户个人信息的义务等。此外，日本还将虚拟货币交易平台纳入既有的反洗钱、反恐怖融资体系，引入了完整的整套监管规则，为虚拟货币支付、交易及投资等活动营造了一个尽可能稳定、安全的市场环境。②

五、若干思考

随着经济的发展，货币形态也在经历新的嬗变，纪念币与虚拟货币都是货币的特殊形态，不过前者主要发挥的是纪念功能，很难像其他纸币或硬币一样在市场上流通。而后者因为缺乏国家信用背书，许多国家的央行不认可其货币地位，即使是对虚拟货币采取准入监管的美国，也不认为其是真正的货币。由此引申出来的问题是，以比特币为代表的、由私人发行的虚拟货币，是否具有价值尺度、流通手段、贮藏手段等基本货币职能，虚拟货币与央行发行的法定货币之间具有什么样的关系？

在比特币撤裁案中，法院认为以市场价格确定与虚拟货币有关的违约赔偿数额，有将虚拟货币与法定货币挂钩之嫌，有违我国禁止虚拟货币流通之规定。那么在处理有关虚拟货币的财产争议时，应当如何量化虚拟货币的价值？如前文所述，法院应当如何处理保护虚拟财产与禁止虚拟货币流通之间的关系？请结合案例谈谈你对这些问题的看法。

与货币的认定与使用有密切关系的，还有最高人民法院(2018)最高法民申 884 号林甲诉何某飞案外人执行异议之诉案。其中的裁判观点值得关注：货币作为特殊的动产及种类物，自交付时所有权即发生转移。在法律没有特别规定的情况下，人民法院应依据银行账户名称认定银行账户内存款的所有权人。非银行账户户主即便实际控制了该银行账户，也不影响银行账户内存款的所有权归属。

---

① 参见赵炳昊：《加密数字货币监管的美国经验与中国路径的审视》，载《福建师范大学学报(哲学社会科学版)》2020 年第 3 期。

② 参见杨东、陈哲立：《虚拟货币立法：日本经验与对中国的启示》，载《证券市场导报》2018 年第 2 期。

案例二：货币主权与货币发行制度
——以数字人民币试点为例

一、基础知识

(一)货币主权

货币主权是国家主权在货币领域的体现，是国家在其内发行和管理本国货币的最高权力，以及在国际上独立执行其对外的货币政策、平等参与处理国际货币金融事务的权力。国家货币主权虽然可能受到国际条约的制约，但这种制约也是建立在承认该国货币主权的基础之上的。

国家的货币主权主要包括三项专属性权力：一是国家发行货币的权力，即货币发行权；二是国家决定和改变该货币价值的权力，即货币定值权；三是国家在领土范围内管理该货币或任何其他货币使用的权力，即货币使用权。[①] 货币主权是国家利用货币治理工具实现经济政策目标的能力，[②] 一个国家只有拥有货币主权才能运用货币政策工具去实现该国的经济社会发展目标，才会拥有强大的治理金融体系、防控金融风险的能力。

(二)货币发行制度

货币发行权是现代主权意义上的国家所特有的权力，国家有权自主选择货币名称、类型和发行方式。只要央行掌握着发行货币的权力，就可以自主调节货币供应数量，运用货币政策工具实现宏观调控目标。国家行使货币发行权，既可以授权给中央银行或其他货币当局发行，也可以将货币发行权让渡给特定实体以结成统一的货币共同体，在共同体内享受权利并履行义务。后者如欧元单一货币区，是欧盟国家通过让渡部分货币发行权形成的区域货币安排，旨在增强欧洲货币市场的稳定性、抗风险能力和欧盟国家的整体实力。如我国《中国人民银行法》第18条规定，中国人民银行发行新版人民币，应当将发行时间、面额、图案、式样、规格予以公告。除货币发行制度外，国家央行还被授权制定与货币流通有关的各种制度。

二、典型案例

以我国数字人民币试点的法律实践为例，进一步领会国家货币主权和货币发行制度。

[①]　Francois Gianviti, Current Legal Aspects of Monetary Sovereignty, https://www.imf.org/external/pubs/nft/2006/cdmf/ch1law.pdf, 2006.

[②]　Steffen Murau Jens Van't Klooster, *Rethinking Monetary Sovereignty：The Global Credit Money System and the State*，Cambridge University Press, 2022.

我国十分重视数字货币的研发与实践。2014 年成立法定数字货币研究小组，对其发行框架、关键技术、发行流通环境及相关国际经验进行专项研究。2016 年，中国人民银行成立数字货币研究所，完成法定数字货币第一代原型系统搭建。2017 年末，经国务院批准，中国人民银行开始组织商业机构共同开展数字人民币的研发试验。① 2020 年，央行推出数字人民币"4+1"封闭性试点，试点地区包括深圳、苏州、雄安新区、成都四地以及北京冬奥会场。随后，数字人民币试点扩容，增加了上海、海南、长沙、西安、青岛、大连六个试点测试地区，形成"10+1"的试点格局。截至 2022 年年底，数字人民币的试点范围已扩展至 17 个省市的 26 个地区，涵盖华北、华东、华南、华中、西南、西北和东北等全国多个地区，形成多点开花、万户共享的数字人民币试点格局。截至 2023 年 3 月，试点地区数字人民币钱包总余额 86.7 亿元，累计交易金额 8919.6 亿元，交易笔数 7.5 亿笔，通过数字人民币 App 开立个人钱包 1 亿个。从流通数量来看，数字人民币已经逐渐融入我们的日常生活。②

在推广实践中，数字人民币在丰富支付生态、创新服务模式等方面成效显著。例如，数字人民币推出了智能合约功能，使用者可以通过设置时间、场景、使用对象等具体的支付条件，实现支付"定制化"。数字人民币智能合约充分体现了数字货币可编程性的技术优势，已开始应用于政府补贴、零售营销、预付资金管理等领域，并有望在供应链金融业务领域取得更进一步的突破。数字人民币的研发和应用，推动数字中国建设迈向新的高度。

三、学理分析

(一)央行发行数字货币的意义

数字经济的兴起和发展引领着支付方式的更新和支付体系的变革。随着区块链、加密技术、智能合约等新技术的成熟，货币形态也在发生新的变化。当前，世界各国都在积极研发央行数字货币(Central Bank Digital Currency，CBDC)，即各国法定货币的数字化形态。通过发行数字货币，有利于丰富央行向社会公众提供的现金形态，满足公众对数字形态现金的需求，提高支付效率、降低支付成本，这是各国研发数字货币的直接原因。

各国央行可以通过发行法定数字货币，积极主导支付方式的创新，更好地行使发行货币、调控宏观经济的权力：首先，如果 CBDC 只是减少实物现金的需求，可能会令小额支付系统更高效；如果 CBDC 完全取代实物现金，那么将会造成实质上负利率。负利率政策的执行可以提高货币政策的有效性。其次，CBDC 将向公众提供持有无违约风险资产以及

---

① 中国人民银行数字人民币研发工作组：《中国数字人民币的研发进展白皮书》，载中国人民银行官网，2021 年 7 月 16 日，http：//www.pbc.gov.cn/goutongjiaoliu/113456/113469/4293590/2021071614200022055.pdf。

② 《易纲：关于数字人民币的思考与讨论》，载公众号"中国金融四十人论坛"，https：//mp.weixin.qq.com/s/eMPoNEk9_fG1UNZ43EJTPA，2023 年 8 月 5 日访问。

数字化的支付工具，从而提高支付的效率和安全性，降低经济交易的总成本。此外，CBDC 的发行有利于降低社会公众获得金融服务的门槛，满足更广泛群体的金融服务需求，助力普惠金融。[1]

(二) 数字人民币的发行依据与性质

《中国人民银行法》第 18 条规定："人民币由中国人民银行统一印制、发行。"《人民币管理条例》第 2 条规定："本条例所称人民币，是指中国人民银行依法发行的货币，包括纸币和硬币。"可见，数字人民币在发行依据上存在法律空白。

中国人民银行数字人民币研发工作组于 2021 年 7 月发布的《中国数字人民币的研发进展白皮书》提出，数字人民币是人民银行发行的数字形式的法定货币，由指定运营机构参与运营，以广义账户体系为基础，支持银行账户松耦合功能，与实物人民币等价，具有价值特征和法偿性。数字人民币作为一种创新的货币形态，其性质与实物人民币一致，都是央行对公众的负债，具有同等的法律地位和经济价值。沿用法定货币的计价单位，币值、管理方式与实物人民币一致。数字人民币替代实物货币用于支付结算，在经济学上属于 M_0（现金类支付凭证），与 M_1（狭义货币供应）或 M_2（广义货币供应）相区别。数字人民币的应用场景与其 M_0 的功能定位相承接，其发行旨在满足公众日常支付需求，进一步提高零售支付系统效能，降低全社会零售支付成本。此外，在未来的数字化零售支付体系中，数字人民币和指定运营机构的电子账户资金具有通用性，共同构成现金类支付工具。[2]

(三) 数字人民币面临的法律问题

1. 所有权转移

所有权是权利人对特定物享有的占有、使用、收益和处分的权利。由于货币系特殊种类物，其所有权转移方式一般奉行"占有即所有"原则。然而，数字人民币不具有实体形态，故其所有权转移方式也不同于传统的实物货币。数字人民币可以绑定身份代码信息，这一身份代码信息又与特定数字货币使用人的密钥相匹配。因此，数字人民币的所有权既体现为对密钥的占有，也体现为与央行所控制的身份代码信息相一致。在动态交易场合下，这两种所有权形态指向的对象不一定一致。如果数字人民币所有权人将其所有的数字货币及与数字货币相匹配的密钥直接交付给受让人，是否立即产生所有权转移的效力？如果转让人在不享有数字人民币处分权的情形，将转让数字人民币的指令发送给中国人民银行，导致其变更了数字人民币所绑定的身份代码信息，那么这种变更是否发生所有权转移

---

[1] 参见于品显：《中央银行数字货币法律问题探析》，载《上海对外经贸大学学报》2020 年第 2 期。

[2] 中国人民银行数字人民币研发工作组：《中国数字人民币的研发进展白皮书》，载中国人民银行官网，2021 年 7 月 16 日，http://www.pbc.gov.cn/goutongjiaoliu/113456/113469/4293590/2021071614200 022055.pdf。

的效果？可见，数字人民币的所有权转移问题较实物货币所有权转移更复杂，尤其可能涉及善意第三人保护的问题，具体细节亟待法律进一步明确。

2. 用户数据保护

数字人民币以纯数字化形式存储，需要借助分布式账本技术，通过信息传输的方式完成交易。在其交易流程中，用户的个人信息、财产信息与交易信息都存储于央行数字货币系统，这导致用户面临较使用实物货币更高的数据泄露风险。用户数据泄露不仅可能侵犯其个人隐私，甚至可能损害其财产安全。因为用户主要基于数字化的密钥及个人信息实现对数字人民币的控制，相关信息泄露将直接影响用户对数字货币的控制权。为加强对用户数据的保护，打击网络金融犯罪行为，中国人民银行发行的数字人民币具有可控匿名性，即数字人民币主要对交易双方以及在双方有需求的情况下对商业银行匿名，但其交易信息需要对央行披露。央行数字货币系统的认证中心可以追溯到每一笔数字人民币交易历史及相关用途，以此提高数字人民币交易的安全性。不过，可控匿名性要求央行在用户隐私保护与交易风险防范之间寻求平衡，虽然央行数字货币系统可以收集用户的交易信息，但交易信息的具体使用仍然应当受到法律的严格规制。

3. 违法犯罪的防控

数字人民币极可能成为洗钱的工具，我国有关反洗钱义务履行主体的规定尚不能满足数字人民币反洗钱监管的需求。一方面，我国《反洗钱法》和《金融机构反洗钱规定》更强调金融机构和特定非金融机构的反洗钱责任，不要求央行直接承担反洗钱义务。《中国人民银行法》规定，中国人民银行主要对反洗钱行为承担指导、部署以及监管职责，并不实际履行客户身份识别、大额交易和可疑交易报告、交易记录保存等反洗钱日常工作。另一方面，中国人民银行作为数字人民币的发行方和密钥分发、交易认证的主体，确有履行反洗钱义务之必要。现行反洗钱法律法规缺乏央行直接履行反洗钱义务之规定，实际上存在规则漏洞，极易诱发有关机构与个人借此规避反洗钱要求。[①] 此外，我国现行假币防范机制不能解决数字人民币反假币的问题。

四、域外视野

大西洋理事会(the Atlantic Council)的央行数字货币追踪表明，占全球 GDP 98% 的 130个国家正在探索 CBDC，其中有 11 个国家已经推出了央行数字货币，另有 21 个国家开展了试点项目。[②]

---

① 参见于品显：《中央银行数字货币法律问题探析》，载《上海对外经贸大学学报》2020 年第 2 期。
② 数据来源于大西洋理事会网站，https：//www.atlanticcouncil.org/cbdctracker/，2023 年 11 月 12日访问。

（一）美国对央行数字货币的态度

当世界上大多数国家已经在研究或正式推行 CBDC，尤其是数字人民币试点不断扩大时，美国为何反应淡漠甚至反对？2023 年 9 月 20 日，美国众议院委员会通过《CBDC 反监控法案》（*The CBDC Anti-Surveillance State Act*，CBDC ASSA）禁止美联储为个人开设数字美元账户，同时还禁止财政部在未经国会批准的情况下指示美联储发行 CBDC。相关议员提出，CBDC 作为政府控制的可编程货币，将会使联邦政府有能力监视和限制美国普通公民的交易行为，泄露公民隐私、侵犯个人自由。[①] 然而，工具是中立的，政府运用 CBDC 的具体行为可以通过立法得到合理限制。有人认为，以支持创新著称的美国政府之所以禁止美联储发行 CBDC，更深层的原因在于 CBDC 可能导致国际支付格局的变化，以至于影响美元的国际主导地位。[②] 你是否赞同？CBDC 的广泛发行与运用，将对国际货币体系造成什么样的影响？各国发行 CBDC 是否会催生超主权数字货币体系，且该体系可以制约美元霸权吗？请就这些问题谈谈你的看法。

（二）欧洲央行数字欧元项目

2021 年 10 月，欧洲央行宣布针对数字欧元项目开启调查。该调查旨在探索数字欧元的可能设计和分配模型。经过两年的调查，2023 年 10 月 18 日，欧洲中央银行管理委员会宣布进入数字欧元项目的下一阶段：准备阶段。准备阶段将为潜在的数字欧元发行奠定基础，其工作内容包括制定数字欧元规则手册以及选择供应商来开发数字欧元平台和建设数字欧元基础设施。2023 年 11 月，欧洲央行将就欧盟委员会于 2023 年 6 月通过的数字欧元立法提案发表法律意见。待数字欧元立法框架搭建完成之后，欧盟各方将正式作出有关发行数字欧元的决策。[③]

欧洲央行的调查报告显示，数字欧元将成为纸币和硬币的补充，属于欧元区内的法定货币。欧洲央行考虑发行数字欧元的原因在于数字欧元的支付优势与地缘政治紧张的国际环境。首先，对于普通用户而言，数字欧元具有包容性和便捷性，它可以简化支付流程，降低支付成本，从而带来更高的经济效益。数字欧元作为一种标准化的支付手段，可以覆盖欧元区国家的所有零售支付需求，为创新支付方式提供一个泛欧平台，从而带动欧洲一体化程度走向新的阶段。另外，支付服务提供商（Payment Service Provider，PSP）和金融技

[①] 参见 Emmer's CBDC Anti-Surveillance State Act Passes Financial Services Committee，https://emmer. house. gov/2023/9/emmer-s-cbdc-anti-surveillance-state-act-passes-financial-services-committee，2023 年 9 月 20 日访问。

[②] Ross P Buckley, Mia Trzecinski, "Central Bank Digital Currencies and the Global Financial System: The Dollar Dethroned?", *Capital Markets Law Journal*, 2022.

[③] 参见 Eurosystem Proceeds to Next Phase of Digital Euro Project，https://www.ecb. europa. eu/press/pr/date/2023/html/ecb. pr231018~111a014ae7. en. html，2023 年 10 月 18 日访问。

术公司可以利用数字欧元基础设施创新金融产品类型和金融服务方式，促使欧洲市场在不断发展的数字环境中保持竞争力。其次，对于政策制定者而言，数字欧元将增强欧洲的战略自主性和弹性，最大限度地减少欧洲对外部私人供应商的依赖，特别是在地缘政治紧张、周边环境存在潜在危机的背景之下，数字欧元的发行将有助于降低非欧洲支付企业在欧洲市场的主导地位，维护欧元区单一货币的主权，提升欧元区单一货币的全球地位。[1]

(三) 多边央行数字货币桥项目

2020年10月，二十国集团(G20)提出改善跨境支付的倡议，并将央行数字货币确定为提升跨境支付体系的潜在工具之一。为解决传统跨境支付成本高、效率低、透明度低和覆盖不足等挑战，由国际清算银行(香港)创新中心、香港金融管理局、泰国中央银行、中国人民银行数字货币研究所和阿联酋中央银行联合建设的多边央行数字货币桥项目(Multi-CBDC Bridge，简称"多边货币桥"，MBridge)应运而生。该项目力求打造以央行数字货币(Central Bank Digital Currency，CBDC)为核心的高效率、低成本、高可扩展性且符合监管要求的跨境支付解决方案，旨在通过覆盖不同司法辖区和货币，探索分布式账本技术和央行数字货币在跨境支付中的应用，提升跨境支付的效率。

根据国际清算银行(BIS)发布的报告《货币桥项目：央行数字货币助力经济体融合互通》公布情况，多边央行数字货币桥项目成功完成了基于四种央行数字货币的首次真实交易试点。在六周时间内，来自四个不同司法辖区的20家商业银行通过货币桥平台为其客户完成跨境汇款和外币兑换业务共计164笔，总额折合人民币超过1.5亿元。多边央行数字桥作为一个去中心化的清算网络，支持各国央行介入，[2] 有助于克服由于全球地缘政治动荡导致的国际跨境清算体系安全性缺失问题。

(四) 委内瑞拉石油币

2018年，委内瑞拉政府发行了石油数字货币(Petrol Crypto-Currency，石油币)，这是第一个由主权国家发行的加密数字货币。石油币以自然资源作为支撑，一枚石油币附带一桶原油作为抵押物。石油具有与其本国流通的玻利瓦尔货币相同的法律地位，可以用于国内外的支付和融资。

委内瑞拉面临的国内外双重压迫，是其率先研发石油币作为CBDC的原因。首先，就其发行的外部环境而言，委内瑞拉与美国政府关系恶化，美国对委内瑞拉长期实施经济制裁长达十多年，抑制了委内瑞拉国内经济的正常发展。其次，就其发行的内部经济环境而言，委内瑞拉高度依赖石油产业，石油收入占国家出口总收入的95%，以原油为生产材料

---

[1] 参见 European Central Bank：A Stocktake on the Digital Euro, https：//www.ecb.europa.eu/paym/digital_euro/investigation/profuse/shared/files/dedocs/ecb.dedocs231018.en.pdf, 2023年10月18日访问。

[2] 袁本祥：《探索我国跨境清算体系新路径：基于多边央行数字货币桥的安排》，载《清华金融评论》2023年第8期。

的产业是该国的支柱型产业。因此，一旦国际石油价格出现大幅度下降，委内瑞拉的经济便会遭受沉重打击。而委内瑞拉政府却试图通过大量印钞的方式解决国内经济危机，此举造成的直接后果是通货膨胀率直线上升，2018 年的通胀率甚至高达 1000000%，这使得委内瑞拉的法定货币急速贬值。

出于上述两项动机，委内瑞拉于 2018 年推出世界上第一个 CBDC，即石油币。但石油币的问世并没有达到预期的效果：首先，委内瑞拉发行的石油币只有 1 亿枚，固定的数量使得石油币在市场上的流动性较差，不能满足社会公众使用石油币进行常态化交易的需要，也就不能实现国家平衡财政收支的目的。其次，虽然每一枚石油币都有一桶原油作为抵押物，但石油币并不是油本位制，持币人无法在中央银行将石油币兑换为石油。因此，石油币本质上只是一种石油期货，依赖于未来的石油生产能力，其币值具有不稳定性。最后，石油币的流通范围有限，其流通范围局限于支付个人或机构的税费和用于购买公共服务。社会公众在日常交易中仍然继续使用实物货币，而石油币始终未被普通民众接受。

五、若干思考

(一)私人数字货币对国家货币主权的挑战

事实上，各国重视研发 CBDC 的一个重要动因在于私人数字货币对国家货币主权的冲击：首先，私人数字货币缺乏国家信用背书，其价值本身具有不确定性与不可靠性，其流通将会影响以主权货币为中心的支付系统的安全性；其次，私人数字货币如偿付力得到广泛认可，将对主权货币造成冲击。如不加以禁止，将威胁国家对货币发行与流通的控制权。试想，私人发行的"债务"不需要提供流动性和安全性承诺，仅仅利用声誉和技术就可以被接受为货币工具，而主权国家为稳定金融秩序不得不为其提供事实上的隐含保障。这本身就是对一国主权的极大挑战。因此，央行发行数字货币，是捍卫国家货币主权、防范私人数字货币冲击的有力举措。

(二)数字人民币为什么采取二元发行模式

央行发行数字人民币，有单层运营模式和双层运营模式两种途径，前者是央行直接面向社会公众发行货币，也称之为一元发行模式；后者是央行将通过指定的运营机构发行货币，也称之为二元发行模式。数字人民币发行采取二元发行模式，即"中央银行—商业银行"的传统货币发行体系。在该体系下，央行根据宏观经济形势和货币政策的需要确定所发行的数字货币数量，并将其统一存放至发行库。随后，央行审慎选择在资本和技术等方面具备一定条件的商业银行作为指定运营机构，牵头提供数字人民币兑换服务。该商业银行向央行提前缴纳 100% 准备金，可以向央行提出数字货币兑换申请，请求以 1∶1 的比例兑换央行数字人民币。央行同意商业银行的申请之后，将数字货币从发行库调入商业银行库，最终用户可以向商业银行申请提取数字货币。① 我国央行选择二元发行模式的原因，可以从央行与商业银行两个角度去思考。

首先，二元发行模式有利于央行行使货币发行权、履行货币职责。我国央行具有双重法律性质或角色，既是国家机关，又是从事法定金融业务的特殊金融机构。央行的特殊法律地位决定了其行使权力、履行职责必须要求独立性。采取二元模式有利于央行维持独立性，减少金融风险的传导渠道。此外，二元发行模式可以保持央行金融业务的特殊性。央行仅面向政府与金融机构提供特殊金融服务，不参与由政府部门监管的一般金融业务，那么央行与政府部门不存在管理与被管理的关系，两者在事实上相互独立。

其次，二元模式让商业银行和央行共同参与数字人民币的发行和流通，有利于调动商业银行的积极性，减少由发行数字人民币给商业银行业务体系造成的冲击，还有利于健全数字人民币流通管理制度，保障数字人民币的顺利推广和运行。

(三) 数字人民币如何实现法治化

数字人民币涉及《民法典》《刑法》《中国人民银行法》《人民币管理条例》等多种法律规范，以及中国人民银行的部分规章。数字人民币所面临的法律问题，大多根源于立法的滞后性。我国人民币发行与管理体系主要针对的是实物人民币，而难以实现数字人民币的兼容。那么应当如何通过立法规范数字人民币的发行与流通？学界提出了以下四种解决路径：

第一，国务院修订《人民币管理条例》，或出台与发行数字人民币有关的决定，对相关法律问题予以明确。国务院修订法规或出台决定，立法周期较短，可控性较强，能够尽快地满足数字人民币发行和流通的需求。但其立法层级较低，涵盖范围有限，无法解决有关民事权利转移和刑事犯罪等问题。

第二，出台全国人大特别决定，授权央行发行数字人民币，并对数字人民币发行和使用中的相关问题作出规定。人大决定的立法层级较高，立法程序较正式法律更为快捷，可以迅速解决数字人民币发行的关键性问题。但受制于篇幅，人大决定难以规范数字人民币发行和使用中的具体行为。

第三，对数字人民币发行和使用所涉及的多部法律法规进行逐一修改。这种方式能够提升我国货币管理体制的周密程度，但周期较长，不能单一适用。

第四，制定专门的《数字货币法》，一次性解决与数字人民币有关的所有法律问题。但这种方式同样存在立法周期漫长的问题。②

2020 年，中国人民银行发布《关于〈中华人民共和国中国人民银行法（修订草案征求意

---

① 参见赵桂刚：《我国央行数字货币运行机制及相关法律问题探析》，载《金融观察》2020 年第 10 期。

② 刘向民：《央行发行数字货币的法律问题》，载《中国金融》2016 年第 17 期。

见稿)〉公开征求意见的通知》(以下简称《征求意见稿》),历时 17 年首次对《中国人民银行法》进行修订。《征求意见稿》第 19 条规定:"人民币包括实物形式和数字形式。"试图通过修法的方式将数字人民币纳入现行人民币管理法律体系,但该《征求意见稿》目前仍然没有后续。需要注意的是,虽然数字人民币与实物人民币具有相同的价值和同等的法律地位,二者将长期并存,但在具体发行管理的过程中,应当要协调好数字人民币与实物人民币的监管体系,创新监管能力、优化监管方式,以完善人民币供给体制,强化央行运用货币工具的能力,促进数字经济与实体经济的稳定和繁荣。

案例三:国际货币合作制度
——以美国货币互换实践为例

一、基础知识

(一)国际货币合作

国际货币合作是指有关国家和地区针对货币问题所进行的共同协商与共同行动。当前,金融危机频发凸显全球金融系统的脆弱性,美国货币政策外溢暴露出单极国际货币体系的内在缺陷。在全球经济金融形势不断深化的背景之下,世界各国积极开展国际货币合作具有十分深远的意义。首先,国际货币合作有利于强化当事方之间的投融资合作与经贸合作,降低交易成本、简化交易流程,为双方的经济金融往来提供良好的市场环境,促进彼此经济的发展。其次,国际货币合作有利于打破单一货币对国际货币体系的垄断,减少由一国货币政策引起的世界经济波动,维护国际货币秩序的稳定与安全。此外,国际货币合作还有利于提高当事方货币在国际货币体系中的地位,扩大双方之间的共同利益,增强双方在全球金融治理体系中的话语权,共同促进国际金融治理体系的完善和发展。

国际货币合作包括多边合作与双边合作。多边合作又可以进一步分为全球性合作与区域性合作。《国际货币基金协定》(以下简称《IMF 协定》)以及国际货币基金组织(International Monetary Fund, IMF)便是全球性货币合作的法律成果,在外汇与汇率管理、国际储备、国际收支平衡等领域形成了 IMF 会员国的货币义务。区域性货币合作的代表如欧洲国家建立的欧元区便是区域货币合作的典型代表。

(二)货币互换协议

货币互换是国际货币合作的重要形式之一。货币互换(currency swap)又称"货币掉期",是指两个或者多个持有不同币种的市场交易主体,按照事先的约定交换等值货币,到期后进行利息和本金偿付的一种交易行为。国家对上述内容进行约定达成货币互换协议。该协议的主要目的在于为市场提供紧急流动性支持,以增强市场信心,促进地区金融稳定。根据签订协议的主体不同，货币互换协议可以分为商业货币互换协议与央行货币互换协议。商业货币互换协议由商业机构等私人部门签订，目的在于降低筹资成本、规避汇率风险，通常互换额度和规模较为有限。央行货币互换协议则不同，它是各国央行等官方部门签署、约定一方在一定条件下用本国货币换取另一方货币或者其他货币的备用信贷协定。央行货币互换协议既可以是双边的，也可以是多边的，通常规定了一定的条件和期限。当一国央行面临货币危机、依协议提出货币互换申请时，供应方通常会按照事先约定将资金提供给对手方，对手方则用本国货币换取供应方的外汇或该国货币。①

二、典型案例

美国是央行间货币互换安排的先行者。截至 2023 年上半年，美国先后开展了三次较大规模的货币互换活动，且多发生于美元危机或全球金融危机的背景之下。美联储通过与各国央行签订货币互换协议，向相关国家或地区注入美元流动性，从而有效地缓解了危机，阻止了金融风险的蔓延。

(一) 美国第一次大规模货币互换

美国历史上第一次大规模货币互换可以追溯至 20 世纪 60 年代。1962 年 5 月由美国与法国签署，美国通过协议换取了一定数额的法郎，用这些法郎购买法国央行中过剩的美元，避免美元持有者大量抛售美元，加剧美元危机。② 这是世界第一个货币互换协议。这一时期，美国还与多个西方国家央行签署了货币互换协议获取外汇资金，干预外汇市场，重振市场信心，这就是早期的十国集团互惠性互换安排。

(二) 美国第二次大规模货币互换

2008 年次贷危机到 2010 年欧债危机期间，为防止危机负面影响扩大，美联储与多国中央银行签订货币互换协议，缓解了美元紧缺的危机。例如，2017 年 12 月，美联储与欧洲央行和瑞士央行建立了货币互换；2008 年至 2010 年，美联储将这种货币互换安排拓展至日本、英格兰、加拿大、澳大利亚、巴西、墨西哥等多家央行。通过货币互换协议提供的流动性，美国有效抑制了金融危机的不断蔓延。欧债危机发生之后，美联储继续与英国、加拿大、日本、欧洲及瑞士五大央行签署货币互换协议，以提供信贷支持，并数次延长期限，最终于 2013 年 10 月，将与五大央行的货币互换协议升级为长期货币互换安排，由此形成了六大央行间的货币互换网络。③

---

① 参见徐明棋：《央行货币互换：对国际货币体系的影响》，载《社会科学》2016 年第 3 期。
② 参见张明：《全球货币互换：现状、功能及国际货币体系改革的潜在方向》，载《国际经济评论》2012 年第 6 期。
③ 参见张明：《全球货币互换：现状、功能及国际货币体系改革的潜在方向》，载《国际经济评论》2012 年第 6 期。

（三）美国第三次大规模货币互换

美国第三次大规模的货币互换发生于 2020 年至 2023 年。受新冠疫情影响，全球金融市场出现明显动荡，美元融资成本急剧提高。2020 年 3 月，美联储与韩国、澳大利亚、巴西等 9 国央行签署了临时性的货币互换协议，以共同应对美元流动性危机。随后，美联储还宣布五大央行货币互换频率由每周提升至每天，如有需要，可每天进行货币互换的操作。凭借货币互换安排，美国再一次平息了美元危机。2023 年 3 月，由于硅谷银行倒闭，加之瑞士信贷危机的持续发酵，全球金融形势日趋紧张。于是，美联储与五大央行再次联手，宣布增强常设美元互换安排的流动性供应。这为飘摇的金融市场释放了积极信号，不过其效果有待进一步检验。①

三、学理分析

在美国主导下，六国央行建立了常设货币互换网络，构建了以美联储为最后贷款人的垄断机制。② 虽然美国的货币互换安排在应对世界金融危机时发挥了重要作用，但从法律角度审查存在以下不足：

（一）货币互换协议主体不适格

美联储作为美国央行与他国央行签署货币互换协议，其行为缺乏明确的法律授权，因此美国与其他国家央行间的货币互换协议在签署及执行的主体上存在缺陷。《美国联邦储备法》（Federal Reserve Act）是对美联储的职能、业务等进行规定的法律文件，其中可能与货币互换法律授权有关的规定为第 14 节第 1 条、第 14 节第 2 条（a）款以及（e）款。

第 14 节第 1 条明确了公开市场操作的概念，即任何联邦储备银行均可根据联邦储备系统理事会规定的规则和条例，在国内或国外公开市场上，向国内或国外银行、公司、企业或个人购买或出售本法案规定的、有资格再贴现的、各种类型和期限的电汇和银行承兑汇票，无论其是否有成员银行的背书。第 14 节第 2 条划定了联邦储备银行的授权范围，其中（a）款规定各银行有权在国内或国外进行金币和金条交易，以此发放贷款，（e）款规定各银行有权在国外开设账户、指定代理行或在该国设立代理机构。从文本上看，公开市场操作的对象不包括本国及外国货币，上述规定也均未授权美联储进行货币互换操作。

事实上，美联储签署货币互换协议的合法性已在美国国内遭受了挑战，③ 如果美国不

---

① 参见樊志菁：《美联储联合五大央行加码美元互换协议，稳定流动性》，载《第一财经日报》2023 年 3 月 21 日，第 A05 版。

② 参见崔蕾：《美国货币互换体制的法律缺陷及对中国的启示》，载《重庆大学学报（社会科学版）》2015 年第 1 期。

③ 依据"真实票据原则"，央行仅应当根据为实际生产活动融资所产生的债务来提供信贷，如商业票据或短期汇票，这是《美国联邦储备法》的基础原理。以出售外汇而非黄金的手段干预汇率不符合真实票据原则。参见 Alexander R. Perry，"The Federal Reserve's Questionable Legal Basis For Foreign Central Bank Liquidity Swaps"，*Columbia Law Review*，2020，120（3），pp.729-768。

能在后续法律规定中明确给予美联储从事相关活动的权限，那么美联储与五大央行签署的长期货币互换协议将始终处于不稳定的状态中。

(二) 货币互换协议缺乏正当性

美国与他国央行签署的货币互换协议固然起到了稳定全球金融秩序的作用，但美联储作为最后贷款人，严格把控加入货币互换安排的成员国数量，模糊签署货币互换协议的标准，其行为缺乏正当性。美联储在选择成为互换协议交易对手方的国家时，绝大部分都是主流发达国家。它仅为特定央行通过货币互换协议的方式提供稳定的流动性支持，对于诸多新兴国家提出的签署申请，则以不同的理由予以回绝。这样，美国通过主导货币互换网络，强化了发达国家在国际货币体系中的垄断地位，而新兴市场国家则进一步暴露在世界金融危机中。它们无力应对风险，或在危机面前变成蝼蚁，或增强对美元的依赖，受美国的控制。美国将央行间的货币互换安排当作扩大美元影响力、维护美元霸权地位的工具，以此签订的货币互换协议严重缺乏正当性。

(三) 货币互换协议缺乏风险防范机制

虽然美联储因其特殊地位拥有强大的抵御风险的实力，但这并不代表着央行间货币互换法律机制不存在风险。相反的是，央行间货币互换协议极易成为各国金融风险传导的重要环节。美国货币互换法律机制运行中可能出现以下风险：第一，道德风险。各国央行签署货币互换协议，有利于加强合作，共同抵御金融风险。但同时，货币互换协议增强了各国货币政策的关联性，如果个别央行采取不负责任的货币政策、放任本国金融危机蔓延，那么货币互换协议就成为其转嫁危机的不法渠道，美国有可能会被他国不负责任的货币政策绑架。① 第二，信用风险。信用风险又称违约风险，是指因交易对手未能履行约定的义务而遭受经济损失的风险，它是金融活动中常见的风险因素。就央行间货币互换而言，信用风险的表现形式多为货币贬值、主权国家债务违约、担保机制无法实现等。第三，政治风险。美联储签署和执行货币互换协议没有取得法律授权，这种无授权的活动极可能对美联储的名誉及地位造成不良影响。因缺乏法律授权，美联储在货币互换机制中的定位模糊不清，与其他行政部门的职能分配界限不明。这种模糊的行政安排会引发错综复杂的行政关系，从而招致政治风险。

总之，美联储在签署货币互换协议时对风险重视不足，未设置相应的风险防范条款，使得美国货币互换机制暴露在风险中。

---

① 有学者指责美联储选择性地向外国大型机构放贷，以及为失灵的外国货币体系纾困，助长了其间的道德风险。参见 Alexander R. Perry, "The Federal Reserve's Questionable Legal Basis For Foreign Central Bank Liquidity Swaps", *Columbia Law Review*, 2020, 120(3), pp. 729-768。

四、中国视角

我国在货币互换方面的国际合作较为活跃。近年来，我国与"一带一路"共建国家的货币合作成果斐然。截至 2023 年 9 月末，我国与 30 个"一带一路"共建国家签署了双边本币互换协议，在 17 个"一带一路"共建国家建立了人民币清算安排。①

(一)我国与美国的货币互换实践的差异

我国与美国的货币互换实践，主要存在以下差异：

第一，两者目的不同。我国与他国签署双边互换协议，旨在加强彼此之间的贸易合作，服务于实体经济的发展，助推人民币国际化。而美国的货币互换安排主要在发生危机时启用，由美联储充当最后贷款人，维护金融秩序的稳定，巩固美元在国际货币体系中的中心地位。

第二，两者约定的期限不同。我国与他国的货币互换持续时间一般为 3~5 年，体现的是长期性的合作安排。而美国的货币互换多在危机时启用，持续时间一般为 3~6 个月，为临时性安排。

第三，两者资金的使用方式不同。我国的货币互换协议主要用于为他国提供贸易信贷和营运资金，也常用于提供人民币储备资产。而美国的货币互换协议主要用于为市场提供紧急流动性支持，其项下的资金多用于为他国金融机构提供临时性的美元融资。

第四，两者签署的对象不同。我国货币互换协议的签署对象多为"一带一路"沿线国家，其中包含诸多新兴经济体，对象范围较广。而美国的货币互换协议签署对象局限于与其有密切政治利益和经济联系的发达国家，对象范围较窄，新兴经济体存在被排挤或被边缘化的可能。

(二)法律建议

在货币互换安排上，建议我国采取以下措施：第一，完善法律对央行签署和执行货币互换协议的授权性规定。央行进行货币互换操作的权限主要依赖于对其职权条款的扩张解释，有必要进一步完善《中国人民银行法》的有关规定。第二，央行签署协议时应注意提高货币互换协议标准的透明度，强化我国签署协议以及发展货币互换网络的正当性，展现我国负责任大国的形象。第三，央行在签署货币互换协议时应当强化风险防范安排，如设置定期调整条款，在期末时考察借款国货币与本国货币汇率变化情况，并根据该情况要求借款国央行或货币当局补足贷款担保。再如，建立定期报告制度，强化互换货币流通的透明

---

① 《2023 年人民币国际化报告》，载中国人民银行官网，https://www.gov.cn/lianbo/bumen/202310/content_6912504.htm，2023 年 10 月 28 日访问。

度，以便借款国及时评估货币互换中的交易风险等。[1]

五、若干思考

央行间的货币互换是央行通过签署协议进行的。协议作为央行货币互换的依据和保障，其性质如何？

首先，央行间货币互换协议在性质上属于国际条约。无论是美联储，还是中国人民银行，其身份地位都不同于一般商业机构，签署的协议性质也不同于商业协议。从签署主体来看，央行间货币互换协议代表着主权国家的合意，因此应当认定为国际条约。从内容上看，央行间货币互换协议不是为当事人制定共同的行为规则，而是通过约定货币互换的条件、利率及期限，明确当事方的权利义务关系，以发挥货币互换增强市场流动性、维护金融秩序稳定性的作用。从这一层意义上看，央行间货币互换协议仍带有商法色彩。因此，央行间货币互换协议属于契约性的国际条约。[2]

其次，央行间货币互换协议是一种担保贷款模式。通常而言，央行货币互换协议往往是具有互惠性质的，即双方均可申请启用货币互换协议，动用一定的资金额度。这样，双方均可以通过互换协议积累外汇储备、方便外汇结算。但是，由于各国货币在国际货币市场上的地位不同，且世界经济形势不断演化，央行货币互换协议逐渐发展为一种非对称性机制，即经济实力较强或货币地位较高的一方为资金供应方，对手方在账户中存入的本国货币为担保资金，当对手方丧失偿还能力时，资金供应方可以动用担保资金作为救济手段。

另外，央行间货币互换协议本质上是一种备用信贷[3]。央行货币互换协议是对未来特定货币互换事项的约定，通常是 3~5 年期限。协议并非一经签署立即生效，而是在有效期限内，一国有储备需求并且符合协议中规定的启用条件时才能动用额度范围内的对方货币。因此，在协议尚未启用时，其仅具有备用性质，是一种信用额度，在实际发起动用前双方不发生任何债权债务关系。

最后，央行间货币互换协议是一种准货币政策工具[4]。货币政策工具是指中央银行为实现货币政策目标而采取的调节和控制货币供应量的各种手段，一般包括法定准备金率、再贴现、公开市场业务、信用控制等。[5] 鉴于央行间签订货币互换协议的目的多在于为市

---

[1]　参见崔蕾：《美国货币互换体制的法律缺陷及对中国的启示》，载《重庆大学学报（社会科学版）》2015 年第 1 期。

[2]　参见崔蕾：《美国货币互换体制的法律缺陷及对中国的启示》，载《重庆大学学报（社会科学版）》第 2015 年第 1 期。也有学者认为央行间货币互换协议的性质为合同或一种金融合作机制。参见 Colleen Baker, *The Federal Reserve's Use of International Swap Lines*, Social Science Electronic Publishing, 2013, p. 622.

[3]　徐明棋：《央行货币互换：对国际货币体系的影响》，载《社会科学》2016 年第 3 期。

[4]　宋楠、唐欣语：《美联储的货币互换机制》，载《中国金融》2015 年第 19 期。

[5]　参见刘大洪：《经济法学》，中国法制出版社 2007 年版，第 274~278 页。

场提供紧急流动性支持，以增强市场信心，促进地区金融稳定，其操作方式往往是对域外货币存量的调节，因此，央行间货币互换协议也可以被视为一种准货币政策工具。

基于对央行间货币互换协议的理解，我们发现，央行间货币互换安排依靠的是绕开《IMF 协定》的特殊运作方式，这在以《IMF 协定》为核心的国际货币体制中较为罕见，也与以 IMF 为代表的全球货币合作实践形成鲜明对照。对央行间货币互换实践的分析有助于我们进一步理解国际货币制度。接下来将以美联储货币互换实践为例，分析央行间货币互换法律机制的运行方式及其间可能存在的法律缺陷。

当前，中美两国都在进行央行间货币互换的实践与探索。美国的货币互换机制主要启动于美元危机的背景下，旨在为市场注入流动性，维护美元在国际货币体系中的核心地位；而中国与他国签订双边货币互换协议，旨在强化协议双方的贸易合作关系，提高人民币在国际贸易和国际投资当中的使用频率，推动人民币国际化。这是两种不同的效果，但都折射出货币互换在国际货币体系变革中的重要作用。有学者提出，可以将双边货币互换机制多元化与制度化，建立一个全球货币互换联盟，以减少国际社会对美元的依赖性，促进国际货币体系的发展与完善。① 另有学者持不同意见，认为无论是双边货币互换还是多边货币互换，都有导致国际货币良莠不齐、加剧国际货币体系混乱的风险，国际货币体系改革最理想的方向是扩大超主权货币 SDR 的使用范围。② 你认为央行间货币互换对国际货币体系改革会产生影响吗？谈谈你的看法。

案例四：IMF 会员国义务
——基于美国指控人民币汇率操纵的思考

一、基础知识

1944 年，美国主导建立了以《IMF 协定》为核心的布雷顿森林体系。后来，由于难以维持黄金与美元之间的兑换比价，布雷顿森林体系最终走向崩溃。世界各国为寻求新的国际货币秩序，对《IMF 协定》进行了二次修改，形成了牙买加体系。《IMF 协定》是当今国际货币制度的主要载体，其对会员国的约束性规定，对现今国际货币秩序平稳运行具有重要意义。

（一）IMF 会员国义务

依据《IMF 协定》第 8 条规定，未经 IMF 同意，各会员国不得对本国经常项目的支付和

---

① 参见张明：《全球货币互换：现状、功能及国际货币体系改革的潜在方向》，载《国际经济评论》2012 年第 6 期。

② 参见聃丘泰、温建东：《央行货币互换：是否加速了货币多元化》，载 FT 中文网，https://elb-cn-nikkei-1177264504. ap-east-1. elb. amazonaws. com/columnviewpoint/column/52578-2023-06-08-05-00-03. html，2023 年 5 月 25 日访问。

资金转移进行限制;各会员国必须使本国外汇管理规定或外汇管理措施符合 IMF 协定的相关要求。会员国在经常项目下的货币义务不是绝对的,可以有条件地适用过渡性安排。此外,会员国还承担接受 IMF 监督、避免汇率操纵等义务。在 IMF 提出要求时,会员国应当就本国的汇率政策问题与 IMF 进行磋商。虽然《IMF 协定》就会员国的货币义务作出了相应规定,但存在模糊地带。典型的如在汇率操纵方面,《IMF 协定》仅提出了相应的概念和会员国纪律,并没有给出清晰的认定标准。在实践中,美国常将"汇率操纵"作为开展金融制裁、遏制他国经济发展的借口,美国对人民币汇率的操纵指控便是如此。

(二)IMF 的监督职能

IMF 的汇率监督包括双边监督与多边监督两种形式。双边监督是通过持续监测会员国的经济状况并在必要时同会员国进行磋商,对每个会员国的相关政策进行评估并提出建议,重点关注是否存在影响国内和外部稳定的风险,从而需要对经济或金融政策进行调整。多边监督则是对全球和地区经济趋势进行检测和评估,主要手段是定期发布《世界经济展望》《全球金融稳定报告》和地区经济展望报告。[1] IMF 的双边监督与多边监督相互支持、相互配合、相互作用,构成了国际货币体系的重要制度保障。

二、典型案例

中国曾数次遭遇西方国家关于人民币汇率操纵的指控。2019 年 8 月 5 日,美国财政部部长宣布将中国列为"汇率操纵国",认为中国不应采取人民币贬值措施,由此获取了不正当竞争优势。[2] 2020 年 1 月 15 日,中美签署《中美经贸协定(第一阶段)》时,就汇率问题、宏观经济政策和透明度等相关事宜达成一致,美国将中国移出汇率操纵国名单。[3] 2023 年 6 月 16 日,美国财政部向美国国会提交了关于美国主要贸易伙伴宏观经济和外汇政策的年度报告,将包括中国在内的七个经济体列入财政部主要贸易伙伴的"观察名单",提出要密切关注中国的货币措施和宏观经济政策。报告重申了财政部要求中国提高透明度的呼吁,认为人民币汇率机制的关键特征普遍缺乏透明度,中国是主要经济体中需要被密切关注的目标。[4]

---

① 廖凡:《国际货币体制的困境与出路》,载《法学研究》2010 年第 4 期。

② 参见 Treasury Designated China as a Currency Manipulator, https://home. treasury. gov/news/press-releases/sm751, 2019 年 8 月 5 日。

③ 参见中华人民共和国财政部关于发布中美第一阶段经贸协议的公告,载中华人民共和国财政部网站,http://www.mof.gov.cn/zhengwuxinxi/caizhengximwe/202001/202001163460124.htm, 2020 年 1 月 15 日。

④ 参见 Treasury Releases Report on Macroeconomic and Foreign Exchange Policies of Major Trading Partners of the United States, https://home. treasury. gov/news/press-releases/jy1546, 2023 年 6 月 16 日访问。

三、学理分析

(一)汇率操纵的含义

汇率操纵概念源于《IMF 协定》第 4 条第 1 款第(iii)项有关成员国汇兑安排的规定:"成员国应当避免操纵汇率或国际货币制度来阻碍国际收支的有效调整或取得对其他成员国不公平的竞争优势。"IMF 为什么要禁止成员国进行汇率操纵?这是因为,如果一国货币当局干预外汇市场,降低本国货币相对于他国货币的价格,那么在其他条件不变的情况下,其出口产品在进口国市场或国际市场上以外币表现的价格就会变得更低,从他国进口到本国的产品以本币表现的价格会变得更高,这样,该国就通过低估本币币值获取了不正当的竞争优势。可见汇率操纵实际上是一种不当的货币行为。①

(二)我国现行的汇率制度

人民币汇率制度经历了曲折的发展演化过程。2005 年 7 月 21 日起,我国开始实行以市场供求为基础,参考一篮子货币进行调节、有管理的浮动汇率制度。此后,我国不断对汇率形成机制进行改革。2015 年 8 月 11 日,中国人民银行宣布调整人民币对美元汇率中间报告机制,人民币汇率中间价需同时参考上一日银行间外汇市场收盘价与一篮子货币汇率变化。此次改革的目的在于强化市场供求对汇率形成的决定性作用,提高中间价的市场化程度。改革后的人民币汇率更能满足人民币在国际市场上的多边供求关系,让人民币更加灵活且富有弹性。总体而言,当前的人民币汇率制度呈现如下特点:第一,人民银行退出常态化干预,人民币汇率主要由市场决定;第二,人民币汇率告别单边升值模式,实现有弹性的双向浮动;第三,人民币汇率形成机制经受住了多轮冲击和考验,汇率弹性显著增强;第四,社会预期平稳,外汇市场运行有序;第五,市场化的人民币汇率促进了内部均衡与外部均衡的平衡。②

(三)我国汇率制度是否构成汇率操纵

2021 年 9 月,习近平主席在第 76 届联合国大会上发表演讲时指出:"世界只有一个体系,就是以联合国为核心的国际体系。只有一个秩序,就是以国际法为基础的国际秩序。只有一套规则,就是以联合国宪章宗旨和原则为基础的国际关系基本准则。""以国际法为基础的国际秩序"是对一些国家试图摆脱国际法约束,滥用国内法实行单边制裁的有力回应。③ 关于我国现行汇率制度是否构成汇率操纵的判断,仍然要回归 IMF 的具体规定。因

---

① 参见韩龙:《人民币国际化的法律问题》,人民出版社 2023 年版,第 689~670 页。

② 参见中国人民银行货币政策司青年课题组:《走向更加市场化的人民币汇率形成机制》,载《中国金融》2020 年第 17 期。

③ 蔡从燕:《论以"国际法为基础的国际秩序"》,载《中国学派》2023 年第 1 期。

为汇率问题属于国际问题，非一国国内法所能管辖，而《IMF 协定》是现行国际货币制度的主要载体，其中有关汇率操纵的规定是美国指控人民币汇率操纵的主要国际法依据。

《IMF 协定》未就汇率操纵的具体认定方式作出解释，相关判断标准主要参见《国际货币基金组织对成员国政策双边监督的 2007 年决定》(以下简称《2007 年决定》)。依据《2007 年决定》，IMF 认定汇率操纵的条件包括客观与主观两个方面。从客观上看，汇率操纵必须既有实施会影响汇率水平的政策的行为，又有影响汇率水平、导致汇率根本性失调的结果。其中汇率根本性失调是指实际有效汇率偏离均衡水平，而均衡水平是指符合经济基本面的经常账户所对应的水平。① 从主观上看，这种操纵行为必须出于《IMF 协定》第 4 条第 1 款第(iii)项具体规定的两种目的之一，即"妨碍国际收支的有效调整"与"取得对其他成员国不公平的竞争优势"。前述两个条件必须同时满足。为规范后一目的之认定，IMF 提出，只有在基金组织认定该成员国是为了造成汇率低估的根本性汇率失调而实施这些政策，并且这种失调的目的在于扩大出口时，该成员国才会被认为是为取得对其他成员国不公平的竞争优势而操纵汇率。

美国多次指控中国操纵汇率，但只在 2019 年中美贸易战期间明确将中国列为"汇率操纵国"。就该次指控而言，IMF 在《2020 年度对外部门报告》指出，2019 年中国的外部头寸与中期基本面和理想政策水平基本一致，人民币发生贬值主要是由中美贸易摩擦推动的，且没有证据证明人民币中间价为人民币贬值作出了不平衡的反应。因此，从报告中可以得知，IMF 认为中国既没有采取影响汇率水平的政策行为，也没有引发导致汇率根本性失调的结果，美国的指控不符合客观要件，我国的汇率制度并不构成汇率操纵。即使进一步审查主观要件，美国的指控也是站不住脚的。无论是此前钉住美元的汇率制度，还是现行的以货币篮子为参照的汇率机制，中国都是在为人民币汇率创造一个锚点，从而有效地控制中国经济内部的通货膨胀，并为经济稳定增长创造有利的环境。美国对于我国具有不正当目的的指控是毫无理由的。②

综上所述，我国实行的是以市场供求为基础的汇率制度，美国有关我国汇率操纵的指控并不成立。

四、域外视野

美国多次指控他国操纵汇率。2020 年 12 月，美国财政部发布半年度汇率政策报告，将瑞士与越南列为汇率操纵国，宣称两国持续干预外汇市场，以限制本国货币升值。③ 美

① 乔仕彤：《IMF〈对成员国政策双边监督的决定〉评述》，载《金融法苑》2008 年第 4 期。
② 事实上，美国部分有关人民币汇率的法案在确定人民币是否构成汇率操纵时，甚至不考虑《IMF 协定》所强调的构成汇率操纵所需的主观目的要素。参见韩龙：《美国对人民币汇率的法律指控及其新变化》，载《法治研究》2011 年第 5 期。
③ 樊志菁：《美国财政部将瑞士、越南列为汇率操纵国，瑞士：没有参与任何形式的货币操纵》，载《第一财经》2020 年 12 月 17 日。

国与瑞士长期保持着经济金融合作关系，美元在世界货币体系中的地位离不开瑞士的支撑，然而美国仍然在毫无预警的情况下将瑞士列为了汇率操纵国。事实上，汇率操纵指控是美国减少双边贸易逆差、维护本国霸权地位的有力手段。美国通过指控他国操纵汇率，迫使其主动改变外汇政策和双边贸易状况，该行为已经构成了对国际货币体系的破坏和对全球金融治理体系的挑战。

美国指控他国汇率操纵主要依据的是美国财政部的评估结果，其法律依据为美国1988年《综合贸易与竞争法》、2015年《贸易便捷与贸易促进法》以及美国财政部反补贴调查中有关汇率低估的规定。1988年《综合贸易与竞争法》要求美国财政部长考察外国是否有汇率操纵，同时列举了六项考察因素，分别为：第一，贸易与经常项目平衡；第二，单方向长期大规模干预；第三，外汇储备快速积累；第四，资本管制和付款限制；第五，低估以及实际有效汇率的措施；第六，经济的增长异常严重依赖净出口。

五、若干思考

（一）IMF 会员国是否承担资本项目开放义务

《IMF协定》第6条规定，会员国可以对资本项目采取必要的管制措施。资本的自由流动是一把双刃剑，它在给国内市场带来利益的同时也伴随着风险。比如，资本的频繁流动将加剧金融监管难度，短期投资行为增多，宏观调控效果下降；再如，资本的流动将提高国内市场与国际市场联系的紧密性，使本国经济更容易受到他国经济政策的影响，这也将加剧本国经济环境遭受的冲击。到目前为止，IMF 不要求会员国实行资本项目的完全开放。

（二）汇率操纵与补贴是什么关系

上述考察因素实际上并未明确"汇率操纵"的标准，而是赋予了美国财政部在评估他国汇率政策时广泛的自由裁量权。在2015年《贸易便捷与贸易促进法》中，美国认为汇率操纵国的认定标准需要满足存在显著贸易顺差、大额经常账户盈余和持续单边干预行为3个量化指标。然而，美国财政部于2019年将中国列为汇率操纵国时，中国仅满足前述指标中"显著贸易顺差"一项，完全达不到"汇率操纵"的标准。可见，汇率操纵指控只是美国应对两国贸易出现逆差的策略。

2020年4月，美国商务部发布《关于反补贴程序中授予利益与专向性修订规则》（以下简称《反补贴新规》），将汇率操纵的指控延伸至反补贴调查领域。反补贴新规在征收反补贴税中对汇率低估的利益计算和专向性认定作出了新的规定，加重了其惩罚性关税。由于现行国际法层面对汇率低估补贴的认定处于空白阶段，评估一国进口产品是否构成汇率低估补贴的主动权实际上掌握在美国财政部等相关部门手中，因此美国在认定他国汇率低估、采取反补贴措施等方面具有较强的自主性和可操作性。美国将针对汇率的反补贴措施发展为一种针对他国货币的单边措施，对包括汇率关系在内的国际经贸关系带来了极大的不稳定性和破坏性，其行为应当受到国际社会和国际规则的制约。①

(三) 对于人民币入篮 SDR 的思考

2016 年 10 月 1 日，人民币正式加入 IMF 的特别提款权(Special Drawing Right，SDR)货币篮子。人民币入篮之后，新的货币篮子由五种货币构成，分别为美元、欧元、人民币、日元和英镑，所占权重分别为 41.73%、30.93%、10.92%、8.33%、8.09%。2022 年 5 月，IMF 宣布将人民币在 SDR 货币篮子中的份额从 10.92% 上调至 12.28%。② 近年来，人民币在全球支付结算、外汇储备、投融资等方面的使用更加广泛，人民币国际化程度显著提升。

SDR 是由 IMF 设立的一种非货币性国际储备资产。会员国在 IMF 开立 SDR 账户，依据 IMF 的指定或会员国之间的协议，将账面的 SDR 兑换为他国持有的货币篮子中的货币。会员国之间不发生有形的 SDR 流转，前述兑换主要通过在账户上减少或增加记账数目来完成。因此，SDR 的实质是借助可自由使用货币的兑换请求权所建立的信贷，不仅其本身构成一类特殊的国际储备，还有助于其篮子中的货币的国际储备地位的提升和维持。③

要成为 SDR 货币篮子中的货币，应当满足如下条件：第一，入篮货币是由过去 5 年出口价值最大的会员国货币联盟发行的，即出口标准。这表明，SDR 篮子货币应当在全球经济活动中具有重要地位，是在国际贸易和金融系统中使用最广泛、最受欢迎的货币之一。第二，该货币是被基金组织认定为是"可自由使用的"。《IMF 协定》第 30 条指出，可自由使用的货币是指被 IMF 指定的一会员国货币，该货币事实上在国际交易支付中被广泛使用，且在主要外汇市场上被广泛交易。可见，货币"可自由使用"程度的评价标准与其实际使用数量和使用范围密切相关。IMF 审查人民币满足上述标准之后，将其纳入 SDR 货币篮子，旨在提高 SDR 的代表性和稳定性，更好地发挥 SDR 在国际货币体系中的职能。SDR 的基本业务与职能可以分为以下三类：第一，从基金组织指定的其他特别提款权账户参加国承兑可自由使用的货币；第二，各参加国协议以本国货币或其他通货与 SDR 兑换；第三，向普通账户转移资金。④ 这代表 SDR 篮子货币发挥着不同于其他会员国货币的作用。那么，这是否意味着 SDR 篮子货币发行国需要承担不同于其他会员国的特殊货币义务，该种特殊货币义务具体包括哪些内容？

人民币加入 SDR 货币篮子象征着人民币国际化迈入新的阶段，也在事实上促进了人民币国际化程度的提升。你认为一国货币国际化有什么样的影响，国际货币发行国需要承

---

① 韩立余、梁意：《汇率与补贴关系的全球治理》，载《中国高校社会科学》2021 年第 5 期。

② 中国人民大学国际货币研究所：《人民币国际化报告 2023》，中国人民大学出版社 2023 年版，第 5 页。

③ 韩龙：《国际金融法》，高等教育出版社 2020 年版，第 125~126 页。

④ 张庆麟：《论人民币加入特别提款权货币篮子后的汇率义务》，载《东方法学》2021 年第 3 期。

担什么样的责任与义务，试谈谈你的看法。

案例五：货币法领域的制裁与反制裁
——以美俄金融战为例

一、基础知识

(一)经济制裁的含义与分类

根据《现代汉语词典》的解释，制裁指强力管束并惩处。由此可知制裁具有强制力、惩戒性。制裁英文为"Sanction"，依据《牛津英语词典》，其含义一是指对违反法律行为的惩罚，二是指对一国采取的、迫使其遵守国际法或惩罚该国违反国际法行为的措施。《牛津英语词典》所指的第二个含义是国际法意义上的制裁，制裁在国际经济法领域常指经济制裁。经济制裁概念的核心可以概括为针对一国采取的、迫使其遵守国际法或惩罚该国违反国际法行为的经济措施。有学者认为经济制裁是一类特殊的限制性经济行为，具体体现为国际社会组织为了表达对被制裁方政策和行为的不满，向第三方或国内公众显示己方偏好，迫使被制裁方改变原有的政策和行为，满足制裁方政府或国内利益集团的政治目标，在较长时期内对被制裁方实施的一类强制性经济行为。[①] 大多数学者将经济制裁定义为一国或多个国际经济行为体为了实现一定的对外政策，而施加给其他国际经济行为体的经济限制，包括经济交往(商品、服务的贸易以及资本要素的国际间流动)的完全禁止。

根据采用的手段不同，经济制裁分为贸易制裁和金融制裁。前者又称"贸易管制"，即国际贸易过程中采取的出口管制和进口管制措施；后者包括限制商业融资、限制国际金融组织的信贷及双边援助，冻结或扣押受制裁国所拥有的处于制裁发起国控制下的资产等。

根据制裁参与主体不同，经济制裁分为单边经济制裁和多边经济制裁。单边经济制裁由制裁发起国自己单方面决定针对某个或某几个目标国家实施制裁行为；多边经济制裁也称"集体经济制裁"，由多个国家联合对某个或几个目标国家实施。

根据经济制裁针对的对象不同，经济制裁分为一级制裁和二级或三级制裁。一级制裁针对的是目标国；二级制裁则针对与"一级制裁"下被制裁国交往的第三国，而三级制裁则更进一步针对与"二级制裁"下被制裁第三国交往的国家。二级或三级制裁通常会引发第三国抗议，并存在国际法合法性争议。

(二)反制裁的含义和性质

反制裁即受制裁方对制裁采取的一系列行动，目的在于使本国政治、经济、文化、安

[①] 刘威、柳剑平：《从限制性的视角论经济制裁》，载《武汉大学学报(哲学社会科学版)》2009年第2期。

全等方面免受侵害。根据我国《反外国制裁法》第 1 条，该法的制定在于维护国家主权、安全、发展利益，保护我国公民、组织的合法权益。根据该法第 13 条、第 15 条，对于危害我国主权、安全、发展利益的行为，对于外国国家、组织或者个人实施、协助、支持危害我国主权、安全、发展利益的行为，需要采取必要反制措施的，有关法律、行政法规、部门规章可以规定采取其他必要的反制措施。由此可见，反制裁的核心在于应对外国制裁行为，维护本国各方面利益。

反制裁与反报（Retorsion）、报复（Reprisals）和反措施（Countermeasures）关系密切，将反制裁以后三者为基准进行定性有利于厘清相关当事方的行为性质和国际责任。反报指一国对另一国某种不违法但不礼貌、不善良、不公平或不适当的行为以同样或类似有害行为予以反击，在受反报国家改变行为时停止，反报不由国际不法行为引起。报复指在例外情况下，一国被允许针对另一国的有害行为或国际不法行为采取相应强制措施。区别于反报，报复的起因与手段具有违法性。反措施是国际法上解除国家责任不法性的一种形式，同时也是履行国家责任的一种方式。在责任国不履行停止侵害或给予赔偿的义务时，受损害一方或有权援引国家责任的一方可采取反措施，[①] 采取反措施的目的在于督促责任国履行义务，属于合法行为。

就反制裁而言，如果被制裁国受到的制裁不属于违反国际法的不法行为，则其针对制裁采取的同样非属于国际不法行为的行动为反报，此种定性对于界定当时方责任具有参考意义；而如果被制裁国受到构成国际不法行为的制裁，其采取相应类似手段构成报复，此时相关当事方的行为均属于国际不法行为；符合反措施要求的反制裁措施属于反措施，此种反制裁措施属于合法行为，不得再对其予以反击，再度采取"反制裁"。[②]

二、典型案例

国际货币法领域的制裁与反制裁以俄乌战争期间美国与俄罗斯间的博弈最典型。2022 年 2 月 24 日，俄罗斯对乌克兰采取"特别军事行动"后，美国对俄罗斯采取大规模制裁，受到制裁的对象主要包括：俄罗斯军事政要及商业个人；银行、矿业集团、管道公司等组织和企业；诸多能源行业。其中，美对俄实施冻结资产、阻断融资及金融交易等金融制裁措施，在货币领域主要体现为对俄银行等金融机构的制裁、冻结俄方外汇、联合西方国家将俄踢出环球银行间金融通信协会（Society for Worldwide Interbank Financial Telecommunications，简称 SWIFT）。针对上述制裁，俄方则采取"不友好国家和地区清单"、外汇管制、推行"卢布支付令"、加强本土金融信息交换和支付基础设施建设等反制裁措施。

---

① 参见王献枢：《国际法》，中国政法大学出版社 2018 年版，第 104 页和第 366 页。
② 马光：《论反制裁措施的国际合法性及我国反制裁立法的完善》，载《法治研究》2022 年第 1 期。

（一）货币法视野下美国对俄罗斯的制裁

2022年2月22日，[①] 美国财政部外国资产控制办公室（The Office of Foreign Assets Control of the US Department of the Treasury，简称 OFAC）发布指令，除法律另有规定或获得 OFAC 授权外，禁止任何美国金融机构参与俄罗斯联邦中央银行、俄罗斯联邦国家财富基金发行的以卢布或非卢布计价的债券一级市场，禁止向这些机构提供以卢布或非卢布计价的资金借贷。同时公布了特别指定国民名单（OFAC's List of Specially Designated Nationals List，简称 SDN List）以及非 SDN 菜单式制裁名单（Non-SDN Menu-Based Sanctions List，简称 NS-MBS List），对俄特定个人和多家具有战略重要性的银行实施金融制裁。

2月24日，美国宣布新一轮对俄制裁措施，[②] 制裁对象为俄罗斯联邦经济金融服务部门，即国有商业银行——俄罗斯储蓄银行。根据 OFAC 指令，除法律另有规定或获得 OFAC 授权外，禁止美国金融机构为上述银行及其代表开立或维持代理账户及应付账款，禁止任何相关交易。同时宣布冻结俄罗斯外贸银行等另外四家大型俄罗斯金融机构的全部在美资产。

2月25日，美国将矛头对准合计1.4万亿美元规模的资产，其中涉及俄罗斯银行业将近80%的资产。此外，美国还对包括 Sberbank 和 VTB Bank 在内的五家俄罗斯大银行、以及一大批俄罗斯精英人士及其家人施加制裁，其中还包括国防部部长在内的一些白俄罗斯个人。

2月26日，美国等西方国家发布联合声明，将部分俄罗斯银行排除在 SWIFT 支付系统之外，并在随后几天接连宣布对俄罗斯央行实施冻结资产、禁止交易等限制措施。美国及其盟友宣布冻结俄罗斯央行外汇储备。（冻结俄罗斯央行外储的战术目的也是使俄罗斯中央银行在卢布贬值的时候，无法通过动用外汇储备稳定卢布汇率。）

2月28日，美国将对俄制裁措施扩大到俄罗斯中央银行。具体内容包括禁止美国人参与涉及俄罗斯央行、俄财政部或俄罗斯直接投资基金的任何交易；俄罗斯央行在美国金融机构持有的全部资产均被冻结；美国以外为俄罗斯央行持有美元的金融机构也无法转移这些资产。[③]

3月7日，当天兑换一美元一度需要131.2卢布，这意味着和2月24日兑换1美元只需要84卢布相比，汇率已经暴跌36%，离2014年的卢布惨状仅差一步之遥。3月24日，

[①] 参见美国财政部外国资产控制办公室官网，https://ofac.treasury.gov/recent-actions/20220222。

[②] 参见美国财政部外国资产控制办公室官网，https://ofac.treasury.gov/faqs/966#:~:text=On%20February%2024%2C%202022%2C%20the%20Office%20of%20Foreign，to%20the%20prohibitions%20of%20the%20Russia-related%20CAPTA%20Directive。

[③] 参见美国财政部外国资产控制办公室官网，https://ofac.treasury.gov/faqs/966#:~:text=On%20February%2024%2C%202022%2C%20the%20Office%20of%20Foreign，to%20the%20prohibitions%20of%20the%20Russia-related%20CAPTA%20Directive。

俄新社报道，美国对俄罗斯数十家国防企业和俄国家杜马（议会下院）328 名议员进行制裁。4 月 20 日，美国公布了针对俄罗斯的最新一轮制裁措施，制裁对象包括一家主要的商业银行，以及由俄罗斯富豪康斯坦丁·马洛菲耶夫（Konstantin Malofeyev）领导的 40 多名个人和实体组成的全球网络。

（二）货币法视野下俄罗斯

1. 实施外汇管制

第一，为应对卢布贬值和通胀风险、增强存款吸引力以及降低资本外逃的风险，俄罗斯中央银行于 2022 年 2 月 28 日宣布将利率提高至 20%。第二，为防止现金外流、降低国内银行业风险，普京签署第 79 号总统令《关于对美国以及加入它的外国及国际组织的不友好行为实施特殊经济措施》，① 参与对外经济活动的俄罗斯居民（包括法人和个人），必须将从 2022 年 1 月 1 日起根据外贸合同汇入其在授权银行的账户的外币收入的 80% 予以出售；自 2022 年 3 月 1 日起，禁止俄罗斯居民根据借款合同向非俄罗斯居民提供外汇借款，也不得将外汇汇入自己在俄罗斯境外开立的银行账户或金融市场中其他机构的账户；自 2022 年 3 月 1 日起，在没有银行账户的情况下，禁止俄罗斯居民利用外国支付服务供应商提供的支付系统进行资金汇款。第三，进一步管制相关外汇行为及交易。3 月 18 日俄方正式实施俄罗斯联邦总统第 126 号法令"关于在货币监管领域确保俄罗斯联邦金融稳定的额外临时经济措施"，根据第 2 条的规定，没有俄罗斯中央银行许可，俄罗斯居民不得向非居民法人进行注册资本性质的出资，不得根据合伙协议对非居民进行资本投入。第四，遏制资本外逃。俄方鼓励本国商人实现海外资产"去离岸化"，强调本国企业必须在本国注册，同时运用针对外国公司的税收新政促使本国商人将资本转回国内。②

2. 推出"卢布结算令"

2022 年 3 月 31 日普京总统发布总统令，规定俄罗斯与"不友好"国家和地区买方之间的天然气供应合同使用卢布进行结算（"卢布结算令"），4 月 1 日起，"非友好国家"的企业应先在俄银行开设卢布账号，由此支付天然气款项，法令生效后，将给这些国家的企业两周时间进行账户开设事宜。对于友好国家和地区，俄罗斯持开放态度，可以是这些国家的官方货币，也可以是卢布或其他币种。截至 5 月底，与俄罗斯天然气工业股份公司 GAZPROM（"俄气公司"）签订有天然气供应合同的 54 家欧洲企业中，除波兰、保加利亚、芬兰等国的 6 家企业之外，其他欧洲企业在 4 月供气费用的付款宽限期到期之前，都已经

---

① 参见信达立律师事务所官网，http：//www.xindalilaw.com/newsitem/278599840。
② 陶士贵：《大国博弈下美国对俄金融制裁新突破与俄反制创新：例证及启示》，载《太平洋学报》2023 年第 9 期。

按照卢布结算令的要求在俄罗斯天然气银行 GAZPROMBANK("俄气银行")开设了卢布账户，俄罗斯供应欧洲国家的 90%~95% 天然气用卢布完成了结算。

3. 接受加密货币

对于与友好国家和地区的合作，俄罗斯不仅愿意接受对方的法定货币，甚至考虑接受比特币等加密货币。Pavel　Zavalny 坦言："油气交易的支付方式不会局限于传统货币，愿意考虑比特币等更为灵活的形式。"

上述表态发言甚至提振了比特币的价格走势，3 月 24 日，比特币价格一度冲上 4.4 万美元/枚。路透社指出，币安等全球最大的几家加密货币交易所一直继续维持在俄罗斯的业务，这极大地削弱了西方孤立俄罗斯的企图。

据悉，俄罗斯已经开始评估利用相对缺乏流动性的比特币支撑大规模国际能源贸易交易的前景。有数据显示，截至 2023 年年初，俄罗斯拥有价值 16.5 万亿卢布的加密货币，约合 2140 亿美元，占全球持有量的 12%。俄罗斯总理米舒斯京表示，有必要将加密货币流通机制整合到该国金融体系中，包括采取措施进一步规范加密货币挖矿。

4. 加强本土金融信息交换和支付基础设施建设

美欧关闭维萨和万事达等结算通道后，俄罗斯要求外国信用卡公司将业务移交给俄罗斯本土新创的支付系统，开始建立自己独立的支付系统"MIR"。同时，俄积极与中国银联联系并加强合作，希望依靠中国减少西方金融制裁对俄罗斯的影响，中国银联在一定程度上能够成为俄罗斯的替代性选择。

三、学理分析

对于金融制裁和反制裁是否具有国际合法性，主要对标的国际规则是 IMF 协定义务和相关国际纪律。

(一)IMF 规则与美国金融制裁

根据国际货币基金组织协议条款第Ⅷ(2)(a)条，"未经该基金批准，任何成员不得对当前国际交易的支付和转让施加限制"。"当前交易的付款"必须与资本转移区分开来，根据第Ⅵ(3)条仍然允许对其进行限制。第×××条提供了几个(非详尽的)当前交易付款示例，例如，"与对外贸易、其他当前业务(包括服务)以及正常的短期银行和信贷便利有关的所有到期付款"。国际货币基金组织执行委员会 1960 年的一项决定澄清说，"限制"一词涉及"政府对交换的可用性或使用的直接限制"。

美国对俄冻结资产及银行账户的若干制裁行为属于第 8(2)(a)条的规制范围。首先，在存在冻结资产和限制银行账户的情况下，存款不可提取且被制裁国无法进行国际交易支付或转移。此外，美国不仅对一级制裁对象俄罗斯实施资产冻结，还利用其实施二级制裁。诚然，资产冻结风险主要起到威慑作用，但部分第三国公司同样被添加到美国的指定个人和实体名单中。其次，第Ⅷ(2)(a)条具有超出冻结实际资产的更广泛影响，并且涵盖范围广泛的金融限制，旨在禁止与主要制裁目标存在某种联系的以美元计价的交易，特别是"掉头"交易，① 严重威胁与主要制裁目标开展业务并被排除在美国市场之外的非美国公司。

(二) IMF 规则的例外

第Ⅷ(2)(a)条仅规定了两种例外情况，一种与基金组织持有的成员国货币稀缺有关(第Ⅶ(3)(a)条)，另一种与某些过渡安排有关(第ⅩⅣ(2)条)。目前美对俄实施的金融制裁与前两者都不相关。虽然条约本身对受外交政策目标启发的货币限制没有例外，但1952年国际货币基金组织执董会的一项决定引入了一项特定程序，以批准国际货币基金组织基于安全理由施加的限制。此外，该决定规定，出于安全原因的支付限制必须在通过之前通知基金组织，或者在情况不允许提前通知时(例如，出于紧急或保密的原因)，不得迟于其限制措施制定的30天之后。该决定强调：除非基金在收到成员通知后30天内通知成员不满意仅为保存该等担保而提出该等限制，则成员可假定基金对实施该等限制无异议。

该规定意味着在一个国家向国际货币基金组织通报即将采取的措施并且国际货币基金组织没有正式反对的情况，不会违反国际货币基金组织协议第Ⅷ(2)(a)条。因此，不反对就等于默许。此类批准不会过期，也不需要更新或审查。基金组织协议条款第Ⅷ(2)(b)条也存在溢出效应，因为国际货币基金组织批准的外汇管制条例必须在此类限制的接受点得到国际货币基金组织成员国法院的承认和执行，即使它们违背了本国的基本利益或基本价值观。可见，第Ⅷ(2)(b)条"显著提高了单边安全限制的有效性和范围"，并迫使不同意这些限制的国家接受这些限制性规定。

(三) IMF 的态度

关于在国际货币基金组织范围内使用1952年决定规定的程序性信息很少。许多大规模制裁制度表面上是在没有收到基金组织内部任何形式反对的情况下通知的。这一点都不足为奇：事实上，该决定的序言强调，虽然"[有时]成员施加……限制只是为了维护国家或国际安全"，但"基金组织并不……为讨论导致此类行动的政治和军事考虑提供一个合适的平台"。它进一步承认，"不可能在仅涉及这种性质的考虑的案例与完全或部分涉及经济动机和影响的案例之间划清界限，而基金确实为此提供了适当的讨论平台"。因此，似乎存在不反对的一般政策，事实上承认成员的判断优先于基金组织的判断。国际货币基金组

---

① 掉头交易(U-Turn Transaction)，也被称为 U 形交易或回转交易，是资金清算业务的模式之一。由于各类制裁政策的限制，在没有获取 OFAC 授权许可或其他政策豁免时，美国金融机构不能与受制裁对象进行交易，例如伊朗、古巴等。然而，在某些少数的情况下，美国金融机构会被允许通过掉头交易的方式，为涉及受制裁对象的交易提供美元清算服务。

织的这种被动立场受到了许多学者的批评，他们呼吁对国际货币基金组织的安全限制方法进行审查，认为国际货币基金组织应避免(默许)单方面的安全限制。然而，1981年关于取消默认批准程序并只接受符合联合国安理会决议的措施的提议从未得到执行局的争论。

因此，如果美国的各种制裁已根据1952年的决定正式通知国际货币基金组织，并且没有受到反对，那么结论必须是不能根据IMF协定第Ⅷ(2)(a)条对其合法性提出质疑。

由于反制裁是国家的自助行为，根据国际条约法，"自助"是条约的一方当事国应对其他当事国"重大违约"行径的救济措施，集中规定于《维也纳条约法公约》第60条，任何国家无论强弱均享有防卫国际不法侵害的自助权利。由于反制裁措施实施的主要目的是避免损害扩大和促使争端解决，并非惩罚，因此，实施反制裁措施应保证其可逆性与临时性。反制裁针对的是对非法单边制裁，因而总体上是合法的，受非法单边制裁影响的国家有权在国际法范围内以对等和非对等措施进行反击，这里的非对等应满足相称性。

四、域外视野

国家或国际组织应对金融制裁的方法多种多样，典型的做法如加强阻断立法、加速去美元化和尝试货币桥项目。

(一)加强阻断立法

欧盟在1996年制定《阻断法令》(Blocking Statute)，用以回应和对抗美国颁布针对古巴的《赫尔姆斯－伯顿法》和针对伊朗、利比亚的《达马托法》中涉及的次级制裁措施，禁止欧盟成员国实体遵守美国具有域外效力的制裁措施。在制定《阻断法令》以后，由于各方面的原因实际上长期处于备而不用的状态。2018年美国政府单方面退出《伊核协议》后，重启对伊朗的制裁措施，欧盟修订并重新启动《阻断法令》，以应对美国在对伊制裁中的长臂执法，保护在制裁中受到波及的欧洲企业。就具体执行而言，欧盟《阻断法令》的措施主要包括：第一，要求各成员国企业在法案生效30天内就其经济和金融利益是否直接或间接受到美国制裁影响通知委员会；第二，禁止欧盟企业依照该法所列出的美国制裁法律开展商业活动，否则将面临罚款；第三，允许受影响企业通过欧盟成员国法院向由于制裁而对其造成损害的实体追偿损失；第四，基于制裁的任何外国法院判决或行政决定在欧盟境内无效。《阻断法令》在附件中列举了该法所针对的若干美国域外适用制裁立法。

(二)加速去美元化

长期以来，美元一直被视为全球储备货币，许多国家将美元用于外汇储备和国际贸易。然而，全球金融危机和美俄金融战已经揭示了过度依赖美元的弊端。一旦美国经济或美元价值出现波动，其他国家可能会受到严重影响。欧洲央行行长拉加德警告称，地缘政治紧张局势的升级可能会促进多极化，美元的国际货币地位不应再被视为"理所当然"。阿根廷在对华贸易中弃用美元而使用人民币结算，巴西与中国就双边贸易中使用本币结算签署了协议，全球各国央行也加大了购买黄金储备的力度，以减少对美元的依赖。同时，"去美元化"和"本币结算"在东南亚地区成为热词。先是东盟财政部部长和央行行长于2023年8月批准建立东盟范围内的本币交易框架，再是印度尼西亚9月宣布正式成立"本币交易国家特别工作组"。10月10日，马来西亚又提出"增加本币结算"的倡议，马来西亚总理安瓦尔在国会下议院会议问答环节表示，马来西亚与其他国家进行贸易时将增加使用马来西亚法定货币林吉特结算，减少对美元的依赖。

(三)尝试央行数字货币桥项目(MBridge)

截至2023年10月31日，多边央行数字货币桥项目已凝聚了国际清算银行创新中心、四家创始央行以及超过25个观察成员的共同努力。[①] 由于商业银行通常难以与离岸交易对手取得直接联系，必须依靠全球代理银行网络进行跨境支付，致使跨境支付存在交易成本高、结算风险大、操作复杂、耗时长等种种弊端；并且国际上跨境支付以美元和SWIFT (Society for World Interbank Financial Telecommunications，环球银行金融电信协会)通信系统为主导，该系统多次被美国用作实施金融制裁、维护美元霸权地位的工具，对跨境支付的安全性与各国货币主权构成严重威胁。MBridge通过搭建一个基于分布式账本技术的多CBDC平台，允许各国央行在此平台发行CBDC并进行兑换，不仅使各国银行产生直接的双边连接，实现交易双方的点对点快速交易，从而可加快资金跨境清算和结算，减少交易环节，降低交易成本，而且也有利于改善国际支付领域美元一币独大的局面，为货币弱势国提供了参与全球支付结算的机会，有助于降低弱势国货币的可替代性，减轻其货币主权和金融主权遭受货币强势国侵犯的风险。MBridge项目绕开了美国主导的国际结算系统，可助力各参与方的主权数字货币在全球跨境支付中充当支付手段，对于维护各方货币主权意义重大。

五、若干思考

(一)持续推动外汇储备"防风险化"策略

2014年克里米亚事件之后，俄罗斯开始逐步调整外汇储备构成，降低美元资产比重，规避储备被冻结的风险。然而这一策略在2022年西方国家联手制裁下效果并不佳。因此，在现有美元主导的国际金融格局下，我们应有计划、有步骤地优化储备资产结构和币种结构，优化外汇储备币种和投资结构，实施动态管理，防止储备资产的缩水和损失。具体做法如下：

首要，要使我国外汇储备结构处于优化状况，应该在科学量化结构指标体系基础上参

---

① Project MBridge：Experimenting with A Multi-CBDC Platform for Cross-border Payments，https：//www.bis.org/about/bisih/topics/cbdc/mcbdc_bridge.htm，2023年10月31日访问。

加预警机制和弹性机制，使之能够随着国际经济发展变化而适时适当地调整。如依据对外贸易依存度、进口支付要求、市场干预、偿还债务需求等方面的因素来确定储备币种，坚持储备币种多元化。其次，实施科学出资和动态管理。使用外汇储备进行出资是防备其缩水和丢失的重要途径。为此，在发达国家能够考虑债务转股权，在发展中国家能够进行资源股权、比例出资，基础设施出资等。这样才能避免美元金融的损害，确保外汇财物的价值。此外，还可将中国富余的外汇储备交与专业组织进行出资经营管理。公司能够多元化出资全球范围内的金融和实物财物，能够使央行的一部分外汇储备从财物负债表中转出，达到降低央行储备量的作用。

降低美元资产比重，适当增加黄金储备规模，分散主权信用风险，适时购置能源、矿石、粮食等大宗战略物资，对于提升我国外汇储备安全仍有较大意义。此外，还可在美元紧缩周期内对"一带一路"沿线的优质项目定向投资，动用外汇储备置换对应美元负债，降低"美元潮汐"对于区域内国家的冲击，逐步提升人民币在欧亚大陆腹地的地位。

（二）推动人民币国际化进程

一方面，推动"一带一路"区域内人民币国际化进程。当前正处于美元紧缩周期的中后期，我们可把握美元回流契机，优化人民币输出/回流体系，促进"一带一路"区域内人民币循环、流通和使用，拓宽人民币贸易和投融资便利化渠道，形成海外人民币借、用、还闭环网络，填补美元回流引发的"资本空缺"，推动人民币区域化、国际化进程加速。

另一方面，创新人民币离岸交易，打造离岸人民币全产品体系，增大人民币海外交易广度和深度。我们可加快完善离岸人民币全产品体系，满足"一带一路"国家、东盟、上合组织、金砖国家等各类人民币投融资需求，支持人民币离岸拆借、离岸信贷、离岸债券、离岸存托凭证等标准化工具的发行和交易，同时支持各类人民币离岸资产证券化产品以及离岸衍生产品发行与交易，强化人民币离岸价格和流动性调控，增大人民币海外交易的广度和深度。

俄罗斯在能源贸易领域的"去美元化"行动，不仅极大地动摇了以美元为中心的国际贸易结算模式，还给严重依赖俄天然气的欧洲带来了更多的不确定性和更广泛的经济冲击。当前，通胀高企、经济萎缩、大宗商品价格直线飙涨已经成为欧洲无法承受之重。俄罗斯宣布，将对"不友好国家"的天然气贸易实施卢布结算；同时，愿意与"友好国家"进行币种多样化、支付灵活的石油和天然气交易，包括考虑接受比特币等加密货币。这意味着，俄罗斯正在推动能源贸易"去美元化"。请结合数字人民币及人民币国际化实践，谈谈中国在推动去美元化进程中可能遇到的困难及应对之策。

第二章　国际银行法案例研习

习近平总书记强调，防范化解金融风险特别是防止发生系统性金融风险，是金融工作的根本性任务。金融安全是国家安全的重要组成部分，维护金融安全，是关系我国经济社会发展全局的一件具有战略性、根本性的大事。银行体系作为金融体系的基础和核心，其稳健运行与有效监管是国家金融安全的根本保障。本章的案例分为两类：一类是涉及银行基本业务的国际银团贷款案、项目融资案和信用证纠纷案，以银行业务安全保障为观测点；另一类是西方国家银行事件和美国次贷危机，以银行监管制度演进和系统性金融风险防控为中心。

案例一：国际银团贷款制度
——以西部银行贷款合同案为例

一、基础知识

企业跨境寻求融资是一种普遍的金融现象。一方面，在不少发展中国家、新兴市场国家，境内贷款市场不发达，不能满足本国企业贷款资金需求，此时这些国家的政府或企业多会转向发达国家银行寻求融资。另一方面，在企业的跨境扩张、跨境经营中，债券或股票融资受资本市场波动的影响较大，很难迅速、稳定地提供跨境并购所需资金，因此跨境贷款是跨国公司重要的融资渠道。

跨境贷款有许多不同的种类，如单一贷款、银团贷款、项目融资、平行贷款等，国际银团贷款是能够体现国际商业银行贷款优势的特色贷款之一。与发行债券相比，银团贷款流动性更低、贷款形式更灵活。作为国际金融市场上筹措中长期资金的一项业务，国际银团贷款能够突破独家商业银行贷款的规模限制和市场容量，分散银行贷款风险、改善银行信贷结构，增加中间业务收入。因此，国际银团贷款法律制度在国际银行法中占有十分重要的地位。

(一)国际银团贷款的含义与类型

为了解什么是国际银团贷款，首先要明确银团的定义。银团是指按照同一协议条款对同一个借款人发放贷款的两家以上的银行的联合，通常由牵头行与数量不等的参与行组成。国际银团贷款是指贷款的主体、客体或法律行为等元素中至少有一项含有涉外因素的银团贷款。

国际银团贷款又分为国际直接银团贷款与国际间接银团贷款。

1. 国际直接银团贷款

国际直接银团贷款是指银团各成员与借款人签订同一份贷款协议，并按协议约定的共同条款和条件，按照各银行承担的贷款比例，对同一个借款人提供的、含有涉外因素的贷款。

在国际直接银团贷款中，各成员行与借款人之间的法律关系相互独立，任何成员行不对除本行之外的银行行使权利、履行义务的行为负责。同时，银团作为一个整体与借款人发生一定的法律关系。首先，从程序上看，部分程序性事项需要银团成员一致决定，此时代表多数方意见的成员行对代表少数派意见的成员行的权利义务造成了一定限制。另外，从实体上看，银团是作为一个整体规定所有成员行与借款人之间的权利义务关系，在贷款数额、贷款利息、偿还日期等实体性的内容上，各成员行的权利义务内容是一致的。

除此之外，直接银团贷款中各银行间同样会发生一定的法律关系。银团中包括牵头行、参与行以及后续管理贷款事务的代理行，相互之间可能存在合同明确约定的权利义务关系，或由商业惯例形成的附随义务。比如，牵头行是受借款人委托负责发起组织银团、协助制定信息备忘录、谈判银团协议、分摊银团贷款份额的银行。在整个国际直接银团贷款流程中，牵头行在为自己的利益行事的同时，往往也代表着即将提供贷款的参与行的利益，因此牵头行对参与行负有合理的忠实勤勉义务。如果因牵头行的故意或重大过失造成参与行利益的减损，参与行可以要求其承担侵权赔偿责任。再如，代理行是国际银团与借款人的后期联系人，负责银团贷款的发放和管理事宜，代理行通常从事的是有偿代理行为，各银行成员需要与其签订代理协议，就代理行职责、免责事由、代理报酬或酬劳等事项作出约定。

2. 国际间接银团贷款

国际间接银团贷款是在国际直接银团贷款的基础上进一步演化而来的一种融资交易形态。牵头行或其他初始贷款人在与借款人签订贷款合同，并向借款人发放贷款或作出发放贷款的承诺之后，将已发放的贷款或承诺发放的贷款转让给其他愿意提供资金的银行或投资者，安排受让行或投资者参与银团贷款，由此形成的贷款形式即为间接银团贷款。

对国际间接银团贷款及其范围有两种不同的理解：第一，将国际间接银团贷款限于参与式银团贷款；第二，将直接银团贷款成员通过贷款资产证券化，将存量金融资产以证券的形式出售转移，是国际间接银团贷款的另一种形式。[①] 其中，要形成参与式银团贷款，必然涉及国际间接银团贷款参与权转让。

贷款参与权是参与向借款人发放贷款和获得相应收益的权利，这种权利原本为国际直

---

① 韩龙：《国际金融法》，高等教育出版社 2020 年版，第 159～160 页。

接银团贷款中的初始贷款人所独享，但出于种种需要，初始贷款人将其转让给参与行，从而形成间接银团贷款。参与权转让的传统方式包括贷款合同更新、贷款权利让与以及背靠背转贷，转让的新方法包括TLC（可转让贷款证）、TLI（可转让贷款债券）以及TPC（可转让参与证）等。提供国际直接银团贷款的贷款银行以贷款资产转让或证券化的方式出让贷款，能够获取流动性资金，改善银行资产的流动性，化解银行的不良贷款，减少对资本金的需求，从而提高自身的资本充足率。这也是国际间接银团贷款产生的实质原因。

无论是由贷款参与权转让而形成的国际间接银团贷款，还是以资产证券化的方式形成的间接银团，各成员行之间的法律关系都相对复杂，因为在直接银团贷款中，各银行分别独立地与借款人签订贷款合同，同时独立地对借款人承担贷款责任；而在间接银团贷款中，各银行与借款人的关系可能会受到参与银团或银团成立方式的影响，由此产生错综复杂的权利义务关系，这里不再做具体分析。

(二) 国际银团贷款的流程

1. 发起筹组

银团贷款起因于借款人的融资需求以及贷款银行提供融资的需要，故银团贷款可以由借款人发起，也可以由银行发起。通常是由担任银团牵头行的银行与借款人接触和协商。牵头行是指受借款人委托负责发起组织国际银团贷款，协助制定信息备忘录，谈判银团贷款协议，分摊银团贷款份额的银行。牵头行可能会向借款人提交一份贷款建议书，表示自己愿意或尽力去组织银团贷款，借款人在同意牵头行的建议书之后，会出具授权书授权牵头行为其准备银团贷款的正式文件。但授权书不同于授权委托书，它仅用以表示借款人同意牵头行为其安排银团贷款，但并不意味着牵头行成为借款人的代理人。因为此时牵头行是以自己的名义组织国际银团贷款并承担相应的权利义务。从性质上看，授权书应归类为要约邀请，只是作为一项商业上的建议，对双方均不产生法律上的约束力。[①]

2. 银团组建

牵头行在获得借款人的授权书之后，立即着手在国际金融市场上组建银团，寻找可能参与国际银团贷款的贷款人。

牵头行要组建银团和安排银团贷款，需使各潜在的银团知晓所筹措的银团贷款的情况，以便各银行决定是否参加银团贷款。信息备忘录是牵头行分发给可能参与国际银团贷款的各国商业银行或其他贷款人的一份文件，是牵头行邀请这些机构参与国际银团并供其考虑决定是否参与银团的重要依据。

牵头行在协助制定信息备忘录的同时，还要与借款人谈判银团贷款协议，并组织银团

---

① 韩龙：《国际金融法》，高等教育出版社2020年版，第130页。

成员与借款人签订书面银团贷款合同。

3. 银团贷款协议签署

各银团成员同意按照银团贷款协议提供银团贷款之后，牵头行安排其与借款人签署银团贷款协议，并明确其承担的贷款份额。需要注意的是，在国际直接银团贷款中，虽然从表面上看，参与银团贷款的各成员行与借款人只签署了一份共同的国际银团贷款协议，但实质上每家贷款银行与借款人之间均存在独立的贷款合同。换言之，国际直接银团贷款协议是一份由各贷款银行分别同借款人订立的贷款协议汇集而成的总协议。

4. 贷款发放及管理

在国际银团贷款协议签字时候，牵头行筹组银团贷款的使命告终，接下来就是国际银团贷款的发放和管理等事宜。银团各成员指定代理行作为国际银团与借款人的后期联系人。虽然代理行与牵头行是两个角色，但实践中代理行通常由牵头行或其分支机构担任。如前所述，银团成员指定代理行通常需要签订代理协议，对代理行的职责、免责事由、代理报酬及酬劳等事项作出规定。

(三)国际银团贷款协议中的法律条款

1. 陈述与保证

陈述与保证(representations and warranties)是借款人对贷款合同订立前或订立时的有关事实作出的、构成借款人从贷款人获取贷款之基础的表述，通常包含以下两个方面的内容：一是借款人对其法律地位以及合同有效性的说明与保证，二是借款人为保证切实履行贷款协议而对其财务和经营状况所作的说明与保证。陈述与保证通常与贷款成立前的尽职调查、提供贷款的先决条款与贷款合同签订后的违约事由联系在一起，如果借款人的陈述与保证是错误的，通常将构成违约事件。

2. 先决条件

先决条件是借款人在第一次提款前及以后每次提款前所需要满足的条件。从法律性质上分析，先决条件是借款人的一项承诺，该项承诺的实现是实现合同中其他承诺的前提。

先决条件可分为总括性先决条件与每次提取借款所需满足的条件两类，其实质是合同的履行条件或合同履行的限制性措施。通过约定先决条件，借款人实际上享有了一种选择权，即通过是否满足先决条件来选择是否放弃贷款。不过，借款人享有的选择权是有限制的。借款人不满足先决条件而放弃贷款后，不能向银团索回已经支付费用。此外，一旦借款人开始行使权利，具体表现为向贷款人发出提款通知，借款人就负有满足先决条件的义务，否则要承担违反合同义务的责任。而对银团中的成员行而言，在借款人提出请求并且先决条件得到满足的情况下随时负有单边不可撤销的贷款义务。如果贷款人在先决条件满足之前撤销贷款承诺，就会构成违约。

3. 融资安排

融资安排是国际银团贷款中的基础性条款，它包括借贷承诺、贷款提取与贷款偿还等事宜，体现的是借贷双方在融资合同中的基本权利与义务。

国际银团贷款协议中的借贷承诺包括贷款人的出贷承诺和借款人的提款承诺。贷款人的出贷承诺是指各银行分别对借款人承担的贷款责任。若贷款银行未能提供承诺出贷的款项，则需赔偿借款人的损失。提款承诺是指借款人一旦选择提款，就需要承担提款义务。若借款人发出提款通知后拒绝提款，需承担相应的损害赔偿责任。此处的承诺非订立合同过程中与要约相对应的那种意义上的承诺，而是借款人与贷款人在合同履行过程中的责任，是合同履行的基础。如果贷款人或借款人未履行承诺，通常需要承担损害赔偿责任。

借款人通常按照银团贷款协议中的提款计划向贷款银行发出提款通知，通知一般在提款日之前3~5日发出，通知内容一般包括事先约好的提款额、提款货币、用款日期、利息期限、借款人账户等，其中，有关利率适用的条款是国际银团贷款协议的核心条款。利率是指借款、存入或借入金额(称为本金总额)中每个期间到期的利息金额与票面价值的比率，是借款人使用资金的价格。英国伦敦同业拆借市场是全球著名的银行同业拆借市场，国际银团贷款利率大多以伦敦银行同业拆借利率(LIBOR)为基准利率。但随着巴克莱银行操纵 LIBOR 等丑闻曝光，LIBOR 的信用风险暴露，其市场公信力急剧下降。2021 年 3 月 5 日，英国金融行为监管局发布了 LIBOR 退出时间表，国际基准利率改革启动。目前，LIBOR 主要被以 SOFR 为代表的无风险替代利率代替。

贷款偿还包括到期偿还和提前偿还。银团贷款协议通常已经对贷款偿还作出了详细约定。在贷款协议没有规定借款人是否有权提前偿还贷款时，如何对待借款人提前偿还贷款的行为主要取决于对合同条款的解释。

4. 约定事项

约定事项是针对未来可能发生的事项作出的保证，主要是为保护银团贷款本息的偿还。它是银团贷款协议签订后在贷款协议的整个有效期内借款人必须遵守的要求，具体包括以下几项内容：

(1)财务约定。这是指通过规定一系列的供借款人遵守的财务指标，确保借款人将其财务业绩维持在一定水平，从而达到确保贷款偿还的目的。有时候借款人作出到期偿还贷款的承诺尚不足以保证贷款的偿还，所以贷款银行力图通过约定事项对借款人的经营活动加以约束，以维护借贷期间借款人合理的信用基础，从而确保银团贷款的偿还。

(2)违约与交叉违约。如果借款人构成违约，贷款人有权无条件宣布对未到期贷款加速到期。交叉违约是指尽管借款人在国际银团贷款协议项下没有构成违约行为，但对其他债务构成违约，借款人在本银团贷款之外发生的违约亦构成对银团贷款协议的违约。在谈判交叉违约时需要注意以下内容：第一，交叉违约条款的适用范围。交叉违约中的"债务"应限于借款，而不包括借款人正常营业中发生的债务、借款人轻微债务违约等。第二，交叉违约人的范围问题。除了借款人之外，还要考虑交叉违约是否包括借款人的子公司和贷款保证人。第三，交叉违约的限制适用。实践中通常采用规定宽限期、实质性审查等手段限制交叉违约的使用，避免交叉违约产生连锁反应和灾难性后果。

（3）消极担保。这是指借款人向贷款人保证，在偿还贷款之前，借款人不得在其本人及其子公司的资产和收入上设定有利于其他债权人的任何抵押权、质权或其他担保物权，甚至不允许这些担保物权继续存在。

（4）比例或地位平等条款。又称地位平等条款，是指借款人对无担保的贷款承担义务，不得给予任何其他无担保的债权人以法律上的优先权。

除前述条款外，银团贷款协议大多还含有牵头行或代理行的免责条款，此类条款关涉牵头行或代理行与参与行之间的权利义务关系，较容易引发争议。以下介绍的西部银行贷款合同案即与该免责条款有关。

二、典型案例

西部银行向某科技公司（以下称为"借款人"）提供贷款。随着信贷额度的增长，西部银行需要另一家银行参与，以避免超过自身信贷限额。于是，西部银行作为牵头行，山谷国民银行作为参与行，双方签署了银团贷款参与协议。山谷国民银行同意承担 1984 年 1 月提供的 540 万美元贷款中的 46.3%。1984 年 12 月，两家银行一致同意将信贷额度提高至 1200 万美元，其中山谷国民银行的参与比例提高至 50%。西部银行作为代理行管理贷款事宜，并与借款人对接。

参与协议中值得注意的条款如下：首先，根据协议第 5 条，双方同意山谷国民银行应当对借款人的资信状况作独立评估，而非依赖于西部银行的陈述。西部银行不对与借款人资信状况有关的误述或遗漏等问题负责，除非西部银行对此存在重大过失、恶意或故意的不当行为。其次，根据协议第 6 条，西部银行作为牵头行和代理行，应承担管理贷款事宜所产生的一般费用，而有关"特别费用"将由两银行按比例分担。"特别费用"被定义为与执行银行债权有关的合理费用，以及因与贷款有关的索赔而向他人支付的费用。山谷国民银行保留在提前 30 天通知的情况下终止其提供未来预付款义务的权利。

直至 1984 年年底，尽管双方在参与协议中约定平分信贷额度，但在 810 万美元的贷款余额中，山谷国民银行仅提供了 250 万美元。两家银行同意西部银行"先进后出"，即由西部银行垫付其贷款限额 600 万美元以内的资金。在贷款余额不低于 250 万美元的情况下，借款人减少的还款余额将视为对山谷国民银行贷款份额的抵免。当时，借款人经营状况如日中天，两家银行显然都专注于收取利息，而没有注意到借款人是否有不还款的风险。它们预计信贷额度最终将达到 1200 万美元的上限。

事实证明，借款人的资信状况远不如其业务增长所显示的那样好。借款人的大部分业务都是房地产买卖，银行的大部分抵押物都是由买家向借款人提供的由信托契约担保的期票。1985年1月，西部银行发现借款人在购买某些房地产后立即转售，并以较高的转售价格将其账面价值记入账簿。这些背靠背的杠杆交易实际上稀释了银行的抵押效果。西部银行在发现上述背靠背交易之后，立即通知了山谷国民银行，山谷国民银行立即冻结了借款人的信贷额度。1985年2月1日之后，两家银行均不再向借款人提供贷款。

1985年3月至1985年4月，西部银行对借款人的资信状况进行了深入调查。调查报告指出，借款人的资产负债表被夸大，其经营状况堪忧，尤其是在市场估值方面，借款人的实际价值与其业务增长情况截然相反。报告的结论为该公司具有非常高的信用风险，建议投资者避开该公司。

这一次，西部银行没有将报告内容分享给山谷国民银行。直到1985年9月，西部银行才告知山谷国民银行借款人资信状况的严重性。

1985年9月，西部银行向借款人发出关于冻结其信贷额度的信函。这封信函给出几个冻结额度的理由，包括缺少特定财产的文件、对抵押物估值"明显不当"以及"公司总体收益质量尚不确定"。信函称，在将留置权的比例提高到独立评估的80%之后，西部银行将"有序清算"信贷额度。西部银行的目标是"将双方的借贷关系恢复至接近传统商业银行房地产贷款的水平"。西部银行向山谷国民银行发送了该信函的副本，直到此时，山谷国民银行才确切了解到借款人的资信状况不佳。由于自1985年2月之后，两家银行都不再向借款人提供贷款，因此，尽管西部银行未向山谷国民银行披露借款人的资信报告，山谷国民银行也并未因此遭受损失。

从贷款开始到冻结额度期间，借款人共欠下本金1030万美元，其中西部银行占630万美元，山谷国民银行占400万美元。由于西部银行在此前忽略了一份票面322000美元的信用证，所以它们最终超过了600万美元的信贷额度。1985年5月，西部银行要求山谷国民银行将这份信用证转入其账户，尽管山谷国民银行此时并不了解借款人的资信状况，但它们仍然以本行已冻结借款人信贷额度为由拒绝了西部银行的要求。

1985年7月，山谷国民银行答复了西部银行关于"如何理解参与信贷风险"的询问："参与是按'比例'进行的，因此信贷风险也应按照'比例'分配，受参与协议的约束，即使我们并未按照比例获得未偿余额的好处①。"山谷国民银行还表示，希望获得更多关于借款人的有用信息。

1985年10月，西部银行要求山谷国民银行提供必要的额外资金，使其贷款份额达到50%。山谷国民银行同意了该项请求。随后，两家银行签署了新的参与协议，山谷国民银行额外预付118万美元，使其贷款份额提高至50%，这样，两家银行被拖欠的本金均为515万美元。

---

① 这里是指山谷国民银行并未获得按照50%贷款比例计算的贷款利息。

1986 年 2 月，借款人破产。随后，借款人的投资者纷纷起诉西部银行，西部银行转而起诉借款人的会计师和承销商。在此期间，西部银行支出了约 500 万美元的和解费用和将近 600 万美元的律师费，并在与会计师及承销商的诉讼中收取了 500 万美元的和解费用，两相抵销，西部银行的净支出约为 600 万美元。根据参与协议，西部银行起诉山谷国民银行，要求其承担前述诉讼开支的二分之一。山谷国民银行否认这些诉讼费用为协议中约定的"特别费用"，并以西部银行涉嫌欺诈为由提出反诉。

初审法院就"特别费用"的索赔作出了有利于西部银行的判决，只是在计算"特别费用"的数额时，扣除了西部银行已获得的 100 万美元的保险赔偿，判决山谷国民银行向西部银行支付"特别费用"200 万美元。同时，初审法院认定西部银行的行为不构成欺诈，理由在于：（1）根据参与协议，山谷国民银行有义务支付 10 月的款项，使其参与份额达到 50%，该款项并非基于西部银行的欺诈而支付；（2）根据参与协议，山谷国民银行有义务对借款人的资信状况进行独立评估，而非依赖于西部银行提供的资料；（3）山谷国民银行在收到 9 月信函的交叉副本后，更无理由依赖西部银行对借款人资信状况的事前评估，并且西部银行已告知山谷国民银行其冻结信贷额度的理由；（4）山谷国民银行的损失是由借款人的破产造成的，而非基于西部银行的隐瞒。

山谷国民银行不服上述判决，向美国第九巡回上诉法院提出上诉。①

三、裁判说理

在本案中，牵头行起诉参与行，要求其分担借款人投资者在起诉牵头行时产生的律师费和和解费，参与行以牵头行欺诈为由提出反诉。根据参与协议，本案应当受加利福利亚州法院管辖。

本案的第一个争议焦点为西部银行隐瞒资信报告的行为是否构成欺诈。根据有关判例，山谷国民银行必须在证明以下五个要素均成立的情形下，才能证明西部银行的行为成立欺诈：（1）西部银行存在虚假陈述（包括陈述、隐瞒或不披露相关信息）；（2）西部银行明知其陈述是虚假的；（3）西部银行有欺诈的意图，即诱导信任；（4）山谷国民银行有合理理由信赖西部银行；（5）山谷国民银行因西部银行的欺诈行为遭受了损失。结合全案证据，法院认为，山谷国民银行缺乏合理理由信赖西部银行。

山谷国民银行声称，无论合同条款如何，它们实际上都是在依赖西部银行获取有关借款人的信息。从记录上看，山谷国民银行参与贷款时确实未进行独立评估，而是主要参照西部银行的判断。山谷国民银行的行为仿佛表示，它们作为参与行是被动投资于牵头行的贷款计划的。然而，无论山谷国民银行实际行动如何，它们已经以协议的形式明确同意建立一种合作关系，在这种关系中，每家银行都将独立进行调查并作出独立的判断。参与协议中清晰明确的表述已经阻止了山谷国民银行所称的合理信赖的发生。并且协议内容不存

---

①　Bank of the West v. Valley Nat. Bank of Arizona. F. 3d 471 (9th Cir 1994).

在任何模糊或错误之处。参与协议明确规定，西部银行对借款人的财务状况、抵押物或贷款的可偿还性"不承担且不应承担"任何责任。现有证据至多表明，山谷国民银行承诺不依赖于西部银行，却实际上依赖于西部银行。这必然意味着，就信赖西部银行的事实而言，山谷国民银行的行为是不合理的。

实际上，参与协议只能控制诉讼结果，而不能控制行为。山谷国民银行可以选择在不进行独立评估的情况下预付数百万美元，尽管它们已经承诺不会这样做。如果它们与西部银行的合作关系良好，借款人的资信状况上佳，并且进行独立评估的支出比它们可能避免的风险价值更高，那么这可能是一个理性的商业判断。但参与协议可以而且确实控制了"信赖"对于欺诈索赔而言是否"合理"。山谷国民银行已经通过第 5 条承诺放弃其可能不得不依赖西部银行作出评估和判断、并获取相应赔偿的任何权利。

此外，就西部银行隐瞒借款人负面信息的时间期限而言，山谷国民银行既没有实际上的信赖行为，也没有遭受损害。1985 年 2 月之后，两家银行都没有向借款人提供任何贷款；在信息隐匿期间，山谷国民银行没有向西部银行垫付款项。当山谷国民银行确实另行向西部银行提供预付款时，它们已经收到 9 月的信函，信函中，西部银行已经表示当前的借贷情况与"传统商业银行贷款并不相似"。

本案的第二个争议焦点为西部银行支出的"特别费用"数额应当如何认定。山谷国民银行声称，根据参与协议第 6 条，投资者诉讼中的律师费和和解费并不属于"特别费用"。这里的问题在于，西部银行是否有权要求山谷国民银行分担该项费用。西部银行表示，他们支出了 500 万美元的和解费用和将近 600 万美元的律师费，并向借款人的会计师、承销商收取了 500 万美元的和解费用，因此净支出约为 600 万元美元，山谷国民银行应当承担其中的 300 万美元。

根据参与协议的措辞，这 600 万美元是"特别费用"，即涉及"与贷款有关的索赔"引起的"任何"责任或费用。律师费明确包含在合同条款中。

参与协议第 6 条将费用分为两类，第一类是贷款服务费用，按照一般商业情况可能包括员工工资、长途电话费、特快专递、传真、电脑运行等费用，甚至还包括一些差旅费。第二类是"特别费用"。该条款的目的在于让牵头行承担普通的贷款服务费用，而由牵头行与参与行分摊特别费用。一般而言，当大额贷款出现问题时，蒙受损失的受害者时常会通过起诉贷款人来减轻损失，即通过诉讼将各方损失重新分配。双方在就参与协议第 6 条达成一致时考虑的就是此种诉讼风险。因此，法院不同意山谷国民银行关于投资者诉讼支出与贷款无关的论点。投资者诉讼表明，西部银行提供的贷款维持了借款人的经营状况，使其看起来比实际更有偿付能力，投资者因此将资金投入其中。"特别费用"主要是支付给律师打官司以及支付给投资者进行和解的费用，这些费用很明显与贷款有关。

山谷国民银行指出另一事实，即西部银行花费了 100 万美元对借款人的承销商提起索赔诉讼，然后在没有收到一分钱的情况下放弃了诉讼，这一笔支出是不合理的，不应该被视为"特别费用"。但是，山谷国民银行未提供任何证据证明撤诉是不合理的。在付出了索赔的努力之后,西部银行的律师建议撤诉。他们担心对承销商的起诉会削弱自己对投资者的抗辩,同时承销商不会支付任何和解费用。西部银行的律师提出,最好的情况是"银行每收回一美元,就花费一美元的律师费"。没有证据证明这种分析是错误的,也没有证据证明西部银行在律师费方面支出过多。因为西部银行与承销商的诉讼中看起来像是败诉方,所以撤诉本身不存在不合理之处。基于以上理由,山谷国民银行的主张不成立。

山谷国民银行还提出,在 1985 年 10 月之前,它们只提供了 40% 的贷款,且只获得了按 40% 贷款比例计算的利息,因此他们最多只承担 40% 的特别费用。然而,山谷国民银行已经在参与协议第 6 条中同意,它们将根据各自参与贷款的百分比分摊特别费用。这里的百分比即为参与协议第 1 条提及的 50%。1985 年 10 月,山谷国民银行通过提供额外预付款成为贷款比例为 50% 的参与行,并在后 3 个月受益于增加的利息份额,直到贷款变成坏账。如果借款人还清了贷款,那么他们所持有的 50% 的份额将得到比之前 40% 的份额更多的钱。虽然从现实来看,山谷国民银行将比例提升至 50% 所获得的收益远比不上它们付出的成本,但这就是商事交易。山谷国民银行应当按照 50% 的比例与西部银行分摊特别费用。

西部银行曾向保险公司投保责任险,并花费 1100 万美元进行诉讼与和解,从而成功向保险公司索赔 114 万元。初审法院从"特别费用"中扣除了这笔保险索赔,山谷国民银行因此获得了西部银行一半的保险赔偿。西部银行认为,山谷国民银行不应当分享自己投保的责任险的利益。法院经审查发现,参与协议中唯一提及有关特别费用抵销的内容为:山谷国民银行仅在"未向借款人收取此类特别费用"的情形下,不用分摊相关费用。而 114 万美元是西部银行从保险公司获取的保险赔偿,并非向借款人收取的费用,因此山谷国民银行无权主张抵销,也无权获得该保险赔偿。西部银行选择承担购买责任保险的费用,而山谷国民银行无权分享其保险利益。基于以上理由,初审法院有关"特别费用"数额的判决必须发回重审。

最终,美国第九巡回上诉法院判决,对初审法院判决中有关西部银行的行为是否构成欺诈的部分予以确认;对其中有关"特别费用"数额的部分予以撤销并发回重审。[1]

四、中国视角

该案为银团贷款中各成员行之间的纠纷,其中西部银行既是牵头行也是代理行。参与行山谷国民银行认为其隐瞒借款人资信报告的行为构成欺诈,进而要求其承担赔偿责任,而西部银行根据免责条款主张其不承担责任。美国上诉法院支持了西部银行的主张。

对该案可以结合我国有关银团贷款的法律与实践做进一步分析。本案的核心问题其实是牵头行或代理行应当对其他成员行负有何种责任的问题。首先,由于牵头行存续的阶段性较强,除负有组织银团的职责之外,其在银团贷款协议项下的权利与义务跟普通参与行

---

① Bank of the West v. Valley Nat. Bank of Arizona. F. 3d 471 (9th Cir 1994).

无太大区别，因此牵头行与其他成员行之间的法律关系较难定性。原银监会发布的《银团贷款业务指引》也未就牵头行承担责任的情形作出规定。在实践中，参与行可能会在牵头行存在误述或遗漏的情况下要求其承担过失责任。而本案则约定山谷国民银行对借款人资信状况负有独立的审查责任，西部银行不对其误述或遗漏承担责任，西部银行仅在自身有故意或重大过失的情形下承担责任，这样，西部银行作为牵头行在银团贷款协议项下的责任较小。

其次，代理行是根据其他成员行的授权贷款发放事宜，其与其他成员行之间的法律关系稍显复杂。有观点认为，代理行与其他成员行之间是委托代理关系，代理行据此对被代理人负有信义义务；另有观点认为，鉴于代理行对重大问题没有自由裁量权，代理行与其他成员行不存在委托代理关系，也即代理行不负有信义义务。[①]《银团贷款业务指引》规定，代理行应当勤勉尽责，因代理行行为导致银团利益受损的，银团成员有权根据银团贷款合同约定的方式更换代理行，并要求代理行赔偿相应损失。在这里，"勤勉尽责"的程度有待进一步明确。中国银行业协会发布的《银团贷款合同示范文本》(2017年版)约定："代理行应当勤勉尽责地履行其在本合同下的各项职责。"其中，示范文本对代理行职责的约定仅限于转交文件、转达通知等行政事项。另外，示范文本还规定了独立信贷评估条款，明确各贷款人均独立地对借款人的财务状况、资信度、业务状况、法律地位及其他情况进行调查、审查和评估，并据此独立作出判断和承担风险，代理行就前述问题不对任何贷款人负责。从这些约定来看，代理行在银团贷款协议项下承担的勤勉职责应当小于代理人在委托代理关系中的信义义务。本案中，参与协议第5条相当于我国《银团贷款合同示范文本》规定的独立信贷评估条款，这类条款也是代理行的免责条款，其在银团贷款协议中十分常见。有的法院还会结合其他成员行获取信息的能力、作出判断的能力以及在交易中的地位等因素判断相关条款的合理性。通常而言，免责条款都会发生作用，代理行会因为事先的约定而被免除对参与行的赔偿责任。毕竟借款人的信用风险是银团贷款中常见的风险因素，成员行作为商事主体均应当具有相应的预测、评估和抵御风险的能力。

另外，从上述分析列举的法律文件中可以发现，我国规范银团贷款业务的法律文件层级较低，目前仅限于原银监会发布的《银团贷款业务指引》与中国银行业协会发布的《银团贷款合同示范文本》(2017年版)。其原因在于，一方面，银行法侧重于对机构的监管而较少针对行为监管，与之相反，证券法侧重监管行为和程序，却不适用于银行贷款业务；[②]另一方面，银团贷款协议是一种贷款合同，而合同作为自体法，最能代表当事人的合意，法律不宜对其强行调整。事实上，法院对银团贷款协议中免责条款效力的认可，也能够反映出法院自身对银团贷款法律适用的倾向性。

---

① 韩龙：《国际金融法》，高等教育出版社2020年版，第155~156页。
② 唐应茂：《国际金融法：跨境融资和法律规制(第二版)》，北京大学出版社2020年版，第264页。

五、若干思考

上述案例涉及牵头行或代理行对其他成员行的免责事由。如前文所述，法院一般认可这类免责条款的效力。但有时，参与行确实就特定事项需要依赖于牵头行或代理行提供的信息，免责条款的存在又过于减轻牵头行或代理行的责任，使得牵头行或代理行在履行义务时无所约束。你认为牵头行应当在什么情形下对其他成员行承担责任，代理行勤勉义务的范围是什么，前述免责条款、免责条款是否存在适用的例外？请就这些问题谈谈你的看法。

2023年7月3日，英国金融行为监管局（FCA）发布公告称，隔夜和12个月美元伦敦银行同业拆借利率设置现已永久停止。中国外汇交易中心自同日起调整银行间外汇市场相关业务，货币掉期和外币利率互换交易品种终止使用美元LIBOR作为基准利率，相关产品挂钩的美元浮动利率基准为美元担保隔夜融资利率（SOFR）和境内美元同业拆放参考利率（CIROR），交易双方可通过外汇交易系统对挂钩LIBOR的存续交易进行基准利率转换。这意味着LIBOR正式退出了国际外汇市场，一个利率时代从此落幕。虽然FCA已经于2021年公布了LIBOR退出时间表，但目前仍有部分遗留协议约定以LIBOR计息。现在LIBOR已停止工作，如果不对相关利率条款进行修改，那么很有可能出现无从计息、无法计息的情形。然而，贷款协议的修订原则上应当获得借贷双方、担保方等协议相关方的同意，且利率条款的修订也有可能牵涉还款时间、还款安排等其他条款的修改。那么你认为遗留的贷款协议应当如何修改，是否可以给予贷款银行单方修改利率条款的权限，如何处理借贷双方、担保方等协议相关方的利益冲突，试就这些问题谈谈你的看法。

案例二：国际项目融资制度
——以印度达博发电厂融资失败事件为例

一、基础知识

（一）项目融资的含义和类型

项目融资（Project Financing）主要是以银行贷款方式解决项目所需要的资金的融资方式。项目融资的一般模式是由贷款人向项目主办方成立的SPV①提供贷款，依赖于该项目所产生的收益作为还款的资本和资金，以该项目的资产作为偿还贷款的主要担保，并通过

---

① 特殊目的公司（Special Purpose Vehicle，SPV）是指为项目收购、项目融资、设立证券化或结构性投资工具等有限目的而创建的法人实体。

合同以及企业组织等手段控制贷款风险①。与传统融资方式相比，项目融资最大的特点在于贷款人是将资金直接贷给工程项目公司，而非项目的主办人；借款人主要利用项目的未来收益偿还建设该项目所用资本和资金，而非项目主办人的资产或信用②。因此，项目融资呈现极强的项目导向性，其融资成功与否与建设项目的预期收益密切相关，项目主办方可以利用这种关联性来获得更高的贷款比例或实现更灵活的风险安排。

项目融资分为无追索权项目融资和有限追索权项目融资两类。无追索权项目融资是指贷款人只能依靠项目的未来收益作为还本付息的来源，且仅能在 SPV 的资产上设定担保权益；有追索权项目融资是指除了项目的收益以及 SPV 的资产外，贷款人还享有项目主办方或第三人提供的担保权益，可以向项目主办方或第三人行使有限的追索权，但这种追索权同样不能及于主办方的全部资产③。国际项目融资是具有涉外或跨境因素的项目融资，其常见形态为贷款人以在境外的建设项目为依托，向境外 SPV 发放以该项目产生的收益作为还款资金来源的国际专项性贷款。

(二) 国际项目融资的流程

1. 项目发起

发起阶段是项目融资的起点。在这一阶段，项目主办方通常会进行项目可行性研究，对项目的发展前景进行分析和评估。在完成可行性研究之后，项目主办方权衡利弊作出投资决策，然后由主办方与其他投资方签订设立 SPV 的协议，共同设立 SPV。

项目主办方作为发起设立 SPV 的主体，负有通过股权投资组建 SPV、设计融资方案、监督融资方案落实的责任。在项目融资结构中，项目主办方通常拥有 SPV 全部或大部分股权，并通过担保的方式为 SPV 提供信用支持。

2. 实施融资

在 SPV 成立之后，主办方和 SPV 需要根据项目的实际需求选择适当的融资方式，对超出 SPV 股本投资以外的项目所需资金进行筹集。由于大型项目建设所需资金仅靠某一个银行提供的贷款难以满足，因此项目融资多采取国际银团贷款的形式，有时也会采用 SPV 与贷款方签订联合贷款协议或混合贷款协议的形式。

3. 项目开发建设

筹集到项目资金后，项目即进入开发建设阶段。为保证项目的如期完工，SPV 通过国

---

① 参见韩龙：《国际金融法》，高等教育出版社 2020 年版，第 177 页。
② 参见朱怀念：《国际项目融资法律问题研究》，武汉大学出版社 2002 年版，第 3~4 页。
③ 参见梅明华、李金泽：《项目融资法律风险防范》，中信出版社 2004 年版，第 4~5 页。

际工程招标的方式选择合适的承包方，并与合适的设备、原材料和能源供应方签订供应合同。在这一阶段，贷款方为了维护贷款的安全，防止因工程项目建设期推迟、超支甚至失败引起还款困难，通常会选择与项目主办方、其他投资方、承包商或保险公司之间签订完工担保协议(completion guarantee)。SPV 为了保障项目长期、持续需要的能源或原材料供应，会与项目设备、原材料和能源供应方签订供应协议(feedstock)。此类供应协议经常采用或供或付(put-or-pay)的安排，即供货商要么必须提供原材料，要么必须向 SPV 支付从其他来源获得原材料的差价。通过与固定供货商签订供货协议，SPV 能够控制项目所需能源或原材料的成本，从而规避市场风险。

4. 项目经营和还款

在项目建成后，经过试运营，各项指标均达到规定的标准时，项目即正式完工，进入运营阶段。在运营阶段，项目的收益首先用来填补运营费用，其次用于偿还债务。

为确保项目的偿债能力，SPV 和项目的购买方或项目设施的使用方通常会提前签订先期购买协议(forward purchase agreement)，协议约定由购买方或项目设施的使用方向 SPV 预付购买项目产品的款项，SPV 将这笔款项用于项目建设和偿还贷款利息。项目投产后，SPV 依照协议将产品交付给购买方。先期购买协议保证了项目产品的市场和项目的现金流，为 SPV 偿还贷款提供了重要的信用保障。除此之外，SPV 也可以与购买方或项目设施的使用方签订提货或付款协议(take-or-pay agreement)，协议约定无论买方是否提取 SPV 的产品或使用 SPV 的服务，均需向 SPV 支付规定的货款。提货或付款协议实质是项目产品购买方或项目设施的使用方向贷款方提供的一项间接担保。

(三)BOT 项目融资

国际项目融资有多种开展形式，其中 BOT 项目融资模式尤为典型。20 世纪 90 年代初，亚洲经济体高速发展，其对基础设施的供应逐渐无法满足生产力发展的需要，于是，亚洲各国兴起了利用政府与国际私营企业合作共建基础设施的浪潮，其主要的融资方式就是 BOT(Build Operate Transfer，即建设—经营—移交)。BOT 是政府与民间资本合作经营基础设施项目的一种特殊融资模式，是指政府通过协议授予私营企业(包括外国企业)以一定期限的特许经营权，并准许其通过向用户收取费用或出售产品以清偿贷款、回收投资并赚取利益；特许经营权期限届满后，该基础设施无偿移交给政府[1]。

BOT 的本质是政府就某项公共基础设施的投资建设经营与私人投资者达成特许协议，获得特许经营权[2]。围绕特许经营权，BOT 的主要特征如下：第一，BOT 主要应用于建设周期长、耗资大的基础设施建设，相关设施通常由政府专营，私营企业在动工前需要取得

---

① 梅明华、李金泽：《项目融资法律风险防范》，中信出版社 2004 年版，第 50 页。

② 种及灵：《论 BOT 的核心法律问题》，载《现代法学》2000 年第 2 期。

政府授予的特许经营权。第二,在特许经营期间,私营企业负责建设、经营和管理基础设施项目,以此偿还贷款、回收投资和获取受益。第三,特许经营期限届满之后,私营企业应当根据协议无偿将基础设施项目移交给政府。

印度达博发电厂融资项目即为安然公司以 BOT 形式参与的国际项目融资,但由于各方风险因素堆积,该项目最终走向失败。以下将以该事件为例,分析国际项目融资中的风险因素及防控方式。

二、典型案例

印度的电力行业长期由公共部门主导,私营部门仅占发电能力的 4%[①]。1991 年,为缓解电力供应不足、满足日益增长的生产力需求,印度政府颁行新的电力政策,主动向外国私人投资者开放电力部门,同时批准了一系列利用外资和新技术的重大能源项目,希望能吸引外资、完善基础设施建设,带动当地经济的发展。

1992 年,美国安然公司受邀竞标印度达博发电厂项目,这是当时印度历史上最大的外商投资项目。随后,安然公司与美国通用电气公司、柏克德公司共同出资成立了印度达博电力公司(Dabhol Power Company, DPC),负责达博发电厂项目的开发和运营。达博发电厂项目计划于 1992 年开工,预计项目成本为 29 亿美元。项目将通过 400 千伏输电系统与马哈拉施特拉邦电力局(MSEB)电网相连,并于 1997 年投入使用,建成后将拥有 2.184 兆瓦的发电能力,从而大幅提高印度电网的发电效率[②]。

DPC 与 MSEB 签订了履行期限为 20 年的购电协议,经双方同意履行期限可再延长 5 年或 10 年。出于对项目收益的乐观预期,MSEB 以超出市场水平的价格向 DPC 购买电力,且电价按美元计算。即使 MESB 没有从 DPC 处购买电力,也仍然要支付 DPC 的维护费用。协议还约定,马哈拉施特拉邦政府为 MSEB 的付款义务提供担保,印度政府为其提供反担保。

然而,项目建设过程中,马哈拉施特拉邦政府发生了政权更迭,电力政策发生变化。新政府上台后对前政府批准的达博发电厂项目进行审查,认为该项目成本过高,决定停止施工。随后经过一系列诉讼与谈判,新政府与 DPC 达成降低项目成本、提高发电量的新协议,项目终于恢复施工。与此同时,东南亚金融危机波及印度,卢比对美元的汇率迅速贬值。金融危机还导致印度经济发展环境恶化,项目无法按照预期推进[③]。在多方因素

① Jyoti P. Gupta, Anil K. Sravat, "Development and Project Financing of Private Power Projects in Developing Countries: A Case Study of India", *International Journal of Project Management*, 1998, Vol. 16, No. 2, pp. 99-105.

② John J. Kerr, Janet Whittaker, "*Dabhol Dispute*," *Construction Law International* 1, March 2006, No. 1, pp. 17-20.

③ 张鸿:《当心项目融资风险——印度大博(Dabhol)电厂失败案例分析》,载《对外经贸实务》2002 年第 1 期。

下，一期工程直到 1999 年才投入使用，比计划晚了将近两年，其建设成本已大幅攀升。2001 年，MSEB 已经无力支付 DPC 的购电费用，DPC 被迫停止运营。同年年底，安然公司因财务造假的丑闻破产。

三、学理分析

(一)项目融资的结构与特点

项目融资是国际上基础设施和能源等大型项目中被广泛采用的一种商业化的融资模式，并被投资人、东道国政府、金融机构、工程承包商、供应商、运营商和承购商等多方认可，其最大的特点是以项目本身资产和现金流作为还款保证进行融资，在各参与方之间尽可能合理地分配风险，从而最大程度地保证项目成功，以实现各方的利益诉求。国际项目融资建设周期长、牵涉关联方多，融资成功与否在很大程度上取决于项目的成败和风险预防。投资者和融资机构面临的挑战如严格的本地化要求、庞大的项目规模和汇率风险等。投资者可能被要求在东道国设立研发中心并雇佣一定数量的当地员工，以及承诺在工程建设中使用一定比例的当地设备；巨大的项目规模要求巨大的投资和融资金额，对于投资者和融资银行而言既是机遇，因为风险也更随之增大；投资人和融资机构在项目运营期间面临巨大的汇率风险。

(二)项目融资的金融风险

在印度达博发电厂融资项目中，安然公司和印度政府对项目的预期收益及未来发展过于乐观，以至于忽视了其中的风险，最终各方风险因素堆积，导致项目融资失败。导致印度达博发电厂融资失败最直接的原因是金融风险。国际项目融资中的金融风险具体又分为汇率风险和利率风险，其主要是指不同国家货币汇率和利率的变化使项目的价值和项目参与方的利益可能受到损害的风险。而汇率风险是指从事经济、贸易、投资和金融活动的公司、企业、经济组织、金融机构和政府由于外汇汇率波动引起的风险[1]。由于汇率波动，前述主体持有的以外币计算的资产或负债会出现不同程度的价值变化。如在本案中，MSEB 对 DPC 负有支付购电款的义务，而价款又以美元计算。这意味着，受东南亚金融危机的影响，卢比对美元的汇率迅速贬值，在电价固定不变的情况下，MSEB 不得不用更多的卢比购买以美元计价的电力，最终 MSEB 必须为 DPC 生产的电力支付的价格已经远超水力等其他来源的电力价格。MSEB 无力支付高昂的电费，DPC 失去了项目的购买方，也就失去了偿还贷款的能力，只得停产。因此，在国际项目融资中，借贷双方应当合理分配汇率风险。借款方或贷款方可以与第三方签订货币互换协议，在协议中约定固定的汇率和交易时间，届时双方交换货币，以实现货币保值的目的。当事人也可以签订远期外汇合

---

[1] 朱怀念：《国际项目融资法律问题研究》，武汉大学出版社 2002 年版，第 108 页。

约，根据合约签署日确定的汇率购买或出售某种外汇，但实际付款与交割则是发生在未来某一特定日期，这种合约由于是根据确定的汇率在未来某个日期进行外汇交易，因此成为国际项目融资中分散汇率风险的重要措施。

(三)项目融资的完工风险

印度达博发电厂融资失败的另一个重要原因是完工风险的爆发。完工风险是指项目工程无法按时或按照预算保质保量地完成、以投入生产运营的风险。完工风险出现的原因可能是成本超支、工程承包方拖延施工、原材料或能源未能及时供给以及技术上的难题等。在本案中，发电厂项目原计划于 1992 年开工，并于 1997 年投入使用，预计项目成本为 29 亿美元。然而，一期项目直到 1999 年才投入使用。由于新政府上台，项目被迫停工进入重新谈判阶段，待项目重启后，1997 年东南亚金融危机已席卷印度，此时已无法按照预定计划推进项目。工程的大幅延期最终导致成本严重超支，各方均已无力承担项目开支。在国际项目融资中，为应对完工风险，贷款人通常会要求项目主办方或第三人就项目具体完工日期提供担保。此外，SPV 也可以选择与承包商签订固定价格的"交钥匙"合同工(turn key contract)，将工程开支一次性固定，由此，成本超支的风险将由承包商承担。

(四)项目融资的政治风险

本案的特殊之处是项目融资的进程还受到了政治环境的影响。在项目建设过程中，马哈拉施特拉邦政府发生了政权更迭，新政府对前政府提出的电力政策表示不满，不断削弱达博发电厂项目的可行性，最终以成本过高为由中断了该项目。此外，该工厂的建设和运营还陷入了与安然公司以及印度和美国政治高层(克林顿政府和布什政府)腐败有关的争议，使得项目开展更为困难。由此可见，在国际项目融资中，项目主办方还应提前考虑相关政治风险，即由于战争、政权更替、政策变化等政治因素导致项目和项目参与方利益受到损害的风险。除本案提到的项目停工外，政治风险还可能表现为征收、国有化，禁止货币兑换和转移，战争和内乱等。这要求项目主办方在筹办阶段对项目周边政治环境有正确的评估和预测，确定其是否适合开展融资。项目主办方也可以要求东道国政府对有关税收、外汇、政府参与以及给予特许权等事项作出正式的承诺或担保。除此之外，为保护和促进本国的对外投资，各国政府设立了有关政策性保险机构，对相关政治风险予以承保，国际社会也设立了多边投资担保机构，对非商业风险予以保障。

四、中国视角

(一)项目融资法律文件

为规范银行融资业务的发展，提升金融服务质量，支持金融服务实体经济，2023 年 1 月，原银保监会对《固定资产贷款管理暂行办法》《流动资金贷款管理暂行办法》《个人贷款管理暂行办法》《项目融资业务指引》等信贷管理制度进行修订，形成了《固定资产贷款管理办法(征求意见稿)》《流动资金贷款管理办法(征求意见稿)》《个人贷款管理办法(征求意见稿)》《项目融资业务管理规定(征求意见稿)》。此前制定的《项目融资业务指引》从明确项目融资定义、督促贷款人充分识别风险、强调保证贷款人相关权益、加强项目收入账户管理等角度对我国项目融资业务进行了规范指导，并强调银团贷款在项目融资活动中的重要作用，要求在多个贷款人为同一项目提供贷款的情况下，原则上应当采取银团贷款方式。由于项目融资方式多用于固定资产投资，所发放的贷款属于固定资产贷款，因此《项目融资业务指引》是依据《固定资产贷款管理办法》制定的特殊固定资产贷款指引。原银保监会对相关规定进行修订时沿用了之前的做法，有关项目融资流程管理、贷款发放等事宜的修订多见于《固定资产贷款管理办法(征求意见稿)》。

(二)"一带一路"建设中的项目融资

我国"一带一路"倡议实施已有10年。在此期间，我国企业和金融机构对"一带一路"沿线国家的基础设施、园区、电力和矿业等大型项目的投融资多有参与，对沿线国家的经济发展作出了重要贡献。随着国内和国际政治和经济环境不确定性因素的增加，我国企业和金融机构在"一带一路"项目中的投融资风险也随之增加，今后以何种方式、币种和利率提供项目融资，如何走出资本困境以保障项目融资的可持续发展，成为我国企业和金融机构需要应对的问题。

1. 中资金融机构与项目融资

项目的综合衍生收入是吸引国际金融机构的一个非常重要的因素。融资银行通过提供项目融资贷款，有助于成功撬动其盈利能力更强的其他业务品种以获得更多的业务机会和收入。中资金融机构参与项目融资的规模和数量远不及欧美日韩同行，一个重要原因是中资银行除了一些相对抽象的政策性驱动和扩大市场影响力的诉求以外，往往缺乏长效的利益动机，很少能够通过优秀的结构化设计，以长期贷款业务撬动盈利效率更高、风险更低的其他业务而获得较高的综合收益。中资金融机构在国际项目融资中大多是作为参与行，未来需要不断改进做法，力争在国际项目融资中扮演更重要的角色，获得更大的发展空间；首先，需要借鉴同行经验，通过结构化设计建立长期信贷和衍生业务的双赢模式；其次，还需要对项目融资形成一套清晰透明的流程，从项目开发和准备、筛选、财务分析和评价、项目实施监督和评价到报告和审计，从而形成以每个具体项目为基础的项目融资生命周期；再次，需要改变现有的以借款人资产负债表为基础的贷款评审标准，通过金融机构的后台研究团队或第三方顾问，对项目技术、财务和经济可行性进行分析，与东道国和全球的行业和需求进行比较，并将重点放到评价项目本身的财务可行性上；另外，在评价财务可行性时，应重点关注项目的具体类型(如营利和非营利)、评价标准清单、项目预估成本、融资计划、财务可行性评价方法、经济和财务目标、财务预测及贷款协议中需要的财务承诺指标等。政策性银行和商业性金融机构在财务评价上侧重往往不同，政策性银行一般更关注政府类和非营利性的项目，商业银行一般更关注私营和营利性项目，在银团贷款中则会有交叉。

2. 中资企业与项目融资

中资企业参与项目融资益处颇多。首先，通过项目融资，中资企业可以实现表外融资，缓解境外投资占用资金较多的问题，并改善企业的偿债备付率指标。其次，从国内角度看，尽管融资成本比传统融资成本高，但是当到中国境外的国际资本市场上去融资时，融资成本会明显低于国内的传统融资模式。再次，项目融资模式可以降低企业经营风险。"一带一路"项目由于其地域本身特点，具有多种企业本身无法控制的风险，通过项目融资模式，企业可以最大限度地将风险局限在其股权投资金额范围内。此外，中资企业可以采取因地制宜、区别对待的方式，针对不同东道国的不同投融资环境，灵活地采取与东道国政策制度适配的项目融资模式以降险增效。例如，非洲目前的离网光伏项目，已有投资人采用"随收随付制"模式对离网项目进行融资，基本流程是开发商和/或组件制造商作为投资人，设立特殊目的机构 SPV，SPV 采购组件，将离网的家用太阳能系统出售或租赁给消费者和用户，后者在使用时通过手机等移动支付系统，支付电费到银行指定账户，银行基于此向 SPV 提供不定额的贷款，同时非洲开发银行和法国东方汇理银行提供担保。这种灵活的模式被普遍认为适合当前非洲市场。

五、若干思考

在印度达博发电厂融资事件中，购电协议已经事先约定，由马哈拉施特拉邦政府为 MSEB 的付款义务提供担保，印度政府为其提供反担保。但在纠纷发生之后，马哈拉施特拉邦政府及印度政府均拒绝兑现担保承诺。他们也取得了孟买高等法院和德里高等法院颁布的禁令，禁止 DPC 就政府担保事宜启动国际仲裁程序。因此，DPC 享有的担保权益无从实现。

在国际项目融资中，东道国政府常常通过提供担保表明其对外国投资者及投资项目的支持态度。有学者指出，政府在项目融资中的担保或保证可以分为以下两类，一类是政府对投资回报率等问题的商业性担保，另一类是政府对项目主办人所作的政策性承诺。对于前者，政府就项目回报率向私人投资者作出担保不利于市场经济的发展；对于后者，此种承诺的范围和执行方式仍有待商榷①。本案即为政府就项目融资的回报作出商业性担保，但最终无法实现的案例。当前，我国《民法典》已明确规定政府机关不得为私人作保证②。

---

① 徐冬根：《论政府在国际项目融资中的主导作用》，载《法治论丛》2004 年第 3 期。
② 《民法典》第 683 条规定："机关法人不得为保证人，但是经国务院批准为使用外国政府或者国际经济组织贷款进行转贷的除外。以公益为目的的非营利法人、非法人组织不得为保证人。"

那么你认为，在国际项目融资中，政府是否可以通过某种方式向投资者作出担保或保证，如果可以，试谈谈担保的主体、方式以及救济手段；如果不可以，请说明理由。此外，试结合前述案例谈谈国际项目融资中政府的作用。

如何把握国际项目融资中的项目风险以及风险分担，这是决定项目融资成败的核心问题，其关键在于项目融资的信用结构设计需要满足贷款行对项目风险敞口的要求。特定项目的风险因素需要在项目相关方之间通过项目合同的结构性安排进行适当分配。项目相关方之间的适当风险分配，对于贷款行判定特定项目是否具备贷款条件尤其重要。风险分配的主要目标在于在特定项目的预算、时间及其他开发要求的范围内，尽最大可能性确保项目的成功交付，并在合理考量的情况下，限制项目公司承担的风险。原则上而言，项目的不同风险如完工风险等，应由更有能力及更具动机的项目相关方承担；在项目风险无法转移的情况下，需要考虑合适的风险抵御措施，如完工保证。如从项目投资方即项目发起人角度考虑项目风险应对问题，除了通过项目合同将风险合理转移给项目公司的合同相对方以外，还可以通过集结不同发起人，利用不同发起人的专业、经验及实力，共同分担并尽量降低项目周期中可能存在的风险。

在项目融资实践中，贷款融资文件可能涉及夹层融资协议、股权过桥融资协议，其在项目融资中是如何运用的呢？所谓夹层，是指债务劣后于项目公司的优先债务，但优先于项目公司的次级债务，项目公司的次级债务是指项目公司的从属性债务。夹层融资协议一般是在市场流动性较差或特定领域的市场融资兴趣有限的情况下，用于弥补资金缺口。股权过桥贷款是项目发起人通过尽可能推后其股权投资来提高投资回报的一种方式，是银行向项目公司提供的贷款，用于替代发起人的出资或股东贷款，由发起人提供担保，并在后期以发起人的出资或股东贷款偿还。

案例三：银行支付制度

——以东亚银行与普华公司信用证纠纷为例

一、基础知识

国际商事交往一般不使用现金，而是通过银行进行支付。银行的支付业务通常包括汇付、托收、信用证和保理等。其中，汇付是汇付人主动把货款通过银行汇交收款人的一种支付方式；托收是由收款人开立汇票，委托银行向付款人收取款项的一种结算方式；保理是指收款人将合同项下的应收账款所有权转让给保理商，由保理商为收款人提供资金融通、财务管理、应收账款收取和信用风险承担等两种或两种以上的服务。① 由于信用证是最常用的支付方式，且与贸易融资密切相关，接下来，我们将单独介绍银行支付制度中的

---

① 参见余劲松主编：《国际经济法》，高等教育出版社 2019 年版，第 115~130 页。

信用证制度。

(一) 信用证法律关系

信用证是开证行根据开证申请人的请求开立给受益人的一种书面凭证。依据该证，无论其名称或者描述如何，开证行都保证在受益人交单相符时履行第一位的付款义务，随后由开证申请人向开证行偿付，并承担开证行代为付款行为的后果。信用证以银行信用背书，较付汇、托收等商业信用而言更为安全可靠，是现代国际商事交往中常见的一种支付方式。

信用证支付关系涉及多方参与人，除开证申请人、开证行和受益人这三方基础的信用证参与人外，还存在受开证行委托将信用证通知受益人的通知行、购买受益人根据信用证所签发的汇票及单据的议付行、应开证行请求在信用证上予以保兑的保兑行，以及受开证行委托代为偿还议付行垫付款项的偿付银行等银行，这些银行统称为中介银行，分别接受不同的委托，承担信息传递、预付款项、增强信用等不同的责任。其中，议付行与开证行既存在信用证上的委托关系，也存在票据法上的议付关系，即使开证行在信用证上指定的是任意议付行，也可以视为开证行对任意一家进行议付的银行进行了授权。议付行根据信用证买入受益人签发的汇票，也就是代替开证行向受益人预付了款项，可以向开证行主张信用证法律关系中的偿付权或票据法上的付款请求权，开证行不得拒绝[1]。议付行在为信用证双方提供担保、便利结汇方面发挥了重要的作用。

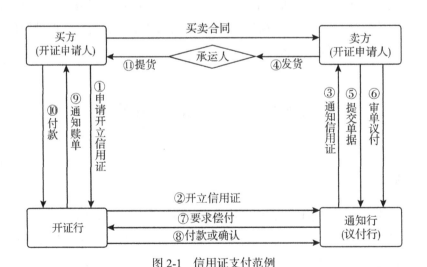

图 2-1　信用证支付范例

当前，世界各国有关信用证的法律规范较少，国际信用证关系主要由《跟单信用证统一惯例》(*Uniform Customs and Practice for Documentary Credit*，UCP) 调整。UCP 是由国际商

---

① 余劲松主编：《国际经济法学》，高等教育出版社 2019 年版，第 125 页。

会制定的，旨在统一跟单信用证实践、降低商事交往风险的贸易规则，其首次制定于1933年，历经多次修订，现行文本为2007年修订本（简称UCP600）。作为一项国际惯例，UCP600由当事人在合同中自愿约定是否适用。除此之外，最高人民法院发布的《关于审理信用证纠纷案件若干问题的规定》（2020年修订）确立了我国法院审理信用证纠纷的基本规则，结合UCP600共同构成了我国在信用证交易中的基本规范。

（二）信用证独立原则

根据UCP600的规定，银行履行信用证付款义务，是指银行在审核受益人提交的单证后，当单单之间、单证之间相符时向受益人付款。因此，在信用证业务中，银行处理的是纯粹的单据业务，而不涉及真实的交易内容或行为。因此，信用证交易与贸易或融资等其他基础合同是相互分离、相互独立的，这就是信用证独立原则，也称为信用证的独立抽象性。

UCP600第4条对信用证独立原则作出了明确规定，其内涵应当包括以下几个方面：第一，信用证独立于基础合同，开证行不得利用开证申请人依据基础合同对受益人所拥有的抗辩对抗受益人，受益人也不能以基础合同为依据要求开证行在单证不符的情况下付款；第二，开证申请人受信用证独立原则约束，既不得以基础合同中对受益人的抗辩来阻止开证人付款，也不得用信用证项下对开证行的请求对抗受益人；第三，受益人同样受信用证独立原则约束，只能受益于信用证项下的权利，而不能依据开证申请人与开证行之间的合同关系或其他银行间的合同关系获取利益①。总之，开证申请人在基础合同项下的付款义务转化为银行在信用证项下的确定的付款义务，受益人在基础合同项下的交付义务转换为在信用证项下的交单义务，基础交易转化为单证交易，信用证的效力和性质独立于其依据的基础合同之外。

（三）信用证欺诈例外

信用证独立原则是信用证交易的基石，但也为信用证欺诈留下了空间。信用证欺诈是指不法行为人利用跟单信用证机制中单证相符即予以支付的规定，通过虚假陈述、虚假行为或有意地隐瞒事实真相，提供与信用证表面相符的单据，骗取银行付款的商业欺诈行为②。

由于该行为是在实践中形成和发展的，且牵涉各国国内法对欺诈行为的公法规制，所以UCP并未对相应行为予以规定。各国在司法实践中逐渐形成了信用证欺诈例外原则，如果当事人存在信用证欺诈行为，即使其提供了与信用证表面相符的单据，银行也可以拒绝付款，只是这种拒绝付款的权利通常要通过向法院申请支付令来实现。比如最高人民法

---

① 余劲松主编：《国际经济法学》，高等教育出版社2019年版，第125页。
② 参见郭瑜：《论信用证欺诈及其处理》，载《法学》2000年第10期。

院在《关于审理信用证纠纷案件若干问题的规定》中明确规定，信用证欺诈行为包括受益人伪造单据或恶意不交货，受益人与开证申请人或其他第三方串通交单等情形。如果开证申请人、开证行或者其他利害关系人发现存在上述信用证欺诈情形，并认为信用证欺诈将会给其造成难以弥补的损害时，可以向有管辖权的人民法院申请人终止支付信用证项下的款项。由此可见，信用证欺诈例外原则的适用是十分严格的。首先，它要求行为人存在实质性欺诈，该欺诈行为已经导致对方的根本合同目的或主要目的落空，并可能给对方的利益造成难以弥补的损害①。这里的欺诈要与行为人在基础合同项下的违约行为相区分。其次，它要求利害关系人必须向法院申请救济，即使其有确凿证据认定行为人存在欺诈行为，也不能直接拒绝付款，否则会导致拒付权利的滥用。

然而，信用证欺诈例外原则也存在例外。最高人民法院在司法解释中规定，如果各银行已善意地对受益人履行了信用证项下的付款义务，那么即使存在信用证欺诈，开证申请人、开证行等利害关系人也无权请求法院终止支付，只能自行承担相关损失②。该条款旨在保护信用证交易中善意第三人的利益，维持信用证业务的信誉和秩序。其中，银行主张自己为善意第三人的前提是已经充分履行了审单义务。这里涉及银行的审单义务。在信用证项下，受益人所提交的单据必须与信用证完全相符。如果受益人提交的单据不符合信用证的要求，银行有权拒收单据，拒绝付款。因为银行是根据开证申请人在信用证项下的授权办理业务，如果银行接受了不符合信用证要求的单据，开证申请人有权拒绝偿付，相当于由银行自己承担单证不符的责任。不过，如果开证申请人向银行声明放弃不符点，银行就有权接受不符合信用证要求的单据，由此带来的后果由开证申请人自行承担。在这种交易机制下，银行的审单义务是十分严格的。UCP600规定："按指定行事的指定银行、保兑行（如果有的话）及开证行须审核交单，并且仅基于单据本身确定其是否在表面上构成相符交单。"此前，UCP500规定银行必须以"合理审慎"的态度履行审单义务③。虽然UCP600删掉了这一要求，但不意味着银行不再需要遵守此要求。事实上，由于"合理审慎"的态度较难量化，难以形成统一的判断标准，目前有关银行是否充分尽到了审单义务的问题主要交由各国司法机关自由裁量。

在下述信用证欺诈纠纷案中，法院结合UCP600与我国相关司法解释，明确议付行承担的是独立的审单责任，且在判断议付行是否尽到了审单责任时，综合考虑了国际惯例与

---

① 参见刘定华、李金泽：《关于信用证欺诈例外的若干问题研究》，载《中国法学》2002年第3期。

② 《最高人民法院关于审理信用证纠纷案件若干问题的规定》第10条规定："人民法院认定存在信用证欺诈的，应当裁定中止支付或者判决终止支付信用证项下款项，但有下列情形之一的除外：（一）开证行的指定人、授权人已按照开证行的指令善意地进行了付款；（二）开证行或者其指定人、授权人已对信用证项下票据善意地作出了承兑；（三）保兑行善意地履行了付款义务；（四）议付行善意地进行了议付。"

③ UCP500第13条规定："银行必须合理小心地审核信用证上规定的一切单据，以便确定这些单据是否表面与信用证条款相符合。本惯例所体现的国际标准银行实务是确定信用证所规定的单据表面与信用证条款相符的依据。单据之间表面不一致，即视为表面与信用证条款不符。"

行业特点，这对我们理解议付行的审单义务有所助益。

二、典型案例

传旗公司、诚峰公司均系陈某实际控制的公司。其中，诚峰公司为香港公司，董事为林某建，陈某为公司实际控制人；2013 年 6 月 4 日，林某建辞任诚峰公司董事职务，公司董事由林某建变更为陈某。

2013 年 2 月 27 日，诚峰公司在东亚银行开立了境外机构境内外汇账户（NRA）；2013 年 6 月 29 日，诚峰公司授权陈某为账户授权签署人；2013 年 6 月 18 日，诚峰公司增加金国为大额联系人。

2013 年 5 月 27 日，传旗公司与普华公司签订《代理进口合同》，约定传旗公司委托普华公司代为进口棉花，进口合同的付款方式为 90 天远期信用证。合同项下的国外卖方诚峰公司，是传旗公司自行选择并对外确认的，诚峰公司在与普华公司订立进口合同时知道传旗公司与普华公司之间的代理关系，该进口合同直接约束普华公司与诚峰公司。

同日，普华公司与诚峰公司签订《买卖合同》，约定诚峰公司向普华公司出售原棉，付款方式为 90 天后见票付款信用证，通知行东亚银行，信用证应于 2013 年 6 月 30 日前开立，须开立不可撤销信用证并适用 UCP600。

2013 年 5 月 29 日，光大银行应普华公司申请，开立了 759 号信用证，载明：信用证类型：不可撤销。适用规则：跟单信用证统一惯例最新版；到期日和到期地点：2013 年 6 月 3 日在中国；申请人：普华公司；受益人：诚峰公司；指定银行和兑付方式：任何银行议付……需要的单据：（1）已签发的商业发票（三正三副）；（2）全套清洁已装船提单一式三份不可转让的副本提单，指示提单、空白背书并注明"运费预付"；（3）全套保险单/保险凭证以及 3 份副本，保险金额为已装船货物发票金额的 110%，空白背书、显示保险赔偿金可按信用证货币在中国支付，按协会货物险条款投保……如果交单存在不符点，光大银行将从信用证付款款项中扣除 400 元或其他等额货币的不符点费用。交单期：自信用证开立之日起 5 天内提交，且在本信用证的有效期内。对付款行/承兑行/议付行的指示：所有单据需经快递一次性提交给光大银行，每次支取的金额需由指定银行在信用证背面注明。本信用证项下的汇票（如有）需注明信用证号、信用证开立日期以及开证行名称。一旦收到符合本信用证条款和条件的单据，光大银行将根据指示付款。

2013 年 5 月 30 日，东亚银行向诚峰公司发出《付款通知书》，内含 759 号信用证及议付要求。同日，诚峰公司向东亚银行递交了有关单据。由于诚峰公司提交的单据没有托运人的背书，诚峰公司按照东亚银行工作人员的要求，在该文件"其他指示"栏书写了"担保一切不符点"。

光大银行收到东亚银行转交的上述单据后，同日即转交给普华公司，并提示相应保单未背书。普华公司表示同意承付。基于普华公司的承付承诺，光大银行也向东亚银行发出承兑电文，称尽管单据存在不符点，但光大银行同意承兑。光大银行将根据东亚银行届时在到期日的指示付款。

2013 年 6 月 6 日，东亚银行告知诚峰公司相应货款已存入其在东亚银行开立的账户。

普华公司收到光大银行转交的单据后发现提单项下货物已被提走，于是向武汉海事法院请求裁定光大银行终止支付 759 号信用证项下的款项。武汉海事法院经审查，于次日作出裁定，准许了普华公司的申请。

2013 年 8 月 16 日，光大银行向东亚银行发出电文，称收到武汉海事法院终止支付 759 号信用证项下款项的裁定，光大银行将按照裁定终止支付信用证项下款项。

2013 年 8 月 22 日，东亚银行回复向光大银行，称：按照 UCP600 的规定，由于光大银行是开证行，且已于 2013 年 6 月 4 日承兑汇票/单据，光大银行应当于 2013 年 8 月 29 日付款。请审视自身在 UCP600 下的义务，以避免对其商誉产生的不良影响。作为善意持证人，兹督促光大银行通知法院撤销禁令，并于到期日承付。2013 年 8 月 30 日，光大银行回复东亚银行，称其了解自身在 UCP600 下的开证行义务，但必须遵循中国法律依据，除非收到相反裁决，其将暂停付款。

同时，东亚银行就武汉海事法院作出的裁定向湖北省高级人民法院提出复议，称其已就 759 号信用证及另外两份信用证叙作福费廷业务，且开证行已对相应信用证作出承兑，根据《信用证司法解释》第 10 条的规定，武汉海事法院裁定终止 759 号支付 759 号信用证错误，请求予以撤销。湖北省高级人民法院于 2013 年 9 月 21 日裁定驳回东亚银行的复议申请。

另外，普华公司在发现提单项下货物被提走后，向公安机关报案。公安机关侦查完毕后，以陈某涉嫌信用证诈骗罪为由向检察院移送审查起诉。最终，法院认定陈某构成信用证诈骗罪。陈某陈述：因对外负债，他与普华公司员工谈信用证开证事宜，约定由传旗公司委托普华公司代理进口，由普华公司向诚峰公司开立远期信用证，传旗公司向普华公司支付 3.5% 的代理费，货物到港后 15 天内提取全部货物并付清货款，另外提供其他货物提单为普华公司作质押担保。在办理业务过程中，陈某使用的提单是从他人处购买的"克隆提单"，也就是假提单。东亚银行审单人员在审单过程中发现诚峰公司提交的提单没有托运人的背书，陈某解释不是所有的提单都要托运人在背面盖章。为了规避银行的审单责任，东亚银行审单人员让诚峰公司在《交单委托指示》中其他指示栏填写"担保一切不符点，不用审单直接寄单"。

三、裁判说理

本案中，普华公司以诚峰公司、运输公司共同串通，通过虚假提单进行信用证欺诈为由向法院请求终止支付信用证项下的款项，这是信用证欺诈的救济手段。东亚银行主张自己在 759 号信用证项下的融资行为构成善意议付，即使本案存在信用证欺诈，自己的议付行为也构成信用证欺诈例外的例外，法院有关终止支付 759 号信用证的裁定错误。因此，本案的争议焦点为东亚银行在 759 号信用证项下的融资行为是否构成善意议付。

案涉信用证条款约定适用 UCP600，因 UCP600 没有涉及信用证欺诈或欺诈例外的内容，故在本案可能涉及信用证欺诈的情况下，案涉信用证项下款项是否应被止付应依据《最高人民法院关于审理信用证纠纷案件若干问题的规定》（以下简称《信用证司法解释》）的规定来认定，具体分析如下：

（一）是否存在信用证欺诈

根据已查明的事实，传旗公司、诚峰公司均系陈某实际控制的公司，诚峰公司对于其提交的信用证项下提单将流转至普华公司，由普华公司收取货物，并转交给传旗公司是明知的。在此种情况下，诚峰公司仍使用购买的"克隆提单"，即以不可能据以提取货物的伪造提单来完成交单义务，其行为具有明显的欺诈故意。根据《信用证司法解释》第 8 条第（1）项的规定，诚峰公司的行为构成信用证欺诈。

（二）东亚银行对 759 号信用证的融资行为是否构成善意议付

根据 UCP600 第 2 条的规定，议付是指定银行在相符交单下，在其应获偿付的银行工作日当天或之前向受益人预付或者同意预付款项，从而购买汇票（其付款人为指定银行以外的其他银行）及/或单据的行为。本案中，诚峰公司向东亚银行交付了相应单据及其他议付所需文件。东亚银行接受诚峰公司的指示后，向光大银行提交了信用证项下单据，并于信用证到期日前，向诚峰公司支付了扣除国外银行费用、利息、信用证议付手续费后的信用证金额余额。东亚银行的前述行为，符合 UCP600 第 2 条对于议付的定义，可以构成信用证议付。

一审法院认为东亚银行对 759 号信用证的议付不构成善意议付，理由如下：

首先，根据 UCP600 第 2 条关于议付的定义，以及第 14 条 a 款的规定，议付行应当审核交单，并在相符交单的情况下办理议付。东亚银行作为议付行，应当审慎审核诚峰公司提交的单据，确保单证相符。本案 759 号信用证明确规定，相应提单应当为"指示提单、空白背书并注明运费预付"。在信用证已对相应提单作出明确要求的情形下，东亚银行应当严格依照信用证要求和审单标准对诚峰公司提交的提单进行审核。

其次，从 UCP500 起，国际商会制定《关于审核跟单信用证项下单据的国际标准银行实务》（通称 ISBP），作为银行业审核信用证项下单据的依据。提单代表着货物权利，是信用证项下的核心单证。在 UCP500 之后的 ISBP645 第 85 条、ISBP681 第 102 条、ISBP745 第 E13a 均要求，对于指示提单，必须经托运人背书。审核指示提单是否经托运人有效背书，是银行审核跟单信用证项下单据的重要环节，也是一项长期存在的行业惯例。前述针对指示提单的审单标准，来源于航运惯例，要求指示提单须经托运人背书，正是为了确认持有提单的人系提单的合法持有人，保障提单背后贸易合同的顺利履行。

本案中，诚峰公司向东亚银行提交的指示提单均仅有诚峰公司的背书，没有托运人或托运人的代理人背书，不符合 759 号信用证的要求。在单证不一致的情形下，东亚银行依然为诚峰公司办理了议付，其行为不符合 759 号信用证的要求和信用证审单标准，存在重大过失，不能构成善意议付。东亚银行辩称 UCP600 并未对议付行的审单义务作出规定，其对 759 号信用证予以议付，完全是基于光大银行承兑该信用证的信赖，是基于光大银行的指示所从事的议付。该抗辩意见违反 UCP600 第 14 条 a 款的规定，属于规避其应尽的审单义务，不能成立。

在后续诉讼中，东亚银行坚持称，根据 UCP600 的相关规定，开证行在确认单据后不能再提出不符点抗辩。另外，依据《信用证司法解释》第 7 条，开证行承担的是最终的审单责任。光大银行作为开证行，已经书面确认单证相符，且已发出承兑电文，东亚银行是基于其承兑电文办理的议付。因此，东亚银行的议付行为是善意的。

法院指出，UCP600 第 14 条 a 款规定，按照指示行事的指定行、保兑行（如有）及开证行须审核交单，并仅基于单据确定其是否在表面上构成相符交单。可见，信用证项下的开证行、保兑行及议付行均有责任审核单据，各方需要以自己的独立判断为依据，可以参考其他方的判断，但不得依赖。东亚银行认为其基于开证行光大银行确认单据相符的承兑电文才支付议付款项，规避了其作为议付行应当履行的审单义务，其说法不能成立。

另外，UCP600 第 16 条 b 款规定，开证行有权联系开证申请人放弃不符点。但这不影响开证行在发现信用证欺诈后向法院诉请终止支付的权利。《信用证司法解释》第 7 条同样为有关开证申请人与开证行之间法律关系的规定，明确了不论开证申请人是否接受单据不符点，由开证行最终决定是否接受单据不符点，但这不能推导出在整个信用证法律关系项下开证行承担最终的审单义务，从而免除议付行独立审核单据的责任。因此，法院对东亚银行的说法不予支持。

综上所述，诚峰公司在涉案信用证项下使用伪造的虚假提单，根据《信用证司法解释》第 8 条第（1）项的规定，诚峰公司的行为，构成信用证欺诈。根据该司法解释第 10 条之规定，法院最终判决终止支付信用证项下款项。由于东亚银行对 759 号信用证的融资行为不构成善意议付，也即不构成信用证欺诈例外的例外，东亚银行后续要求撤销止付令的请求均被驳回。

四、学理分析

本案为信用证欺诈纠纷。受益人诚峰公司提交了从他人处购买的"克隆提单"要求议付行支付信用证项下的货款，议付行东亚银行虽然在审核单据时发现保单存在瑕疵，但仍然向受益人垫付了款项。普华公司发现诚峰公司实施了信用证欺诈行为后，向法院诉请终止支付，法院支持了普华公司的请求。最终东亚银行垫付的款项无从主张偿付，只能自行承担相应损失。

在本案中，法院在判断涉案信用证是否应当被终止支付时，首先审查了受益人是否存在信用证欺诈行为，如存在相应行为，则进一步考虑信用证欺诈例外原则的适用。鉴于诚峰银行涉嫌信用证欺诈，且存在欺诈的故意，即使其提供了与信用证表面相符的单据，开证行也可以拒绝付款。本案的特殊之处在于，东亚银行作为议付行已经履行了信用证项下的付款义务，基于保护善意第三人的原则，法院还应当审查其行为是否构成信用证欺诈例外的例外，以此阻却开证行中止支付的权利。

如前文所述，东亚银行主张自己构成善意议付的前提是已经充分履行信用证项下的审单义务。首先，依 UCP600 第 2 条之规定，受益人提供的单据必须与信用证构成表面相符，诚峰公司提供的单据无托运人背书，明显不符合信用证项下"指示提单、空白背书并注明运费预付"的规定；其次，国际商会制定的《关于审核跟单信用证项下单据的国际标准银行实务》同样明确了指示提单必须经托运人背书的原则，东亚银行作为从事信用证业务的专业金融机构，应当知道诚峰公司提供的单据有重大瑕疵。因此，东亚银行对瑕疵单据予以交单并议付的行为存在重大过失，不成立善意议付，理应自行承担相应后果。

东亚银行主张其议付行为是基于对开证行承兑该信用证的信赖，认为开证行的承兑电文可以免除议付行的审查义务，这一说法实质是对信用证交易的误解。UCP600 第 14 条已经明确规定，信用证项下的开证行、保兑行、议付行均须审核交单。这里提到的审单义务是相互独立的。诚如学者所言："议付的概念中，需要议付行在对单据支付价值时承担实质风险，而不是仅仅在受益人和开证行、议付行之间做往来的管道。"[①]议付行将审单的义务后置于开证行，实际是在无视和放任信用证支付的风险。信用证是处理单据的交易，而单据相比真实交易而言更容易造假，银行需要谨慎审查才能发现其中的漏洞，对审查结果的相互依赖容易形成审查盲区，滋生不利后果。因此，无论是开证行、保兑行还是议付行都必须审慎履行义务，以此维护信用证交易的秩序与安全。

五、若干思考

国际金融法是一个硬法与软法并存的综合体。这是因为许多与国际金融法有关的问题是在实践中不断产生的，立法因其滞后性而难以对相关问题进行调整，且强制性的立法有时会丧失解决措施的灵活性和针对性。信用证欺诈制度的形成和发展即体现了国际金融法这一特征。在本案中，东亚银行审单人员在发现诚峰银行交单不符后，要求其在单据上注明"担保一切不符点"，希望以此规避审单风险。这也是实践中常见的做法。例如，在审单过程中，银行发现无法修改的不符点，且受益人也同意不进行修正时，银行一般就不再一一审核全部单据的不符点，而是要求受益人对所有不符点进行担保后出单。[②] 你认为这种做法可以减轻银行的审单义务吗？受益人担保不符点与银行兑付信用证之间具有什么样的关系？

此外，鉴于信用证欺诈例外原则的适用关涉多方利益，包括开证申请人或开证行在信

---

①　袁怡：《信用证欺诈例外之例外中议付银行的"善意"认定——以东亚银行上海分行与江苏普华有限公司信用证欺诈纠纷案为例》，载《对外经贸实务》2021 年第 11 期。

②　李钦：《指定银行善意议付论》，载《中国外汇》2020 年第 22 期。

用证项下的财产利益，指定行、议付行或保兑行作为善意第三人的信赖利益，以及本国信用证在国际信用证交易中的公信力，各国法院在审理信用证欺诈止付案件时都会比较谨慎。试谈谈你认为法院在审理信用证纠纷时应当考虑何种因素，法院应当如何处理前述利益冲突。

案例四：国际银行协调监管制度
——以德国赫斯塔特银行倒闭事件为例

一、基础知识

(一)母国并表监管

银行业监管制度可以分为银行自身的内部控制制度、监管当局对银行的监督管理制度和监管当局以外的市场约束制度三个层次。其中，对国际银行而言，监管当局与银行的监管关系更为复杂。因为国际银行主要是依据母国法律成立，首先要受到母国法律管辖，但其分支机构①在境外开展业务受制于属地管辖原则，理应遵守东道国的法律。因此，在国际银行监管过程中，经常会出现母国与东道国在行政监管方面的冲突，产生诸如主要由哪个国家来负责监管、依照什么标准进行监管、用什么方式进行监管等问题。1974 年赫斯塔特银行倒闭事件率先为国际银行监管敲响了警钟。1975 年，巴塞尔银行监管委员会成立，发布了《对银行国外机构的监管原则》(*Principles for the Supervision of Banks Foreign Establishments*)，后经修订形成《1983 年巴塞尔协定》，为协调东道国与母国之间的监管分工、强化国际银行监管合作明确了方向。其中，《1983 年巴塞尔协定》提出的母国并表监管原则逐渐成为当下国际银行监管制度的核心。

并表监管是指在合并整个银行或银行集团各机构财务报表的基础上，全面、综合地判断整个银行或银行集团的风险、遵守监管标准的状况等。母国并表监管是指国际银行的母国监管者，经与东道国监管者合作，对其所负责的银行或银行集团，以其在全球范围内从事的所有业务活动为基础，将国际银行的总行或母行、国内外机构的资产负债表、损益表等进行合并，作为一个整体从全球范围综合评估与监测其风险敞口、遵守监管标准等情况，并可以采取相应的监管措施的国际银行监管制度和方法。② 由此可见，国际银行监管主要是将银行或银行集团的母国实体与境外分支机构视为一个整体，由母国统一监管。这意味着母国监管权力延伸至境外，同时也意味着母国应当对国际银行的行为承担更多的

---

① 这里提到的分支机构包括分行与子行，前者是母国银行的一部分，后者是法律意义上的独立实体。

② 韩龙：《国际金融法》，高等教育出版社 2020 年版，第 240~241 页。

责任。

母国并表监管的特征在于：首先，它是国际银行或银行集团的母国当局所实施的监管。这里的母国是指银行或银行集团的成立地。其次，它是以国际银行或银行集团及其境外分支机构的合并财务报表为基础进行的监管。最后，它是一种持续性监管，旨在保障国际银行长期稳健运营，防范由境外分支机构引发的系统性金融风险。[①] 母国并表监管原则深刻地把握了国际银行母国实体与其境外分支机构之间的内在关联，突破了单一的地域监管的局限，顺应了银行业务国际化及机构全球化的需要，在国际银行监管制度中具有十分重要的意义。

(二) 东道国与母国的监管职责

母国并表监管不是母国单方监管，而是母国与东道国的共同监管。这就意味着母国和东道国在国际银行监管方面需要承担共同的责任，在共享监管信息的同时，还要相互监督、相互制衡[②]。虽然母国和东道国承担的是共同的监管责任，但仍应当明确其具体的分工和监管职责。《1983 年巴塞尔协定》主要从清偿力(solvency)、流动性(liquidity)与外汇运营和头寸(foreign exchange operations and position)三个方面对母国和东道国的监管职责进行了划分(详见表 2-1)。首先，分行的清偿力问题主要由母国承担首要的监管职责，而子行的清偿力问题由母国和东道国承担共同责任。因为分行是母国银行的一部分，并非独立的法律实体，也即不存在东道国意义上的破产问题，其破产清偿实质上与母国银行的经营状况密切相关。所以，有关分行的清偿力问题主要由母国监管，东道国予以配合。与分行相反，子行是东道国法律层面的独立实体，因此东道国需就子行的清偿力问题承担主要责任，但从母国并表监管的原则出发，母国也应当对子行的清偿力问题承担较为重要的责任，故在子行的清偿力问题上，母国与东道国承担共同责任。

其次，就流动性问题而言，由于银行的流动性具有较强的当地性，东道国对流动性问题的监管较为便利，所以东道国对子行的流动性问题承担主要责任，对分行的流动性问题与母国一道承担共同责任。

最后，就外汇运营和头寸问题而言，母国与东道国承担的是共同责任，两国间分工的方式为地域性的，而非对象性的。无论跨国分支机构是否具有独立的法人地位，母国负责的都是银行或银行集团在内的全球范围内的外汇运营和头寸，而东道国负责的是该分支机构于其境内的外汇运营和头寸。[③]

---

① 李仁真：《论国际银行的并表监管》，载《经济评论》2000 年第 3 期。

② 如《1983 年巴塞尔协定》规定，东道国监管不力的，母国监管当局应尽可能地扩大监管；母国监管不力的，东道国监管机构可以拒绝该国际银行在东道国设立分支机构，这也被称为"双峰监管"模式(dual key approach)。

③ 参见李国安：《跨国银行的国际监管》，载《世界经济》1999 年第 5 期。

表 2-1 　　　　　　　　　　《1983 年巴塞尔协定》对国际银行监管的分工①

形式	问题	《1983 年巴塞尔协定》
分行	清偿力	母国
	流动性	共同责任
	外汇运营和头寸	共同责任
子行	清偿力	共同责任
	流动性	东道国
	外汇运营和头寸	共同责任

(三) 国际银行监管合作

国际银行协调监管制度指的是国际社会就国际银行监管问题形成的分工与合作。除坚持母国并表监管原则之外，各国政府还形成了国际司法协助协定、双边监管合作谅解备忘录、监管团等监管合作形式。司法协助是指国家间依据条约或互惠原则，代为履行一定司法行为的国际司法协助活动。目前，国际司法协助协定在国际银行协调监管中适用有限，这里主要介绍双边监管合作谅解备忘和监管团两种合作形式。

双边监管合作谅解备忘录是指国际银行母国与东道国达成的、旨在加强对国际银行监管的合作与协调、一般不发生法律效力的国际监管合作安排。备忘录的优点在于其通常不具有法律约束力，不在当事方之间创设强制性的权利与义务关系，因此具有较强的灵活性，成为国际银行协调监管中常见的合作安排。然而，备忘录的局限也来源于此。由于备忘录不具有法律约束力，当事方不能依法律请求强制执行，因此备忘录的执行主要依赖于当事方的信誉，缺乏强力的监督和制约，故而效果始终有限。

监管团是国际社会在 2008 年金融危机之后针对具体的全球系统重要性金融机构建立的新型监管合作模式。它由全球系统重要性金融机构的母国监管者为主导，吸收东道国监管者辅助监管，主要进行监管信息交换、联合策划执行重要行动、确保监管标准落实和遵守等活动。相较于以备忘录为主体的传统监管形式，它将商定监管形态推进到以一定组织机构为保障的实体监管形态，具有一定的突破性与创新性。当前，多家全球性金融机构已建立了监管团，监管团在协调母国与东道国监管分工，加强母国与东道国合作监管，集中管控全球系统重要性金融风险，确保金融监管措施的统一性与稳定性等方面发挥着重要作用。

以下以赫斯塔特银行倒闭事件为例，阐释巴塞尔银行监管委员会的职能及母国并表原则对国际银行监管的重要性。

---

① 参见唐应茂：《国际金融法：跨境融资和法律规制 (第二版)》，北京大学出版社 2020 年版，第198 页。

二、典型案例

位于德国科隆的赫斯塔特银行成立于 1955 年, 它在不到 20 年的时间里成为德国最大的私人银行之一, 资产超过 20 亿德国马克。然而, 1973 年至 1974 年, 美元经历了大幅波动, 赫斯塔特银行因不当的货币投机行为陷入困境。1974 年 6 月 26 日, 科隆时间下午 4 点 30 分左右, 德国监管当局下令关闭和清算赫斯塔特银行。由于德国和纽约之间存在 6 个小时的时差, 该消息于当天上午 10 点 30 分左右传到纽约。这意味着德国的银行工作日刚刚结束, 而纽约的银行工作日才刚刚开始。当天, 多家银行向赫斯塔特银行发放德国马克付款, 用于执行将在纽约结算的外汇合约。赫斯塔特银行在纽约没有代理机构、分支机构或办公室, 其结算业务主要由曼哈顿大通银行办理。依照外汇合约的要求, 曼哈顿大通银行应当将前述付款兑换成美元。就在赫斯塔特银行在科隆被关闭的时候, 曼哈顿大通银行正在为赫斯塔特银行的账户办理外汇结算。在收到赫斯塔特银行破产的消息之后, 曼哈顿大通银行决定冻结赫斯塔特的账户。更准确地说, 它决定不兑现该账户的约 6.2 亿美元的付款订单和支票①。然而, 已经进入该账户的付款却没有被退还。最终, 在世界各地以各种货币向赫斯塔特银行账户支付巨款款项的银行没有获得相应对价, 这对作为外汇兑换途径的纽约清算所银行间支付系统形成了巨大冲击, 多家国际银行因此陷入极其严重的资金困境。

为应对赫斯塔特银行倒闭事件对世界银行业的巨大影响, 十国集团国家在国际清算银行(BIS)的支持下成立了一个常设委员会, 该委员会即为巴塞尔银行监管委员会。它是由各国中央银行和监管机构的代表组成的国际银行监管协调与合作机构, 其宗旨在于制定和发布国际银行业监管标准, 交换各国监管安排方面的信息, 提高国际银行业监管的有效性。巴塞尔银行监管委员会的成立为世界银行业的发展作出了重大贡献。

三、学理分析

赫斯塔特银行倒闭引发全球银行风险的直接原因在于结算交易的不同步。对此, 巴塞尔银行监管委员会决定在全球范围内推行实时全额结算(RTGS)系统, 以确保一家银行在另一家银行之间的付款实时执行并被视为最终付款。

然而, 赫斯塔特银行倒闭之所以会给全球银行业如此重大的危机, 更深层次的原因为国际银行协调监管制度的缺失。在赫斯塔特银行因货币投机行为陷入困境之后, 母国监管当局即德国监管部门没有与赫斯塔特银行境外服务所在地的监管部门进行沟通和交流, 也没有与他们共享监管信息, 甚至没有向他们发出危险通知, 而是单方采取调查行动。由于时间和空间上的距离, 母国和东道国之间必然存在信息差。当德国监管当局突然于 1974

---

① Joseph D. Becker, "International Insolvency: The Case of Herstatt", *American Bar Association Journal*, October, 1976, Vol. 62, No. 10, pp. 1290-1295.

年 6 月 26 日发出关闭禁令时，位于纽约的曼哈顿银行还在办理业务，完全来不及采取补救措施，只能临时冻结赫斯塔特银行的账户，而此时，其他国际银行的外汇已经汇入该账户。在赫斯塔特银行进入破产程序之后，其账户资金只能用于平等清偿债权人的债务，因此，这些国际银行的款项既不能被退回，也无法获得相应对价，最终只能变成坏账。这一事件导致美国-马克兑换市场几近崩溃，也给国际银行监管敲响了警钟。为了防止母国监管的单方行为、协调母国与东道国的监管职责，巴塞尔银行监管委员会将明确母国与东道国的监管责任分配作为其首要任务，强调国际银行监管是母国与东道国共同的责任。东道国与母国应当在母国并表监管的基础之上，深入开展国际监管合作，交换监管信息，填补监管漏洞，共同促进国际银行的稳健发展。

四、中国视角

我国对国际银行的监管可以分为作为东道国对外资银行的监管与作为母国对中资银行"走出去"的监管两个层面。[1]

近年来，我国坚持贯彻落实金融业对外开放举措，实施准入前国民待遇和负面清单管理模式，按照内外一致原则，公平对待境内外各主体。2019 年，国务院与原银监会先后修订了《外资银行管理条例》和《外资银行管理条例实施细则》，从准入门槛、机构设置、业务范围和监管考核四个方面加强和改善了对外资银行的监管，具体表现为：第一，在准入门槛方面，取消了外商独资银行与中外合资银行 100 亿美元总资产，以及外国银行分行总资产不少于 200 亿美元的准入要求，同时开放了对外资银行股东资格条件的限制。第二，在机构设置方面，允许外国银行在中国境内设置外商独资银行或中外合资银行的同时，设置外国银行分行，以适应外国银行拓展在华业务的需求。第三，在业务范围方面，取消了外资银行在华开办业务的部分行政审批限制，最大限度减少了相应行政许可事项，优化了在华外国银行的营商环境。第四，在监管考核方面，降低了生息资产达标压力，优化了流动性比例指标考核，与此同时，落实监管部门对银行业金融机构反洗钱和反恐怖融资监管要求，强化了对外资银行的审慎监管与有效监管。[2]《外资银行管理条例》及其实施细则的修订扩大了银行业的对外开放，有利于营造中外资银行公平竞争的市场环境，促进我国银行业高质量发展。

此外，随着中资银行海外业务规模不断扩大，我国银行业"走出去"战略效果日渐显著。我国作为中资银行的母国，对其母国实体的监管均采纳了巴塞尔银行监管委员会有关国际银行监管的基本原则。原银保监会发布的《中资商业银行行政许可事项实施办法》明确了监管当局的审批权限，而原银监会发布的《商业银行并表管理与监管指引》则为我国银行

---

① 唐应茂：《国际金融法：跨境融资和法律规制（第二版）》，北京大学出版社 2020 年版，第 203 页。

② 参见黄雪雅：《外资银行管理法规修订对外资银行的影响浅析》，载《福建金融》2020 年第 5 期。

业并表监管与并表管理提供了行之有效的基本框架，增强了中资银行在海外发展业务的信誉。

五、若干思考

巴塞尔银行监管委员会提出的母国并表监管原则在实践中取得了广泛的共识，在国际银行监管制度中处于核心地位。然而，母国并表监管存在如下几个问题，导致其监管效果有限：第一，母国并表监管的前提是母国监管当局能有效获取境外分支机构的信息，但受制于地域和空间的限制，母国获取信息的能力有限；第二，母国对本国银行境外的分支机构进行监管需要依赖于东道国的配合，而东道国出于自身利益的考量，往往对其知悉的信息有所保留，不见得采取完全的合作态度；第三，WTO 金融服务协议（GATS）中的审慎例外①条款直接加强了东道国对国际银行的监管权限，进而削弱了母国对境外分支机构的管辖。② 在实践中，美国虽然将母国并表监管原则作为本国《强化外资银行监管法》(*Foreign Bank Supervision Enhancement Act*)的重要内容，却并没有采纳其中关于母国监管权力延伸的含义③。与此同时，美国坚持采取长臂管辖原则，对违反本国制裁法令的法国巴黎银行开出巨额罚款，即使罚款针对的业务并非位于美国境内。《1983 年巴塞尔协定》只是一项建议性文件，不具有法律约束力。那么，东道国是否可以采取措施阻止母国监管权力的延伸，母国可以通过什么方式保障其对境外分支机构监管的权力，试就这两个问题谈谈你的看法。

案例五：国际银行内部控制制度
—— 法国兴业银行巨亏案和美国硅谷银行倒闭案分析

一、基础知识

(一)内部控制制度的含义

内部控制是商业银行董事会、监事会、高级管理层和全体员工参与的，通过制定和实

---

① GATS 第 2 条(a)款规定："本协议其他规定，不得妨碍成员国基于审慎理由，所采取之措施，包括保护投资人、存款人、保单持有人、或金融业者对之负有信托责任之人，或为维持金融体系之健全与稳定所实行之措施。当该等措施不符协议规定者，该等措施不应被成员国用来作为规避本协议之义务或其承诺之手段。"
② 杨松：《跨国银行境外机构的母国监管责任》，载《法学家》2009 年第 6 期。
③ 周仲飞：《巴塞尔国际银行监管合作模式的缺陷及完善》，载《法学评论(双月刊)》2003 年第 1 期。

施系统化的制度、流程和方法，实现控制目标的动态过程和机制。① 商业银行内部控制制度主要包含五个要素：第一，内部控制环境，即明确的管理理念、适当的组织结构、科学的管理方法等；第二，风险识别与评估，要求建立健全的风险预防、应对及补救措施；第三，内部控制措施，包括管理层监督、职工培训等；第四，信息交流与反馈，即银行内部各部门间应当充分获取和交换能够反映经营状况、财务报表等内部信息和法律法规等外部信息，通过信息交互提高防范风险的能力；第五，监督与纠正，要求银行必须对内部控制情况进行持续性监督和评价。

(二) 巴塞尔体系与国际银行内部控制制度

20 世纪 70 年代后，金融的国际化和全球化的程度不断加深。各国在放松国内金融规制，支持本国金融业适应激烈的国际银行业竞争的同时，还需解决监管国际银行的问题。1974 年，Herstatt 银行案导致国际外汇交易的崩溃，纽约富兰克林国民银行也因耗尽外汇而停止营业，为应对跨国银行活动的风险，十国集团的中央银行行长订立了银行业条例和成立了监督制度委员会(以下简称"巴塞尔委员会")，该委员会旨在商谈设立标准，解决跨国银行监管问题。委员会设立了两类监管文件，一类为最低标准，委员会将各位成员国对能达成一致的重大监管问题总结为《对银行国外机构的监管原则》；另一类是最佳做法，即对于无法求同的部分，委员会制定了仅具指导意义的最佳原则供各方参考，包括《巴塞尔资本协议》(1988)、《新巴塞尔资本协议》(2004) 等。②

1997 年的《有效银行监管的核心原则》强调了"内部控制制度"的重要性，该核心原则在 2012 年出台了最新修订版，其中第 26 条原则"内部控制和审计"要求银行必须拥有适当的内部控制制度，完善适当、独立的内部审计和合规督查职能，以对银行自身风险进行评估和监控，保障银行的可控运行环境。

商业银行在经营中会面临诸多风险，《新巴塞尔资本协议》也特别强调银行机构的风险管理，提供了一种通过计算银行资本充足率对风险进行管控的手段。此外，该协议还借鉴了美国 COSO 内部控制框架五要素的理念，提出建立一个完善、稳定的内部控制系统需要考虑控制环境、目标识别、控制活动、事件识别、风险评估、风险对策、信息与交流、监督与评价等要素，并在其所提出的银行监管"三大支柱"的第二支柱中规定了一套行之有效的内部控制评估标准，要求每家银行有合理的内部评估程序，以便银行对其所面临的风险有正确的判断。

近年来国际银行业的实践证明，正视日益增长的风险，改善和加强银行内部控制，已经成为银行生存发展的基础条件。为维护银行经营的安全，防范可能发生的各类金融风

---

① 参见《银监会关于印发商业银行内部控制指引的通知》(银监发〔2014〕40 号)，2014 年 9 月 12 日发布。

② 参见王传丽：《国际经济法》，中国政法大学出版社 2015 年版，第 357 页。

险，保障银行体系安全稳健运行，一套完善的内控制度体系对于金融机构的生存发展有着非同寻常的意义。对此，本节通过分析法国兴业银行巨额亏损案及美国硅谷银行倒闭案，分析风险发生的原因，以期为我国商业银行更好地防范和应对未来可能出现的金融风险提出相应的完善建议。

二、典型案例

(一)法国兴业银行巨额亏损案

法国兴业银行成立于 1864 年 5 月 4 日，长期从事于金融衍生品交易领域的业务，作为一个历史悠久的老牌银行，也是法国金融业的支柱。然而，2008 年 1 月 24 日，由于交易员热罗姆·凯维埃尔违规投资金融衍生品，因此蒙受了 49 亿欧元的巨额亏损，这桩引发全球股市震荡的欺诈案的亏损额甚至超越了巴林银行破产案中交易员因违规操作而蒙受的金额损失。交易员热罗姆·凯维埃尔最初是在兴业银行后台的管理部门工作，在此过程中他熟练掌握了银行风险控制的相关程序设置。2005 年 6 月，他绕过兴业银行的五道安全关卡，开始从事违规的金融衍生品交易活动。到 2007 年年底，他的账面盈余达到了 14 亿欧元，直至 2008 年，全球金融危机使他的巨额盈利转眼变成了巨大损失。事实上，在他从事违规交易的三年中，欧洲期货交易所已经向兴业银行发出了异常警告，却由于银行内部风险预警评估的疏漏，加之巨额的交易额使得银行管理层采取了放任态度。此后，面对这一笔巨额亏损，热罗姆·凯维埃尔不但没有按照银行一般的风险应对策略进行补救，反而试图以更多的虚假买卖掩盖自己的违规操作踪迹。2008 年 1 月，该行管理层成员发现有超过正常交易额的期货交易，随即召开董事会决定成立专门团队调查此事，调查团队在紧接着的三天之中紧急展开大规模的平仓操作，并计算出亏损额度为 49 亿欧元。[①]

(二)美国硅谷银行倒闭案

2023 年 3 月 10 日，刚被《福布斯》杂志评为年度全美最佳银行之一的硅谷银行宣告破产。美国硅谷银行成立于 1983 年，为全美第 16 大银行，专注服务于科技初创企业及风险投资机构，硅谷银行 2022 年第四季度财报中，其客户包含美国近一半的科技类和生命科学类初创公司。2023 年 3 月初，有媒体报道称硅谷银行存在大量资金流失的情况，引发金融市场对该银行的担忧。随后，硅谷银行发布公告称将出售总额为 210 亿美元的证券组合，以筹集资金并增强流动性。然而，这一举措导致该银行在市场上遭受大量沽空，股价大幅下跌。随着时间的推移，硅谷银行的经营状况持续恶化。到了 3 月中旬，该银行宣布将通过出售普通股和优先股筹集资金 27.5 亿美元以缓解资金压力，但这一举措并未能挽

---

① 参见李晓慧、孟春：《有效内部控制的关键环节研究——来自巴林银行、兴业银行和瑞士银行的多案例对比》，载《财政研究》2012 年第 2 期。

救该银行的股价，其市值继续下滑。到了 3 月下旬，硅谷银行再次发布公告称，由于市场波动和客户提款等原因，该银行已经无法满足法定资本充足率的要求，这意味着该银行已经面临破产的风险。最终，硅谷银行于 4 月 1 日宣布申请破产保护，成为 2023 年美国最大的银行破产案。① 总体来说，美联储持续加息；美国放松了对中小银行的资本要求和流动性监管的要求，对流动性覆盖率、净稳定资金比例也没有监管要求是促发硅谷银行破产的外部原因，但是究其根源还是银行资产配置存在问题、自身流动性不足导致最终破产。

三、学理分析

(一) 法国兴业银行案分析

法国兴业银行事件发生后，曾经引发巴林银行破产事件的交易员尼克·里森曾评价："我们现在的银行风险管理制度同巴林银行倒闭时没有区别"，可以说，正是兴业银行不合理的风险管理和内部控制制度的缺陷滋生出这些罪恶之花。

从内部控制的角度讲，首先，法国兴业银行银行内控环境恶劣，投机心理较为严重，员工有章不循的情况层出不穷。据欧洲金融分析家分析，整个欧洲金融衍生品市场长期以来都是仅以业绩考核员工，过分强调利益的工作氛围极易导致交易员铤而走险，形成了一种风险倾向型文化，加之银行在内部控制措施方面疏于职工培训，导致部分员工规则意识淡薄，有的人甚至放弃基本制度规定，有意回避制度执行形成操作风险。可见，良好的内部控制环境是实现内部控制措施与风险管控的重要基础。

其次，银行内部风险管理意识松懈，内部控制手段较为落后。如前所述，尼克·里森曾评价法国兴业银行的风险管理制度同 1995 年时并无两样，其内部控制系统建设滞后也是造成此次悲剧的重要原因。机械僵化的控制措施和陈旧的规章制度使得银行的内部控制体系无法适应新的变幻情况，加之兴业银行员工的风险管理意识被投机冲动弱化，据调查，在热罗姆·凯维埃尔进行违规操作的两年内，兴业银行的市场风险监控系统多次发出警报，但银行管理层却对其所作所为无动于衷，且银行自身的风险系统与五道安全关卡也未能及时发挥作用，最终导致悲剧发生。

最后，这场银行业动荡也突显了银行内部控制相互制约、有效监管的重要性。构建系统性内控相互制约机制要求设置各岗位、上下级及内部审计的监督制度，加强对管理层、主要负责人权利的制约，确保审计部门的独立性，及时识别银行的薄弱环节，对于出现异常苗头的情况要及时预警和干预，加强银行内控水平和风险管理有效性、合理性的评估，这是确保银行安全稳健的最主要基础。

(二) 美国硅谷银行案分析

硅谷银行案发生后，联邦储备委员会监管部门副主席迈克尔·巴尔表示硅谷银行的风

---

① 参见谢晓雪：《硅谷银行破产事件对商业银行的启示》，载《中国金融》2023 年第 7 期。

险管理和内部控制不足，难以跟上其增长的步伐，他认为硅谷银行的崩溃是一种"管理失误的典型案例"，银行管理层未能有效管理利率和流动性风险，导致了出人意料的银行挤兑，进而导致了其破产。换言之，硅谷银行"倒下"的背后原因主要为内控失效以及风险未得到有效控制。

首先，硅谷银行在风险管理方面存在明显的缺陷，过度追求风险投资。风险控制是银行内部控制的核心，《新巴塞尔协议》也规定银行应当建立一个用于评估与其所承受风险水平相当的资本充足率的程序和保持银行资本充足水平的策略。而硅谷银行在 2019 年至 2022 年大量投资高风险债券和贷款，特别是在住房贷款和商业地产贷款方面，这些投资虽然能够带来较高的回报，但也带来了更大的风险，导致其所承受的风险与资本充足率失衡，当市场环境发生变化时，这些投资的价值大幅缩水，给硅谷银行带来了巨大的损失。

其次，国际金融环境发生剧变，硅谷银行对外部风险缺少及时评估和应对。自 2022 年起，美联储连续加息 8 次，中国 2022 年全年净抛售 1732 亿美元的美债，美债最大的持有国日本也在 2022 年抛售了 2523 亿美元的美国国债，出现了美国持续陡峭加息、国际市场持续抛售美债的现象。此外，美联储连续加息导致硅谷银行持有的债券资产出现了巨额账面浮亏。在加息产生的压力下，硅谷银行没有像其大银行那样及时通过利率掉期等对冲手段大幅锁定利率风险，加之科技公司的融资环境发生巨大改变，由于美国科技股市场的下跌，高通胀又导致初创企业现金支出增加，企业开始不断取出存款用于经营，大批银行客户也选择将资金从该银行的证券投资组合中取出。在这样内外双方的压力下，硅谷银行迫切需要流动性，虽然硅谷银行采取了一些措施来缓解资金压力，但这些措施并未能阻止该银行的破产。

最后，银行管理层对内控制度有效监督的认识不足，制度实施流于形式。在硅谷银行倒闭案中，银行管理层对其内控制度贯彻实施的监督检查不得力，也缺乏相应的执行细则，放任员工实施违规操作行为，导致内部控制制度变形，未形成良好的内部控制环境。

四、域外视野

巴塞尔委员会自 1975 年以来在跨国银行监管领域形成了一系列原则、规则，统称为巴塞尔体系。其中最重要的包括 1988 年《统一资本衡量与资本标准的国际协议》(以下简称《巴塞尔资本协议Ⅰ》)、1997 年《有效银行监管的核心原则》、2004 年《资本计量和资本标准的国际协议：修订框架》(以下简称《巴塞尔资本协议Ⅱ》)以及 2011 年《更具稳健性的银行体系的全球监管框架》(以下简称《巴塞尔资本协议Ⅲ》)等。

(一)《巴塞尔资本协议Ⅰ》(*Basel I*： *International Convergence of Capital Measurement and Capital Standards*)

1984 年 5 月，美国第八大银行大陆伊利诺伊银行倒闭，美国监管机构认识到既有监管方式不足，考虑到当时普遍偏低的资本充足率要求使得银行承担风险较大，一旦风险转化为损失，则可能给国际金融体系带来巨大灾难。1986年7月，英美共同宣布达成《银行资本充足率协议》，随后共同推动巴塞尔委员会设立统一银行资本计量和资本标准。1988年7月，巴塞尔委员会发布了《巴塞尔资本协议Ⅰ》，该协议建立了一套以加权方式衡量表内与表外风险的资本充足率标准，明确了银行资本的组成，并划分各类资产的风险权重。

1. 资本的组成

银行资本由核心资本和附属资本组成，其中，核心资本的价值稳定性强，流动性高，包括实收资本和公开储备，其在各国银行的账目上公开发表，价值相对稳定，同银行的盈利率和竞争能力密切相关，能作为衡量资本充足率的基础，故核心资本比重不得低于50%。[①] 附属资本由未公开储备、资产重估、普通准备金或呆账准备金、债与资本的复合工具和次级债五部分组成。

2. 银行各类资产的风险权重

为解决衡量贷款资产的风险权重的问题，该协议直接根据借款人类型不同，把风险权重从"无风险"到"十足风险"划分为四级，其中现金的风险为0，且信用贷款的风险高于抵押贷款，对普通企业的贷款风险高于对政府机构的贷款；表外业务纳入监管依其信用换算系数分为"无风险"到"十足风险"四级，这是风险权重的划分标准国际银行监管领域的一大突破。

3. 确立统一的资本充足率

资本充足率=资本/风险资产×100%，比率越高意味着资产安全性越高，构成其资产来源的负债有更为可靠的保障，提高比率可以限制银行进行过度的资产扩张。统一资本充足率的目标标准比率为8%，且核心资本至少为4%。

(二)《有效银行监管的核心原则》(*Core Principles for Effective Banking Supervision*)

1997年东南亚金融危机引发了巴塞尔委员会对金融风险的全面而深入的思考，它们认为仅达到资本充足率的规定不足以充分防范银行业的金融风险，应建立全方位、多角度的风险监控和风险防范约束机制，于是在当年9月推出了《有效银行监管的核心原则》。作为继《巴塞尔资本协议Ⅰ》后国际银行业监管的又一指导性原则，进一步提出了比较系统化的全面风险管理思路，着眼于银行监管的全方位和有效性。

1. 有效银行监管的先决条件

《有效银行监管的核心原则》第1条明确规定，一个有效的银行监管体系中，参与监管

---

① 参见王传丽：《国际经济法》，中国政法大学出版社2015年版，第358页。

的每个机构要有明确的责任和目标，并享有自主权；必须构建银行监管的法律框架，包括银行结构的许可规则和持续性监管规则等，此外，还应建立监管信息分享及保密制度。[①]

2. 发照程序和对机构变动的审批

为了形成一个健康的金融体系，避免不合格者进入银行业市场，《有效银行监管的核心原则》第 2~5 条从市场准入管制的角度对新设银行机构的许可程序确立了四项基本原则，具体包括：(1)明确界定银行业务范围原则。有效银行监管必须明确界定被监管对象，包括明确规定已获得执照并接受银行监管的各类机构可以从事的业务范围，严格控制"银行"一词的使用。(2)严格许可和审批标准原则。发照机关必须有权制定许可标准，并拒绝一切不符合标准的申请。(3)控制银行股权转让原则。银行监管者必须有权审查和拒绝银行向其他方面转让大量股权或控制权的申请。(4)控制银行的重大收购与投资原则。银行监管者必须有权建立标准，用以审查银行的重大收购与投资，并确保其附属机构或组织结构不会给银行带来过高的风险或影响有效的监管。

3. 持续性银行监管的安排

第一，审慎法规与要求的制定与实施：银行有义务通过制定审慎监管法规来确保银行管理层能够识别与控制其业务的内在风险。第二，持续性银行监管方法：可通过聘用外部审计人员的方法来实施。第三，银行机构的信息要求：银行监管者须确保银行根据统一会计政策保持完备的会议记录。

(三)《巴塞尔资本协议Ⅱ》(*Basel Ⅱ: International Convergence of Capital Measurement and Capital Standards*)

自 20 世纪 90 年代后不断发生的银行倒闭甚至由此而引起的金融危机证明了依靠"统一标准"的外部监管是远远不够的，因此与 1988 年资本协议相比，《巴塞尔资本协议Ⅱ》的内容更广，从强调外部监管转向外部监管与内部控制并重，推出了具有开创性内容的三大支柱，并通过设立第二支柱的形式引入了强化银行内部管理的监管思路，意在加强银行董事会和高级管理层对银行经营活动的监控责任，改善风险管理和内部控制。

1. 第一支柱：最低资本要求(minimum capital requirements)

第一支柱主要规定了资本的定义、最低资本充足比率与风险衡量。[②] 其中，最低资本充足率承袭了《巴塞尔资本协议Ⅰ》的有关规定，并将风险衡量的范围扩展到信用风险、市场风险与操作风险。

---

① 参见王传丽：《国际经济法》，中国政法大学出版社 2015 年版，第 359 页。
② 参见王传丽：《国际经济法》，中国政法大学出版社 2015 年版，第 360 页。

《巴塞尔资本协议Ⅱ》对资本充足率的修改反映在风险资产的界定和计算方法上：第一，它大幅修改了《巴塞尔资本协议Ⅰ》的处理方法；第二，它明确提出将操作风险纳入资本监管的范畴。根据《巴塞尔资本协议Ⅱ》，信用风险评定方法有标准法和内部评级法两种。其中，标准法是《巴塞尔资本协议Ⅰ》采用方法的改良版，它将银行表内资产和表外项目分类确定风险加权值，增加和拉开了风险权重分档，并且由本国监督者认定的合格的外部评级机构确定风险权重，风险识别的敏感性更高。此外，《巴塞尔资本协议Ⅱ》允许银行采用内部评级法，通过银行内部的评级系统对借款人进行评级来确定风险权重。巴塞尔委员会允许银行在标准法和内部评级法中选择它们认定最符合自身状况的方法，以不断提高计量和管理风险的能力，追求更准确的资本要求。

2. 第二支柱：监管部门的监督检查(supervisory review process)

具体而言，《巴塞尔资本协议Ⅱ》对监督检查确立了四项主要原则。第一，银行管理部门应具备一套内部资产评估程序与本行特定的风险状况和经营环境相一致的资本目标。并且银行须能证明其确定的内部资本目标是有充分的依据的。第二，监管者负责监督检查各银行的风险，评估其资本是否充足，其中包括银行是否妥善处理不同风险间的关系。若对检查结果不满意，监管者应采取适当的监管措施。第三，监管者应鼓励银行资本水平高于监管资本要求，监管者有要求银行另外持有更多资本的能力。第四，监管者应尽早采取干预措施，防止银行的资本水平降至防范风险所需的最低要求下。[1] 第二支柱拓展了风险覆盖范围，将第一支柱未能覆盖的集中度风险、银行账簿利率风险等纳入了资本充足评估框架。此外，第二支柱更强调监管部门在问题发生时要尽早介入，还应鼓励银行开发和采用更好的风险管理手段，并对这些手段进行评估。

3. 第三支柱：市场纪律(market discipline)

第三支柱是对第一支柱和第二支柱的补充，市场约束的目标在于通过增加银行信息披露力度，市场参与者能更好了解银行的风险和资本充足率等信息。一般来说，投资者更倾向于选择经营稳健、资产状况良好的银行投资，这些银行也能以更有利的价格和条件获取资金。因此这种信息披露安排可以更好约束银行管理和控制风险。各国监管者对加强银行披露要求的方法各不相同，包括道义劝告、与银行管理层对话、批评或罚款等。

第三支柱要求银行建立一定的信息披露制度，披露银行的资本充足率、财务状况、经营业绩等重要信息，以便投资者充分估计银行的风险管理水平和债务清偿能力，有助于强化银行进行资本合理调控内部风险的能力。这一支柱的根本出发点是使股东或潜在的股东获得更多的有关风险管理决策信息，透明度的增加会使银行作出决策时更加严谨，也有助于缓解投资者与被投资机构之间的信息不对称。

---

① 参见王传丽：《国际经济法》，中国政法大学出版社2015年版，第361页。

五、若干思考

习近平总书记在 2017 年 7 月 14 日《促进经济和金融良性循环、健康发展》提出，做好金融工作要把握好以下重要原则：其中第 3 点强调要强化监管，提高防范化解金融风险能力。要以强化金融监管为重点，以防范系统性金融风险为底线，加快相关法律法规建设，完善金融机构法人治理结构，加强宏观审慎管理制度建设，加强功能监管，更加重视行为监管。随着我国金融衍生工具市场的发展，面对复杂多变的内外部环境，我国在借鉴国外经验的基础上，有必要根据自身所从事衍生工具交易的种类与规模，建立和完善审慎的内部控制环境，提高风险防范能力。具体而言，可以从以下几个方面着手：

第一，商业银行要改善内控环境，减少投机意识。商业银行应根据《商业银行内部控制指引》的要求，建立和完善以控制环境、目标识别、控制活动、事件识别、风险评估、风险对策、信息与交流、监督与评价等要素为核心的内控管理体系，重视内部风险控制意识和风险管理建设，加强员工培训。特别是对于银行的高层管理人员，应当时刻认识到衍生工具的潜在风险，带头执行相关制度，并及时了解所从事衍生工具交易的情况，在企业内部营造一个良好的控制环境。此外，董事会应当根据企业整体目标确定企业的风险偏好与容忍度，作为风险应对措施的参照，并在董事会或企业内部建立专门的衍生工具风险管理机构或类似机构，专门负责衍生工具业务的风险管理政策及实施。

第二，董事会与管理层应当加强对银行内部控制的持续监督。首先要建立完善的内部控制政策与程序，应包括所从事衍生工具的范围、策略、管理责任、授权、限额、操作程序、风险的识别、报告等内容。其次要保证上述政策与程序的有效执行，对于违规行为必须严惩不贷，从而在企业内部营造一个严格遵守内部控制政策的氛围。最后要及时收集宏观经济政策、产业政策、法规监管等外部信息，并及时进行风险识别和应对。

第三，提高相关人员的专业胜任能力。必须确保金融交易有关的人员有足够的能力与经验，要加强对从业人员的知识、技能的培训。同时要建立与风险管理相适应的激励政策，处理好风险与收益的关系，更多地评价长期业绩，以避免投机、虚报、隐瞒等舞弊行为。

第四，加强危机的应对和处理能力和银行内部各部门间的内部制约。商业银行应建立有效的危机应对和处理机制，确保在突发事件或市场波动时能够迅速反应并采取有效措施，包括建立风险预警机制、制定应急预案、储备足够的流动性等，有助于及时获取信息、共享资源、发现和解决问题，从而降低风险。此外，还要明确各部门在风险预防、识别、应对等方面的职责，确保形成权责明确、相互牵制的统一体，并对内部控制制度的实施情况进行定期考核，以避免内控风险的存在。

总之，法国兴业银行巨额亏损案与硅谷银行破产事件对于商业银行健全内部控制制度、促进全面风险管理的教训深刻而宝贵，通过对这一事件的全面分析和总结，有助于我国商业银行更好地防范和应对未来可能出现的金融风险，保障金融市场的稳定和繁荣。

案例六：银行业系统性风险的防控
——基于次贷危机与蚂蚁金服案的比较

一、基础知识

(一) 系统性风险的含义

广义的系统性风险是一种基于金融主体之间的连结而发生的风险，指金融系统中部分主体或者个体的崩溃导致整个金融系统崩溃、引起巨大骚乱，导致金融系统基本功能丧失乃至于传导至其他经济领域的可能性。[①] 具体到银行业，其系统性风险指由银行业外部冲击造成的风险，主要包括信用风险(指借款者不能按合同要求偿还贷款本息而导致银行遭受损失，它是商业银行面临的主要风险之一)、利率和汇率风险、国家风险等。

(二) 系统性风险的成因

金融利润的产生与增厚，追根溯源取决于实体经济增长带来的营收与利润。无论是零售金融、企业金融还是金融市场业务，穿透到底层基础资产，其融资对象均与实体经济密切相关。零售金融对接居民家庭，企业金融对接公司产业，金融市场对接居民、企业与政府，而所有的举债与偿债依靠的是居民获取收入、企业赚取利润或者是政府财政收支平衡。但凡其中一环出现重大问题，波及牵扯之广可能引发系统性金融风险。在我国，银行业在金融体系中占据主导地位，对于银行体系中占据重要地位、与其他金融机构密切联系的系统重要性金融机构，一旦发生风险，与其有业务往来的相关金融机构都可能受到冲击，导致风险在金融体系内传染，造成系统性金融风险。

(三)《巴塞尔资本协议Ⅲ》对系统性风险的规制

《巴塞尔资本协议Ⅲ》包括《更具稳健性的银行和银行体系的全球监管框架》及《流动性覆盖率的和流动性监测工具》两个文件，[②] 要求银行提高资本充足率监管标准，加强对个别银行的微观审慎监管，并纳入了宏观审慎要素，以应对整个银行系统可能积累的系统性风险，体现出微观审慎监管与宏观审慎监管有机结合的监管理念。

与前两个版本相比，《巴塞尔资本协议Ⅲ》的主要变化是提高了对资本充足率的要求，引入流动性监管概念，并加大了对系统性风险的重视程度。2008 年国际金融危机是一道明

---

① 参见刘汉广：《互联网金融系统性风险治理的法治化思考——以"蚂蚁金服"平台为例》，载《社会科学动态》2022 年第 1 期。

② 参见曾嵘欣：《银行系统流动性风险的冲击、传染和响应》，载《上海金融》2018 年第 10 期。

显的分水岭。此前，全球并不存在一个统一协调的银行业流动性监管标准；此后，国际社会对流动性风险管理和监管予以前所未有的重视——《巴塞尔资本协议Ⅲ》明确提出了两大流动性监管指标：流动性覆盖率（LCR）和净稳定资金比率（NSFR）。

具体来说，《巴塞尔资本协议Ⅲ》中应对系统性风险的方法主要包括：第一，该协议将资本与风险相结合，提高了银行的风险敏感程度，同时引入了风险中性的杠杆率监管指标，并要求银行根据最低资本要求追加留存超额资本，形成了逆周期缓冲资本机制。第二，该协议划定了系统重要性银行，并对它们提出更高的监管要求。系统重要性银行是指由于在全球金融体系中居于重要地位、承担关键功能，其破产、倒闭可能会对全球金融体系和经济活动造成损害的商业银行。在金融危机期间，风险在不同机构之间的传染对整个金融体系产生了巨大影响，严重影响了金融体系的稳定性。要避免系统性金融危机，就需要加强对全球系统重要性银行的监管。因此，对于这些银行，巴塞尔委员会要求它们拥有更高的资本充足率、更严格的杠杆率以及总损失吸收能力要求。

随着金融全球化与金融创新的不断发展，银行业的内在风险也在不断积累，银行危机的频繁爆发生动地说明现行国际银行体系存在着严重的问题。在银行业面临的各类金融风险中，系统风险是最值得重视的一类，由于全球银行业系统风险日益增大，系统风险演变为系统危机的可能性始终存在，对此，本部分从次贷危机中的商业银行所引发的系统性风险与蚂蚁金服案进行对比，为我国加强银行业内外部监管、防控系统性风险提出完善建议。

二、典型案例

随着金融创新持续升级，市面上涌现出大批网络贷款公司，网络贷款产品层出不穷。一部分企业凭借平台、数据、流量和产业链条优势，掌握了巨大的资源，形成复杂的借贷关系网，蚂蚁金服便是典型的代表。[①]

2014年10月，以支付宝为前身的蚂蚁金融服务公司正式成立，其业务涉及了资金存款、信贷、消费、支付等，主要通过大数据计算小微企业和个人的信用状况，为难以达到传统金融机构融资门槛的小微企业和个人提供金融服务。特别是在信用消费服务这一特殊领域，蚂蚁金服几乎涉及了国有银行能运作的所有领域，是一家类似"综合服务银行"的民营性质企业，2020年7月，蚂蚁金服正式更名为蚂蚁集团。目前，蚂蚁金服旗下有支付宝、余额宝、蚂蚁花呗、蚂蚁借呗等耳熟能详的业务，业务涉及的范围广、影响力大。

从支付宝成立至今已近20年，在这期间蚂蚁金服以难以预料的速度飞速发展着，自2014年至今，蚂蚁金服已达到估值过万亿元的规模，这种发展速度不可谓不惊人。虽说该集团是在支付宝业务的基础上成长起来的，但如今它的主营业务除了支付还包括消费金

---

① 参见柴永芳、黄家驹：《防范网络小贷系统性风险——基于蚂蚁金服与美国次贷危机的比较》，载《吉林金融研究》2021年第7期。

融、小额贷款以及理财业务等，也即与我们日常生活息息相关的蚂蚁花呗、借呗和余额宝。

作为我国目前发展最好，发展时间最久的互联网金融企业，在最新出炉的中国独角兽企业排行榜中，蚂蚁金服以其高达1万亿人民币的估值高居榜首，在全球有10亿多名活跃用户。自2014年阿里将支付宝、余额宝等业务整合为蚂蚁金服后，该集团就一直在为上市努力。按照原计划，在2020年11月5日蚂蚁集团就要作为史上最大的IPO，在A股和港股上市，然而，就在上市前夕，11月2日蚂蚁金服实际控制人被中国人民银行、中国证监会、中国银保监会和国家外汇管理局联合约谈，导致次日晚蚂蚁集团就宣布暂缓上市。[①]

(一) 蚂蚁金服的性质认定

蚂蚁金融服务公司作为一家金融公司，与商业银行存在本质区别，但其之所以被叫停上市，也正是因为其网络借贷市场与美国次贷危机时期的银行借贷市场有相似性，故本章以蚂蚁金服为例分析其同次贷危机时期银行的系统性风险所在。从传统的货币金融学角度，金融可简单地被理解为资金的融通，即联结着以货币、资本、财富为代表的金融市场和以生产要素、商品货物为代表的实体市场，金融拥有汇聚、选择、引导、配置信用的权力，这种权力构建起并发挥出市场经济体制下"无形之手"的威力。

在信贷领域内，商业银行汇聚起储户托付的存款信用，基于政府、企业、家庭等不同信用状况，选择合适的贷款对象群体，引导资本向社会所需的领域进行投资，实现经济资源的有效配置。而如蚂蚁集团等券商资管、基金公司、信托公司，在金融投资与资产管理领域内同样是汇聚投资人或委托人对其的信用，将募集的信用资金选择合适的领域进行投资，用专业的力量引导投资偏好方向，以实现配置资产的效用最大化。从这个角度上来看，蚂蚁金服的运作模式和承担的功能与商业银行均有所重合。

(二) 蚂蚁金服与系统性风险的关联性探讨

蚂蚁金服之所以有如此广阔的市场前景，究其原因是我国目前的银行抵押贷款机制非常不适合小微企业的贷款需求，由于其资金不足及风险承担能力弱，传统的商业银行往往不愿贷款给小微企业或个人，而蚂蚁金服正是以这些群体作为主要目标客户，截至2017年4月末，蚂蚁金服的网商银行已为650万名小微经营者提供过贷款，累计贷款金额超过8000亿元。

该公司以零售作为切入点，其背后的资金来源与金融市场相关联，由此产生复杂的交织联系，需要用系统性的视角来看待。究其盈利模式而言，除了发放贷款、资产证券化

---

① 参见柴永芳、黄家驹：《防范网络小贷系统性风险——基于蚂蚁金服与美国次贷危机的比较》，载《吉林金融研究》2021年第7期。

外，最核心的是娴熟地运用信用、杠杆与久期的"组合拳"。可以说，蚂蚁金服的盈利模式充分掌握并运用金融领域最返璞归真的手段，如同庖丁解牛一般将所获取的利润抽丝剥茧般进行分配。

此外，该公司主要凭借电商平台的优势，将其全部客户的巨额资金吸引到自己的平台存放，建立了一个巨大的"网上银行"，国内支付年交易规模超百亿元。但在其资金体量中，98%的资金都来源于100多家合作银行，自有资金来源比例很低，也就是说，大家常用的"花呗""借呗"等网上借贷服务实际资金来源仍然是各商业银行，而蚂蚁金服几乎不费分毫便分走了其中30%左右的利润，其最大问题是，由于信用审核程序极其简单宽松，跨区域、时效快的互联网经营模式更使其规模迅速扩张，一旦大量的借款人无法偿还贷款，就极易产生聚集性风险，加之这一运作模式已经将100多家商业银行绑在了一条船上，蚂蚁金服的风控模型若出现一点偏差，100多家商业银行的风险都会上升，进而传导至整个金融市场，最终导致类似美国次贷危机的系统性风险。

三、学理分析

蚂蚁金服上市失败事件一经发生就引发了公众热烈的探讨与议论，下文主要将蚂蚁金服与美国次贷危机时期的部分商业银行进行对比，并分析其可能造成的系统性风险所在。

首先，两者都无明确的核心资本金要求。设立商业银行核心资本是管控金融风险，稳定金融市场风险的主要手段。《巴塞尔资本协议Ⅰ》中规定，资本充足率是银行资本与风险资产之比，该比率越高意味着资产安全性越高，构成其资产来源的负债有更为可靠的保障，提高比率可以限制银行进行过度的资产扩张，统一资本充足率的目标标准比率为8%，且核心资本至少为4%。[①] 而蚂蚁金服的实际控制人在2020年上海外滩金融峰会上曾发表演讲，表示巴塞尔委员会是一个老年人俱乐部，其协议中对商业银行核心资本金的要求对于创新型金融过于严苛。[②] 但若对比美国次贷危机，当时大量的商业银行由于风险加权资产总额占比过高，加之监管部门未进行有效监管，当资金链断裂导致股市震荡时，市场无法在短时间内进行自我调节，最后引发金融危机。蚂蚁金服作为一个体量巨大、牵连甚广的金融公司，若其不接受有效金融监管，一旦发生风险同样也会波及全社会。

其次，两者接通过ABS形成高杠杆模式，最终都容易导致金融领域系统性动荡。次贷危机时期，次级抵押贷款公司主要通过ABS将大量不良资产包装为高评级债券，当大量ABS进入市场后，次级贷款在市场上被频繁交易，系统性风险在参与交易的众多机构间高速大量累积。无独有偶，蚂蚁金服同样是将其电商领域的商家、消费者在使用花呗和借呗所产生的借款合同打包，由SPV机构包装后发行资产化证券进行融资，并逐渐形成借钱—

---

① 参见王传丽：《国际经济法》，中国政法大学出版社2015年版，第358页。
② 参见戴升、江朋涛、李浩：《蚂蚁集团暂缓上市的金融监管透视》，载《江苏商论》2021年第9期。

放贷—证券资本化 ABS—收钱—放贷的借贷模式。① 且该公司借助互联网金融高效快速的优势，仅用 4 年的时间就循环了 40 次，形成上百倍的高杠杆。

目前，蚂蚁模式项下最迫切紧要的问题在于，如何避免极端条件下发生金融领域的系统性扰动。资产证券化自始至终依赖于资产端的现金流，投资人由此获取本息的偿付。花呗、借呗等 ABS 产品，穿透后均为个人消费贷款，依赖的是资产池中消费者的信用偿付能力，取决于这类群体的收入水平与财务状况。这类群体的潜在信用风险，通过花呗、借呗形成 ABS 产品，再由金融市场机构投资人，进一步转移到更大的范围群体中。当风险的链条从消费贷款使用者—蚂蚁金服花呗/借呗产品—花呗/借呗 ABS —金融机构投资人—金融产品购买者/储户—其背后代表的居民与家庭，风险的扩散路径就变得极为复杂。链条的拉长往往意味着杠杆的加剧、风险的汇聚，由蚂蚁金服巨额贷款体量引发的金融体系杠杆率的被动上升，会给金融领域带来更多的风险隐患与不确定性。

最后，蚂蚁金服旗下的花呗、借呗等项目与美国次贷危机中金融公司受众群体相似，均为不具有传统银行授信资格的中低收入人群，这些人往往偏好超前消费且信用等级较低、偿还能力较弱，加之蚂蚁金服使用的芝麻信用评级模式没有传统商业银行的资质评估更加准确，当这些群体出现大规模无法偿还借款的情况时，前文所述的资金链条将会断裂，系统性风险也会逐层蔓延，最终引发类似于美国次贷危机的金融悲剧。

四、域外视野

如前所述，蚂蚁金服与美国次贷危机时期的部分商业银行均有引发系统性风险的可能，故下文将对次贷危机时期的美国商业银行进行详细介绍。次贷危机指的是在美国发生的因审贷系统和监管的重大缺陷所导致的次贷机构破产，投资基金被迫关闭，众多投资银行资不抵债，股市剧烈大幅震荡所引起的金融风暴。② 次级贷款是引发这场危机的源头，这些贷款主要是信用与收入水平不达标的购房者为了大量购房而形成的贷款，他们也被称为"次级贷款人"。超前消费加上信用评级较低，导致次级贷款的风险更大且更难控制。

2001 年美国总统小布什为了阻击经济衰退，推出"居者有其屋"政策，美联储也随之将住房抵押贷款利率不断下调。在如此低的利率刺激下，千门万户纷纷将投资目光转向蓬勃发展的房地产业，于是大量流动性资金涌入房地产市场，房价也开始节节攀升，甚至出现炒房热潮。当时美国银行的贷款门槛极低，对于收入资金等状况审查也极为宽松，因为美国银行将这些高风险按揭贷款打包成金融债券出售给房利美和房地美两家从事抵押贷款业务的公司从而收回资金。两家公司又将这些次级贷款包装成美国国债由投资机构购买。经过一轮又一轮的风险转嫁，一次又一次的杠杆叠加，让银行、中介、投行、保险等串联

---

① 参见孔凡尧：《对金融科技企业监管的思考——以蚂蚁金服为例》，载《山西财税》2020 年第 12 期。

② 参见《从美国次贷危机形成简谈蚂蚁金服系统性风险》，载观察者网，https：//user. guancha. cn/main/content？id＝438935，2023 年 10 月 27 日访问。

在一起的投资者加了 30 倍的杠杆。

而 2006 年 6 月，美国联邦储备委员会连续将联邦基准利率不断回调，利率上涨增加了购房者的还款负担，人们的购房热情随之淡化，房产贬值导致大量次级贷款人无法偿还债务，加之美国的次级抵押贷款公司(银行)无追索权，故迅速陷入巨额亏损，大量银行陆续倒闭。

五、若干思考

习近平总书记于 2017 年 2 月 28 日在中央财经领导小组第十五次会议上的讲话中提到，防控金融风险，要加快建立监管协调机制，加强宏观审慎监管，强化统筹协调能力，防范和化解系统性风险。要及时弥补监管短板，做好制度监管漏洞排查工作，参照国际标准，提出明确要求。要坚决治理市场乱象，坚决打击违法行为。要通过体制机制改革创新，提高金融服务实体经济的能力和水平。

金融企业和银行讲求收益与风险的匹配性，一些公司的怦然倒塌，往往是在自身高杠杆的背景下，自身流动性出现问题造成资金挤兑，导致债务危机爆发，最终拖垮企业资产价值。对此，我们要重视以科技数据等外衣的金融创新的审视与监管。特别是以蚂蚁金服为代表的互联网信贷公司在面对系统性经济下行的冲击影响下，其资本金能否抵御这样的极端冲击，需要审视加以评估。历久弥新的《巴塞尔资本协议》中关于资本充足率、杠杆率的约定，是从 20 世纪 80 年代经历数次大危机的考验而逐步完善的，理应成为金融属性企业的对照标尺，而这块正是此前监管所缺失，也是亟待跟进补全的。此外，在国际国内经济形势下行压力加大的宏观背景下，可能导致参与互联网信贷的借款人收入更为不稳定，而互联网金融公司在去杠杆、增资本的过程中，会存在放贷规模压降被动退出的行为，可能导致客户资金链断裂，加剧这类客户的信用风险爆发。

同时，蚂蚁金服的消费贷款业务也警示我们培育与塑造金融企业道德感的重要性。引导居民群体超前消费，采用分期付款、小额贷款的方式去实现资产的前置享受，固然有助于拉动消费、提振经济，但对个体而言，无论消费与否，其还款来源依赖工作或财产等收入带来的稳定现金流，个人的债务负担水平理应控制在合理的范围内。蚂蚁集团的花呗、借呗、联合贷等消费信贷业务，在挖掘消费潜力的同时，可能催生并激发出部分群体无节制的消费欲望，导致消费水平超出自身认知范围与可承受的能力水平。这种过于超前、过度的信贷激励，可能会引发部分群体进入债务高企、债台高筑的恶性循环中。

第三章 国际证券法案例研习

我国证券市场推行以信息披露为基础的注册制，看似放松了对证券市场监管，实则对证券市场的法治生态提出了更高的要求。例如要求规范上市公司治理，对控股股东、实际控制人参与公司欺诈发行和财务造假的规制更严；要求健全行政、民事、刑事立体化的追责体系和多元化纠纷处理机制，要求司法机关、监管机构及投资者服务中心等联手共治，保护股东和投资者的合法权益。我国证券市场的国际化发展，要求我国和外国的证券监管机构及国际证监会组织加强合作。本章选取的案例主要围绕证券跨境发行程序、证券类型、证券实体制度、证券诉讼制度、证券监管合作制度展开研讨。

案例一：证券跨境发行程序
——以中国 G 银行上市事件为例

一、基础知识

（一）国际证券与国际证券法

国际证券是指由一国公司企业和政府为筹集资金在境外或国际资本市场发行的证券。按证券所代表的权益性质划分，有价证券可分为股票、债券和其他证券三大类。国际证券主要涉及的主体有发行人、投资者和中介服务机构。发行人是在国际资本市场上为筹集资金而发行证券的主体，是国际证券的提供者和资金的需求者。投资者，即在国际资本市场上购买和交易国际证券的主体，是国际证券的需求者和资金的提供者。[①] 中介服务机构，即为国际证券市场的发行人和投资者提供媒介服务的机构，包括投资银行、会计师事务所、律师事务所等。国际证券市场包括发行市场和交易市场。证券发行是发行人将所发行的证券出售给证券投资者，从而通过证券和资金的兑换完成资金募集的行为。证券交易是证券持有人将证券转让给其他投资者的变现行为。与国际证券密切相连的一个概念是跨境发行和上市。跨境发行和上市是指在发行人母国之外的国家发行或上市的跨境金融活动。具体而言，跨境发行和上市中的"跨境"因素既包括跨越国界，也包括跨越一国内部不同法域。

国际证券法是调整国际证券关系的法律规范的统称，其主要包括国际证券发行和交易

---

① 参见韩龙：《国际金融法》，高等教育出版社 2020 年版，第 245 页。

制度、国际证券监管制度两大内容。目前统一的国际证券法尚未形成，其在很大程度上仍由各国的证券法构成，因此国际证券法在某种程度上可看作是各国证券法随着证券跨境发行和交易而在国家间的延伸适用。

(二) 证券跨境发行模式

证券跨境发行是指公司或政府为筹集资金在境外发行地或国际资本市场发行证券的行为，具体分为跨境直接发行和跨境间接发行两种。跨境直接发行是指发行人以自己的名义经向境外证券主管机构申请，在发行地证券市场面向投资者发行证券的跨境发行模式。[①]较之跨境直接发行，跨境间接发行是指企业可通过在境外设置离岸公司以境外企业的名义在境外发行证券。[②] 发行存托凭证或利用协议控制架构境外上市即属于跨境间接发行。

从投资者角度上看，证券持有方式包括直接持有与间接持有。直接持有是投资者以自己的名义直接拥有证券凭证。在直接持有方式下，投资者和发行人具有直接的法律关系，可直接向发行人主张证券权利。间接持有是指投资者持有的证券被登记在中介机构的名下而非投资者的名下。发行人的登记簿册或中央存管机构的账户体现的投资者是中介机构而不是实际投资者，在投资者和发行人间通常存在多层中介机构持有的情况。

在跨境直接发行模式下，发行人与境外投资者间的法律关系比较简单。以发行股票为例，如果股票为直接持有而非间接持有，那么境外投资者成为发行人的股东，所持有的股票背后的股份与发行人在本国的同类股份通常具有同质性和可替代性，同股同权同股同利。

(三) 证券跨境发行程序

多数国家对证券跨境发行的规制主要包括发行和上市前的准备、尽职调查、证券发行审核、路演定价、证券发行和上市交易。以下我们将结合美国和中国首次公开发行和上市股票的实践，简述证券跨境发行的主要程序。

1. 发行和上市前的准备

无论发行或上市地在何处，发行人都需事先进行准备工作。首先是组建发行上市的工作团队，团队应包括承销商、保荐人、律师、会计师等。按发行地法律要求，团队对企业的股本结构和治理架构等方面进行改造清理，协助发行人准备注册申请书和招股说明书。

在股票发行阶段，招股说明书是信息披露的主要形式。招股说明书是含有股票发行条件的法律文件。各国对于招股说明书规定的基本内容可概括为三方面：第一，招股说明书是发行股票的必要法律文件。第二，招股说明书须披露法定应载明的信息。第三，招股说

---

① 参见《境内企业境外发行证券和上市管理试行办法》关于"境内企业间接境外发行上市"的含义。

② 参见韩龙：《国际金融法》，高等教育出版社 2020 年版，第 255 页。

明书如有虚假、严重误导性陈述或重大遗漏的内容，发行人应承担法律责任。[①] 从招股说明书的内容来看，国际证监会《首发上市国际披露标准》提出的重要性原则已经成为主要资本市场证券法接受的信息披露原则。所谓重要性原则是指发行人在招股说明书中要披露对投资者投资决定有影响的重要信息。为与国际规则相接轨，我国证监会公布的《公开发行证券的公司信息披露内容与格式准则第57号——招股说明书》中也开始贯彻实施重要性原则。如第29条将原来"发行人应详细披露设立以来股本的形成及其变化和重大资产重组情况"修改为"应以时间轴、图表或其他有效形式简要披露公司设立情况和报告期内股本、股东变化情况"。按原条款内容实施，历史较长、增资活动和股东转让股权行为频繁的公司须花费大量篇幅讲述股本股东变化情况。而新规定将需要披露的股本股东变化情况的期限限缩至"报告期内"，并允许用简单形式披露信息。这表明了我国的证券立法规范正不断向国际标准靠近。

2. 尽职调查

尽职调查是中介机构和证券服务机构通过查阅访谈等方法，尽责地核查发行人是否在招股说明书中如实披露法定事项的行为。根据美国证券法，只要承销商、会计师、律师等在调查时尽到谨慎的人在管理自己财产时需具有的标准，有合理依据且确实相信在注册登记申请书生效时该陈述是真实的、没有重大遗漏或重大误导性陈述的，即可免责。[②] 也即承销商、会计师、律师等中介机构仅在一定范围内对发行证券的信息披露承担责任。

3. 证券发行审核

证券发行审核是跨境发行上市过程中最关键的环节。目前各国的证券发行监管制度有注册制和核准制。注册制是发行人发行证券前须依法向主管机关申请注册的制度。主管当局主要审查发行人拟作信息披露的文件是否真实、准确、完整，而不评审证券有无价值。若证券监管机构在审查中发现披露的信息存在虚假、遗漏、误导情形，有权拒绝或终止发行注册、限制发行人的发行权利并追究发行人的法律责任。发行申请若在法定期限内未被否定则自动生效，发行人可发行所申请的证券。核准制中，证券监管机构不仅要对发行人的发行申请审查披露信息的真实性、准确性和完整性，还要审查证券是否符合法律规定的实质条件，并对发行申请进行审批，其目的在于禁止质量差的证券公开发行。相较于注册制，核准制强调政府对证券发行的干预。

美国对证券发行实行注册登记制，发行人向美国证券交易委员会提交注册登记申请书，美国证券交易委员会对证券的信息的准确性、真实性和完整性进行审查。发行人在招股说明书提交前不能发出证券发售要约，在招股说明书生效前不得出售证券。从A股市场

---

① 参见韩龙：《国际金融法》，高等教育出版社2020年版，第253页。
② 参见韩龙：《国际金融法》，高等教育出版社2020年版，第253页。

成立至今，我国首次公开发行股票制度（*Initial Public Offerings*，简称 IPO）经历了核准制、保荐制以及注册制三个主要阶段。2023 年 2 月 17 日，中国证监会宣布全面实行股票发行注册相关制度规则，标志着股票市场从核准制的过渡形态正式迈入全面注册制时代。注册制将证监会的审核权力下放至证券交易所，实现监管和审核分离，有利于优化证监会和证券交易所的职能定位，减少企业寻租行为的发生。同时，注册制改革提高了信息披露水平，降低投资者获取信息难度；在充分信息披露基础上缩短审核时间从而提升发行效率。[1]

4. 路演定价

路演是为发售证券，发行人和承销商通过和潜在投资者、分析师等市场人士的交流来吸引投资者的兴趣的市场推广宣传活动。[2] 根据美国证券法，注册登记申请书提交后，发行人和承销商可发出证券出售要约并进行路演，但在美国证券交易委员会宣告注册登记申请书生效前不能出售证券。实践中，发行人和承销商会在美国证券交易委员会对申请书提出意见后才开始分发招股说明书和路演。新股发行定价是高度市场化的过程，其主要分为三个阶段：基础分析、市场调查以及路演定价。路演定价是发行定价最后也是最重要的环节。市场人士通过路演了解发行人的基本情况后向发行人反馈心理预期，发行人可通过投资者的反馈调整销售计划以保证股票的顺利发行。

5. 证券发行

证券发行审核通过后，发行人和承销商对证券进行定价和发售。国际证券发行一般不采用直接发行方式，而是采取间接发行的方式，借助中介机构进行承购推销。承销商承购证券主要有以下几种方式：第一种是包销。证券发行人和承销商签订购买合同，承销商把发行的证券买下并出售。如果承销商未在约定期限将证券出售完毕，须承担向发行人支付全部证券款项的风险。第二种是代销。在代销形式中，承销商和发行人签订委托代销合同，由承销商代销证券。承销商没有出售的证券须退还给发行人，风险由发行人承担。第三种是承销。承销商按合同约定的发行额和发行条件出售证券，若承销商未达到约定的发行数额，未出售的差额部分由承销商负责。

6. 上市或交易

证券上市是证券获得批准成为证券交易所交易对象的过程。证券上市大致须经历如下程序：第一，申请上市。发行人须先向证券交易所提交上市申请，并附上上市报告书和证券交易所需要的其他文件。第二，核准申请。证券交易所按照证券上市标准对上市申请和

---

① 参见韩龙：《国际金融法》，高等教育出版社 2020 年版，第 254 页。
② 参见韩龙：《国际金融法》，高等教育出版社 2020 年版，第 254 页。

其他材料进行审核。如果经审查后认为证券达到上市标准，则交易所准许证券上市。不同的证券交易所间存在不同的上市标准。第三，订立上市协议。上市申请被核准后，证券交易所和发行人签订上市协议，对证券上市的相关事宜、投资者保护、上市公司监管等方面作出约定。第四，挂牌交易。订立上市协议后，发行人应在上市前公布上市报告书，其发行的证券在交易所指定的日期挂牌交易，竞价买卖。公司上市后须承担持续披露的义务。

二、典型案例

以下以中国 G 银行上市事件为例，讨论证券跨境发行程序。中国 G 银行是根据中国《公司法》在中国内地注册成立的股份有限公司，其主要业务、资产和运营都位于中国内地。2006 年 10 月 16 日，G 银行公开披露 H 股招股材料，计划同时进行全球发售和 A 股发售，其中计划全球发售的股份中包括向香港发售的股份和根据美国有关规定在美国境内外发售的股份。2006 年 10 月 27 日，A 银行在上海和香港两地同时公开上市，创造了资本市场的多个历史之最，被誉为世纪 IPO。

G 银行是中国第一次 A 股和 H 股同日同价发行的上市公司。G 银行在上市证券交易所和香港联交所同步挂牌交易，真正实现了同步披露、同步发行和统一定价销售，创造性解决了境内外信息披露一致、境内外信息对等披露以及两地监管协调沟通等问题。中国 G 银行成功上市还标志着内地首次引入超额配售机制。将超额配售机制进入国内 A 股发行有利于增强认购投资者的信心，稳定后市股票价格，也为 G 银行树立良好形象。此外，G 银行上市成功的事例还是内地和香港两地监管部门制度协调创新的良好示范。

中国 G 银行发行股票上市的事件是否属于国际证券法的调整范围？

三、学理分析

股票是股份公司为筹集资金而发行的所有权凭证和持股凭证，是股东借以取得股息和红利的有价证券。根据股票上市地点和投资主体的差异，中国上市公司的股票分为 A 股、B 股和 H 股等。A 股又称人民币普通股票，是由中国公司在境内发行上市，以人民币标明面值，供境内投资者交易和认购的股票。H 股模式下的上市企业是注册地在中国境内，依中国《公司法》成立的股份有限公司。H 股在香港联交所上市交易并面向境外的投资者发行。故中国 G 银行发行的 A 股和 H 股是国际证券法的调整对象，G 银行发行行为受到我国《证券法》及相关规范的管制，属于国际证券法的调整范围。债券是政府和企业债务人为筹集资金，按法定程序发行并向债权人承诺在指定日期还本付息的有价证券。债券买卖关系下，债券购买者和发行人间具有债券债务关系。根据法律规定，股票和债券的发行程序有无不同？

证券跨境发行和跨境交易之间的关系是怎样的？参考观点是两者是不同的证券行为但又具有相关性。第一，证券跨境发行后一般会二次交易。尽管从发行人角度看发行完成即筹资成功，但若证券发行后不能交易，投资者会因证券的流动性减弱而慎重考虑是否认购。第二，证券跨境发行后不一定都在证券交易所挂牌交易。证券是否能在正规的交易场所挂牌是证券交易所交易和其他交易的主要区别。在证券交易所出售的证券会受到监管当局严厉监管，在店头市场等非正规的交易场所出售证券的监管相对来说较为松散。第三，公募发行的证券经交易所同意一般可在证券交易所直接挂牌交易，但私募发行的证券不能在交易所交易。

四、域外视野

在金融国际化背景下，各国会更倾向采用国际协调监管的方式实施境外企业跨境上市监管。证券领域内的国际协调监管模式包括私人化方式、监管竞争方式、监管趋同方式、监管互认方式、监管协调方式和监管集权方式。现行采用较多的是监管互认方式和监管协调方式。① 欧盟采用的就是监管协调方式，各国通过共同遵守大致一体的法律制度来对欧盟其他国家的境外企业跨境上市进行监管。监管互认是指符合某一缔约国法律规定则可视为同时达到其他缔约国法律规定的条件。美国和加拿大签订的多司法管辖区披露系统（multi-jurisdictional disclosure system）以及美国和澳大利亚签订的互认协议（mutual recognition arrangement）是监管互认的典型例子。以下将重点讲述美国和加拿大间的互认制度的主要内容。

MJDS 是 1991 年美国证券交易委员会和加拿大证券管理局许可下采取的境外企业跨境上市的制度安排。进入美国上市的加拿大企业只需遵守加拿大的法律即可在美国上市，无须再遵守上市地的相关法律规定。美国企业在加拿大上市也可享受上述待遇。我国企业跨境去美国上市不仅需要经过我国证券会的审批，还需得到 SEC 对上市申请的批准。相比之下，MJDS 能减少境外企业的申请成本，降低两国的行政负担，缩短境外企业跨境上市的审批程序。适用 MJDS 的加拿大企业需要满足一定的条件。根据 SEC 的《财务报告手册》（Financial Reporting Manual）第 16110 条，适用 MJDS 的企业需满足以下条件：适格企业是在加拿大注册成立的私人发行人、过去 36 个月内一直向加拿大证券监管机构报告、过去 12 个月内在加拿大特定证券交易所上市、目前都遵守报告和上市义务。此外，依据《财务报告手册》第 16210 条，符合 MJDS 要求的发行人在遵守某些额外的要求后，可以向 SEC 提交在加拿大的披露文件来履行美国持续报告义务。虽然 SEC 保留审查这些文件的权利，但它通常会服从加拿大的审查。只有 SEC 有理由相信这些文件存在违反了美国相关信息披露制度时，才会对其进行审查。然而互认制度的设立需要有深厚的法律制度认同基础，甚至两国间的社会文化制度也需保持高度一致。将来我国设立互认制度也需考虑国家间的法律和文化基础的一致性。

五、若干思考

注册制的确立对我国资本市场的发展有什么意义？对我国证券监管制度和证券法律法

---

① 参见李海龙：《跨境上市制度：美国的实践及启发》，载《证券法苑》2019 年第 2 期。

规体系将产生怎样的影响？注册制标志着 IPO 审查的重点将从上市公司盈利能力转移到披露信息的准确性和适当性。从证券监管体系看，证券发行交易的监管主体包括上市公司、证券交易所和证监会。其中，上市公司监管属于自律监管范畴，然而声誉机制约束在特定条件下会受机会主义侵蚀而失效。① 因此履行监管职能的主体主要是证监会和交易所。注册制的全面实施意味着政府进一步放宽证券发行管制，这对我国证券法律规范提出了更高的要求，例如继续健全完善证券监管体系，更加注重信息披露制度、退市制度和法律责任体系等事中事后监管规则等。那么作为证券监管机构的证监会和证券交易所，注册制的实施是否会对上述两者间的监管职能产生影响？证监会和证券交易所的监管职能和任务发生了哪些新变化？

案例二：存托凭证问题
——以九号公司发行中国存托凭证为例

一、基础知识

(一) 存托凭证的含义与特征

存托凭证的发行属于跨境间接发行方式。存托凭证 (Depository Receipt，DR) 是证券市场上流通的代表投资者对境外证券拥有所有权的可转让凭证。② 存托人和境外证券发行签订存托协议后向本国投资者发行存托凭证。存托凭证和境外发行人在其本国发行的基础证券的利益一致，其对应的基础证券一般由托管人保管。

存托凭证具有衍生性、国际性以及法律规避性。③ 第一，存托凭证是一种金融衍生工具，它是以股票和债券为基础发展出来的。第二，存托凭证具有鲜明的国际性，它涉及两个不同国家或地区的证券市场，受境外证券发行地国和境外存托凭证发行地国的法律规制。第三，存托凭证能帮助规避发行地国证券发行管制。境外证券发行人在境内发行证券需要经过有关部门的程序手续和实质审查。采用发行存托凭证的方式可利用托管人和存托人的中介作用，从而达到间接发行基础证券的目的。对境外证券发行人来说，存托凭证既可规避证券跨境发行和投资面临的法律障碍，提高运行效率；又能丰富投资者结构，加强基础证券流动性。从境内投资者角度，能拓宽投资渠道分散投资风险的同时又省去办理跨国证券交易的繁琐手续。这也是存托凭证受到双方热捧经久不衰的原因。按发行和交易地

---

① 参见甘培忠、张菊霞：《IPO 注册体制下证券监管机构的功能调整——从证监会和交易所分权视角观察》，载《法律适用》2015 年第 7 期。

② 参见张劲松、董立：《存托凭证法律析》，载《现代法学》2001 年第 2 期。

③ 参见李东方：《存托凭证投资者权益保护制度的特殊性及其完善——兼论我国现行存托凭证制度的完善》，载《法学评论》2022 年第 3 期。

点不同,存托凭证包括美国存托凭证(ADR)、中国存托凭证(CDR)和全球存托凭证(GDR)等。全球存托凭证是指发行人在多个国家上市发行且需符合这些国家监管要求的存托凭证。

(二)存托凭证发行涉及的法律关系

存托凭证发行涉及四方主体,分别为境外证券发行人、存托人、托管人和境内投资者。从存托协议关系上看,境外证券发行人通过和存托人签订存托协议,把基础证券委托给存托人在存托人所在国市场发行交易。这里的存托人通常是指拟发行存托凭证所在国银行。此时境外发行人和存托人间形成委托关系。从存管协议上看,存托人和托管人签订存管协议,将境外发行人委托给自己的证券交由托管人存管。这里的托管人一般是存托银行在境外证券发行地所在国的子银行或分银行。经营和存管分离的做法有利于保障存托凭证对应的基础证券的安全性,更便于证券的跨国流动。在存托凭证买卖关系下,拥有存托凭证的境内投资者成为境外基础证券的实益持有人。境内投资者购买了存托人发行的存托凭证,对应的基础股票由存托人持有,因此境外发行人并不直接掌握存托凭证持有者的信息。根据外观主义和公示主义原则,存托人是境外发行人的名义的股东或债权人,存托凭证持有人才是其实质的股东或侵权人,不能和境外发行人自动建立直接的法律联系。

(三)存托凭证的风险及其规制

基于存托凭证的特殊的法律关系,存托凭证的投资可会加剧信息不对称和缺乏监管的风险。存托凭证具有明显跨国性导致了存托凭证信息披露义务主体广泛且分散,证券发行地国和存托凭证发行地国无法单独对其进行完整监督。这种状况进一步放大了信息不对称的现象,使存托凭证投资者难以作出适当的判断。其次,存托凭证的发行还对两国的证券监管提出难题。存托凭证发行地国对存托凭证实施监管一般需要与基础证券发行国监管机关作有效沟通交流,相互明确监管的事项和范围。然而实践中两国证券主管机构在缺乏合作交流的情况下很容易发生"监管真空"的现象。为解决上述问题,有必要从注册发行、信息披露、强制退市制度等内容对监管制度作出规定。

存托凭证是我国企业跨境间接发行的一种重要方式,以下将以九号公司发行中国存托凭证为例分析存托凭证的相关法律问题。

二、典型案例

以下以九号公司发行中国存托凭证为例,讨论存托凭证的法律问题。

2012年纳恩博(北京)科技有限公司成立,主要业务为各类智能短程移动设备的研发销售及服务。2014年,九号有限公司在开曼群岛注册成立。

2014 年 12 月，九号公司在 A 轮融资时搭建了 VIE 架构。①

2018 年 3 月 22 日，国务院办公厅于转发《证监会关于开展创新企业境内发行股票或存托凭证试点若干意见》，允许符合试点企业条件的红筹企业在境内资本市场发行股票或存托凭证上市。

九号公司向上海证券交易所申请在中国发行存托凭证，并在科创板上市。

2019 年 4 月 16 日，九号公司与中国工商银行股份有限公司签署了《存托协议》，委托工商银行作为本次发行 CDR 的存托人。工商银行与中国工商银行（亚洲）有限公司签署了《托管协议》，委托工商银行（亚洲）作为存托凭证的境外基础证券托管人。九号公司发行 CDR 的保荐人和主承销商是国泰君安证券，审计机构是德勤华永会计师事务所，存托人是中国工商银行，托管机构是中国工商银行（亚洲）有限公司。

2020 年 9 月 21 日，中国证监会发布公告，同意九号有限公司在中国公开发行存托凭证的注册申请。

2020 年 10 月 29 日，九号公司在科创板成功上市，成为中国境内上市企业中"VIE+CDR 第一股"。

三、学理分析

梳理 CDR 的发展历程和制度实践，可以了解我国对 CDR 的监管现状。

根据《存托凭证发行与交易管理办法（试行）》（以下简称《管理办法》）第 2 条规定，中国存托凭证是指发行公司签发的，以境外证券为基础在境内发行的代表境外基础证券权益的证券。我国对 CDR 制度建设呈现出不断发展的过程。2018 年 3 月 22 日，国务院办公厅转发《关于开展创新企业境内发行股票或存托凭证试点的若干意见》（以下简称为《若干意见》），允许在境外市场上市的优质中资企业通过存托凭证在境内融资。为配合这一决定，中国存托凭证的配套规则陆续出台，形成了我国存托凭证发行监管制度体系（详见表 3-1）。

表 3-1   存托凭证发行监管制度体系

制定主体	名称	主要内容
全国人大常委会	《证券法》	第 2 条将存托凭证作为证券的基本形式之一
国务院	《国务院办公厅转发证监会关于开展创新企业境内发行股票或存托凭证试点若干意见的通知》	对试点企业、试点方式、发行条件、存托凭证基础制度安排、信息披露和投资者保护等作出规定

① 《九号有限公司公开发行存托凭证并在科创板上市招股说明书（注册稿）》，http：//static. sse. com. cn/stock/information/c/202009/7ffb311d2ef648b28966c4812d1a77f1. pdf。

续表

制定主体	名称	主要内容
中国证监会	《存托凭证发行与交易管理办法(试行)》	明确存托凭证的基本监管原则以及存托凭证的发行、上市、交易、信息披露等制度。
	《创新企业境内发行股票或存托凭证上市后持续监管实施办法(试行)》	规范发行存托凭证后上市公司的公司治理、信息披露、收购及股份权益变动、重大资产重组等行为
	《存托凭证存托协议内容与格式指引(试行)》	规范存托协议内容与格式
	《关于商业银行担任存托凭证试点存托人有关事项规定》	明确商业银行担任存托人的资质管理要求
	《关于创新试点红筹企业在境内上市相关安排的公告》	申请境内发行存托凭证的条件和流程
	《境内外证券交易所互联互通存托凭证业务监管规定》	规范境内证券交易所与境外证券交易所互联互通存托凭证业务行为
	《试点创新企业境内发行股票或存托凭证并上市监管工作实施办法》	明确试点企业的选取、发行条件及审核注册程序、发行与上市要求
中国人民银行、外汇管理局	《存托凭证跨境资金管理办法(试行)》	规范存托凭证跨境资金管理
中国证券登记结算公司	《存托凭证登记结算业务规则(试行)》	规范存托凭证登记结算业务
	《存托凭证登记结算业务投资者问答》	
证券交易所	《上海证券交易所试点创新企业股票或存托凭证上市交易实施办法》	规范存托凭证上市交易行为

从上述制度体系上看，中国证监会是审核 CDR 准入资格的主要监管部门。由于中国存托凭证发行监管仍处于试行阶段，也即有限开放状态，审查条件较严格。从发行人要求上，只有符合国家产业政策和一定数量规模的上市公司才可发行 CDR。通过优先向这些境外优质企业开放，助力我国高新技术产业和新兴产业的发展。沪伦通在起步阶段实行跨境资金总额度管理，同时允许存托凭证与基础股票按既定比例进行跨境转换。信息披露规则仍然是 CDR 监管的核心要义，目前我国的存托凭证和股票债券在信息披露规则适用上大致相同。《管理办法》第 16 条和《存托凭证存托协议内容与格式指引（试行）》第 17 条表明，CDR 信息披露义务人包括境外基础证券发行人及其控股股东、实际控制人和董监高人员，存托人不是 CDR 信息披露义务人，但其有协助发行人履行信息披露义务的义务。《关于商业银行担任存托凭证试点存托人有关事项规定》第 6 条也表明商业银行担任存托人的，也

不是存托凭证。

四、域外视野

目前，各国对存托凭证的监管可分为分类监管和统一监管，美国即是对存托凭证采取分类监管的典型代表，而我国采用的是统一监管方式对存托凭证实施监管。根据美国《1934 年证券交易法》和 1933 年《证券法》等相关法律规定，美国具体将存托凭证分为私募存托凭证、无保荐存托凭证和有保荐存托凭证，并对不同类型的存托凭证规定不同的注册登记规则、信息披露规则和交易规则等。存托凭证的流动性越强，融资功能越高，所需的发行时间也就越长，其监管要求也越高。这种监管形式能充分满足不同类型发行人的需求，吸引更多发行人进入美国证券市场，发行人可根据自身发展阶段、成本收益、发行动机等因素选择发行的存托凭证类型(详见表 3-2)。

表 3-2   **ADR 的分类监管规则①**

	私募存托凭证	无保荐存托凭证	有保荐存托凭证		
			一级 ADR	二级 ADR	三级 ADR
注册登记	无要求	F-6 表格	F-6 表格	F-6 表格	F-6 表格和 F-1 表格
信息披露	无要求	可申请信息披露豁免	可申请定期报告豁免，按发行人所在国要求编制信息披露报告	以年报 F-20 表格披露信息	以年报 F-20 表格和 F-7 表格披露信息
交易规则	有融资功能、仅限特定机构投资者购买	无融资功能	无融资功能、流动性差	无融资功能、流动性较强	有融资功能、流动性强

五、若干思考

(一) 如何看待《证券法》中证券的范围

从《证券法》起草开始，我国证券的范围一直是学界讨论的热点。考虑到我国证券市场的现实条件，1998 年《证券法》第 2 条规定证券仅包括股票、公司债券和政府债券。《证券法》(2005 年修正)将证券投资基金份额作为我国证券的形式，直至 2015 年启动《证券法》修订工作前，《证券法》的调整范围都没有发生变动。在 2015 年《证券法(修订草案)》(以下简称《修订草案》)重新对该问题进行讨论，第 3 条对证券作抽象性界定并将企业债券、

---

① 参见国家外汇管理局四川省分局资本项目处课题组、孙炜、何迎新：《境内外存托凭证监管制度比较研究》，载《西南金融》2021 年第 5 期。

可转换公司债券、存托凭证、资产支持证券、权证等类型纳入调整范围。然而《证券法》（2019 年修订）时删除了对证券概念的界定，并将证券范围仅限定在股票、公司债券、存托凭证、证券投资基金、政府债券、资产支持证券、资产管理产品和国务院认定的其他证券中。

总之，我国《证券法》主要通过有限列举加兜底的方式明确规定我国证券的范围。虽然《证券法》扩展了证券范围，但没有完全解决证券范围不清的问题。例如，如何理解"国务院依法认定的其他证券"，哪些品种可被认定为"国务院依法认定的其他证券"？对于政府债券、证券投资基金份额、资产支持证券和资产管理产品，这些证券的发行和交易活动是否受同一法律规范约束，应受哪些法律规范约束？我国应如何对众筹、数字货币等新金融形式进行监管，《证券法》是否应该将新兴金融形式纳入证券的范围内？[①]

（二）如何完善 CDR 信息披露规则

根据上文所述，存托凭证发行交易离不开境外发行人、存托人以及托管人三方主体，其中境外发行人是基础证券市场信息的信息源，存托人主要负责提供存托协议和托管协议的相关信息，托管人提供托管协议的相关信息。[②] 虽然境外发行人、存托人和托管人都涉及 CDR 信息披露的内容，但目前我国仅规定境外发行人是信息义务人，其他主体仅需承担协助义务。这种做法是否可取，是否应将 CDR 存托人和托管人也列为 CDR 信息披露义务人？

案例三：协议控制模式
——以亚兴置业诉安博教育案为例

一、基础知识

（一）协议控制模式的兴起

协议控制模式又称可变利益实体（Variable Interest Entities）模式，是一种法律业务结构。从定义上看，投资者能通过多数投票权以外的其他方式对某一实体进行控制，但不会影响该实体的实际运营。这样的实体被称为 VIE。[③]

VIE 结构是我国特殊国情下的产物。20 世纪 90 年代，中国部分行业限制或禁止外商投资，然而本国资本市场不能满足中国企业融资需求。为获得境外的资本、技术和管理经验等，这些企业通过搭建 VIE 构架作为连接中国企业和外国投资者的桥梁，将企业控制权

---

① 参见李军：《新金融背景下新〈证券法〉证券扩容辨析》，载《成都理工大学学报（社会科学版）》2022 年第 4 期。

② 参见任妍姣：《论中国存托凭证信息披露规则之完善》，载《南方金融》2020 年第 4 期。

③ 参见潘圆圆：《VIE 架构：概念、利弊和政策含义》，载《国际金融》2023 年第 7 期。

保留在本地创业者的同时吸取外国资金。从外国投资者的角度上看，VIE 结构能使他们绕开中国的外资产业准入限制规定，规避中国的监管对特定行业中国企业进行投资。在该经济条件下对外国投资者和中国企业来说，VIE 结构都是双赢选择。只要外国投资者在 VIE 没有任何直接的股权就可在受限制和禁止的行业中获得经济利益，中国经营实体也能够通过境外上市获得外国资本市场和专业知识同时遵守中国政府对外资所有权的限制。

(二) 协议控制模式的运行

协议控制模式的总运行流程大致如下：创始人先在中国注册成立从事外资准入限制领域的运营实体公司，也即是 VIE。创始人设立境外的壳公司作为以后境外融资上市的主体。然而境外公司在境内投资设立外商独资企业，由该独资企业和境内经营实体达成一系列协议安排，从而实现对境外经营实体的控制。实践中 VIE 结构至少包括三类机构和两种机制。

三类机构分别为在境外设立的外国控股公司、控股公司设立的外商独资企业、在国内从事经营的 VIE。外国控股公司又被称为特殊目的公司(SPV)，是境内居民以其持有的境内外资产权益，在境外直接设立的企业或间接控制的境外企业。设立该公司的目的是在美国等资本市场发行上市，向境外投资者发放以其名义的股票。外商独资企业是连接设立在境外离岸中心的外国控股公司与国内 VIE 的纽带。外国控股公司通过股权控制外商独资企业，外商独资企业再通过协议安排控制国内 VIE。VIE 是境内机构或个人依据我国法律成立注册的经营实体，该企业拥有在我国境内从事外资不得或限制从事的相关业务的许可。在协议控制模式中，外国控股公司对其在我国境内设立的外商独资企业行使股权控制，而该外商独资企业又通过与 VIE 的多种协议对 VIE 进行协议控制，从而形成输送 VIE 经营收益给外国控股公司的通道。[①]

VIE 架构需要解决资金传输和事实控制的核心问题，为此形成了控制 VIE 和利润转移的两项机制。外商独资企业对 VIE 的控制通常会借助技术服务合同、担保协议、股权优先收购协议和代理协议等合同安排，使外商独资企业获得和所有权类似的权益。例如，境内经营实体的股东通过股权质押协议将全部资产和负债抵押给外商独资企业，外商独资企业由此获得境内运营实体的收益。由于 VIE 架构下一般仅有境内运营实体进行业务运营产生利润，利润需要从境内运营实体通过外商独资企业转移给外国控股公司。若 VIE 和 SPV 签订技术服务合同，境外控股公司会先将技术转让给外商独资企业，由外商独资企业再许可给境内运营实体并收取使用费来实现利润的转移。因此，VIE 利润转移实质上也是在三方的合同安排下进行的。

(三) 协议控制模式的风险

尽管协议控制模式早期对我国企业的快速发展发挥重要作用，但不可忽略它的法律风

---

① 参见韩龙：《国际金融法》，高等教育出版社 2020 年版，第 266~267 页。

险和控制风险。VIE 架构存在的合法性需至少需满足三个标准：第一，控制协议不违反我国禁止性规定，这是 VIE 架构的基本要求。由于控制协议通过债券投资替代股权投资来回避外商投资的产业政策，若控制协议违反强行法规定被宣告无效的，会导致上市公司的利润输送通道被切断，损害上市公司和投资者的合法权益。第二，VIE 架构需符合境外上市的法律程序。上市地国法律通常会对上市公司搭建的 VIE 架构作出特殊规定或说明。第三，搭建 VIE 架构境外上市的国内企业需符合我国的产业政策规定，否则有可能会被认定有回避我国外商投资相关领域的禁止性规定，从而被宣告协议无效。我国法律长期对协议控制模式采取较为模糊的态度，并未将"协议控制"或"可变利益实体"直接写入法律条文中，致使不少市场人士认为法不禁止皆可为，能通过该模式合法规避法律的监管。现有的司法实践如亚兴公司案中似乎也强化了这一观点。然而，2023 年中国证券会发布《境内企业境外发行证券和上市管理试行办法》表明了我国对协议控制模式的新态度。

第二种风险是控制风险。由于协议控制模式下境外投资者通过协议安排对境内运营实体实施控制。然而基于合同相对性原理，境外投资者实质上无法获得和股权控制等同的控制力，不能有效对抗第三人。若境外经营实体控制人转移核心资产并终止 VIE 协议，利益输送通道被中断，境外控股公司极大可能面临票价暴跌甚至退市的危险。在这种情况下，受损投资者不能直接向境内运营实体追偿，只能通过境外控股公司间接追究法律责任。[①]

我国法律尚未对协议控制模式的合法性进行确认。分析协议控制模式第一案"亚兴置业诉安博教育案"的裁判观点，便于我们从司法实践中了解我国对协议控制模式的法律态度。

二、典型案例

2009 年 7 月 28 日，亚兴公司(甲方、转让方)和安博公司(乙方、受让方)签订《合作框架协议》。协议约定：甲方是湖南某实验学校和某幼儿园(以下简称"目标学校")的唯一合法举办者。甲方将目标学校的教学举办权、收益权、处置权以及相关财产作为转让标的权益，并将 70% 权益转让给乙方。双方还签订《补充协议》，甲方同意将剩下的 30% 标的权益无偿归乙方所有。

2009 年 8 月起，安博公司向亚兴公司支付了部分现金。剩下部分由乙方关联企业安博教育控股公司以股票的形式支付给甲方海外关联企业。安博教育控股公司是在开曼群岛注册成立、在美上市的有限责任公司。安博公司是 2004 年 11 月在北京注册的中国公司。北京安博在线软件公司(以下简称"安博在线公司")是安博教育控股公司在 2000 年设立的外商独资企业。安博公司是安博教育控股公司的可变利益实体，安博教育控股公司可通过安博在线公司与安博公司间的协议安排开展业务。

---

① 参见左常午、赵惠妙：《中概股危机背景下协议控制模式的博弈与规制》，载《湘潭大学学报(哲学社会科学版)》2022 年第 5 期。

2009年9月，长沙市雨花区教育局批准目标学校的举办者变更为安博公司。

2012年，因安博公司支付给亚兴公司的安博教育控股公司的股票价值下跌，亚兴公司向湖南省高级人民法院提起诉讼。

一审判决后，亚兴公司不服并向最高人民法院提出上诉。

2016年7月2日，最高人民法院作出最终判决。

三、裁判说理

根据我国法律规定，亚兴公司与安博公司签订的《合作框架协议》是否有效？最高人民法院主要从正面和反面两个角度论证合同的效力问题。从正面上看，《合作框架协议》是亚兴公司与安博公司在意思表示真实的基础上签订的。安博公司希望获得目标学校的举办权，雅兴公司希望取得相应对价，双方为履行该协议还订立了一系列协议。故双方在缔约过程中不存在欺诈胁迫等情形。从反面上看，《合作框架协议》未违反法律法规的强制性规定。根据《合同法》第52条，只有违反法律和行政法规的强制性规定才应当认定合同无效。亚兴公司提出的《外商投资产业指导目录》及《商务部实施外国投资者并购境内企业安全审查制度的规定》属于部门规章，不可就此认定合同无效。关于将义务教育机构的举办权转让给可变利益实体是否会违反《中外合作办学条例》的问题，教育部作出以下回应。根据《中外合作办学条例》第6条，中外合作办学者不得举办开展义务教育。这里的"中外合作办学者"中，教育机构应属于外方且外方有直接办学与管理学校的权利。外资通过协议控制模式开立民办学校，并不属于直接参与学校办学与管理，不属于《中外合作办学条例》的调整范围。因此《合作框架协议》并未违反行政法规的禁止性规定，应认定为有效。

该案被称为VIE协议效力第一案。最高人民法院的判决维护了VIE架构的稳定性，但并非完全肯定VIE结构。从更深层次上看，本案的争议焦点是带有协议控制架构的境内运营实体收购禁止外商投资的学校举办权的协议是否合法有效的问题。最高人民法院在判决书中强调，法院审理的是基于《合作框架协议》引发的亚兴公司与安博公司间的权利义务关系确定的问题，法院对合同效力作出认定，对两公司间《独家合作协议》等协议安排的效力不作评价。因此，最高人民法院虽然从意思真实角度肯定了合同的有效性，但其实质上回避了VIE结构本身的合法性问题。

四、学理分析

协议控制模式的合法性应从控制协议的合法性、境外上市的法律程序和产业政策三个角度去分析。

如何看待协议控制模式的合法性？经过二十多年的发展，协议控制模式已成为境内企业境外上市的重要方式之一。我国对VIE架构的规制监管路径进行了漫长的探索，对协议控制模式的态度经历了从默认转变到承认合法的过程。2015年《外国投资法（草案征求意见稿）》试图将协控制模式纳入监管范围，将"通过合同、信托等方式能够对该企业的经营、财务、人事或技术等施加决定性影响的"归入控制的具体情形中。虽然该条款最终未被采用，但不失为一次对协议控制模式监管的有益探索。2016 年，最高人民法院对"VIE 架构效力第一案"亚兴公司案作出最终判决，认定控制协议有效从而维护了 VIE 架构的稳定性，但没有正面回应 VIE 架构的合法性问题。该案还促使 2021 年修订《民办教育促进法实施条例》时新增"不得通过兼并收购、协议控制等方式控制"有关学校的规定，加强了特定行业对 VIE 架构的监管。2020 年正式生效的《外商投资法》为协议控制模式的监管保留了空间。在第 2 条定义外商投资时通过"其他类似权益"以及法律规定的其他方式的兜底条款，为日后承认 VIE 合法性并对其进行规制留下解释空间。

2023 年 2 月 17 日，中国证监会发布《境内企业境外发行证券和上市管理试行办法》（以下简称《管理试行办法》）和五项配套监管规则适用指引（以下简称《配套指引》），合称为"境外上市新规"。根据《管理试行办法》第 2 条，VIE 架构下境内运营实体通过合同安排将其产生的利益转移至境外上市公司，符合"境内企业间接境外发行上市"的概念。第 15 条对此作出详细规定，发行人同时满足境内企业的财务数据占发行人同期报表的一定比例、经营活动地在境内，或高管是中国人或经常居住在境内的，应认定为境内企业间接境外发行上市。《配套指引》还对协议控制模式备案报告中的信息披露内容以及法律意见书作出要求。这标志着我国法律正式将协议控制模式纳入监管范围，境外上市新规称之为"协议控制架构"。境外上市新规的出台实际上填补了协议控制架构这种境外上市方式的监管空白。当然，对协议控制架构监管的完善不能将其理解为对这种境外上市方式的收紧。相反，正是因为我国对协议控制架构的态度明朗，承认了其合法地位才会将其纳入证券监管范围。

协议控制架构是否符合分析境外上市的法律程序？目前我国尚未对采纳协议控制架构的企业监管作出专门立法规定，协议控制架构监管依照其他证券类型的监管规定实施。美国证券监管局对协议控制架构的监管主要集中在上市公司信息披露的规范上。采取协议控制架构的企业必须在申报上市的特定文件中披露公司组织架构的风险因素和协议控制的存在情形，同时国内律师团队需对 VIE 架构的合法性问题发表书面意见，陈述其是否会因被宣告合法与否而使公众股东权益受损。

协议控制架构是否符合我国的产业政策规定？我国的外商投资市场准入规则主要体现在国家发展和改革委员会制定的产业目录中，现行有效的文件是《外商投资产业指导目录（2017 年修订）》（以下简称《目录》）。协议控制架构设计的初衷即是回避《目录》对境外投资者限制准入的规定。在我国产业政策日渐开放的前提下，协议控制架构的适用频率有所降低。

五、若干思考

如上所述，《境内企业境外发行证券和上市管理试行办法》确立了协议控制架构在我国的合法地位。《商务部实施外国投资者并购境内企业安全审查制度的规定》明确外国投资者不得以协议控制方式规避并购安全审查。然而 2021 年生效的《外商投资安全审查办法》（以下简称《安审办法》)未见类似表述，而仅通过第 2 条的兜底条款将包括协议控制架构的其他外国投资者的投资方式纳入了审查范围。立法规定的模糊也带来实践操作中的不确定性。《安审办法》执行机构外商投资安全审查工作机制办公室的具体审查流程并不公开，审查流程具有很大不确定性，给外国投资者带来较大的投资风险。① 基于上述问题，我国应如何完善对协议控制架构的国家安全审查？

案例四：证券法实体制度
——以五洋债等案件为代表

一、基础知识

(一)信息披露制度

证券法以"有效市场假说"为假设和前提，认为证券市场存在大量理性的追求利益最大化的投资者。只要和证券及其发行人有关的重大信息得到真实、准确、完整、及时的披露且信息分布均匀，每个投资者同时得到等量等质的信息，就能根据信息和反映信息的价格作出理性的投资决定。但这种状态过于理想化，证券法的任务就在于弥补有效市场假说的现实缺陷，使投资者在市场信息和价格真实的条件下作出理性的投资决策，优化社会资源配置。② 故从微观上看，证券法的任务就是通过解决利用信息或制造虚假信息进行欺诈的问题来保护投资者的权益。与之相对应，信息披露和禁止欺诈成为证券发行和交易的基础性制度。

证券法的任务之一是帮助投资者在充分知情、没有虚假信息干扰情况下作出理性的投资决定，从而使证券市场发挥有效配置资源的功能。这要求各国的证券法设立信息披露制度。目前我国上市公司信息披露的法律制度可大致分为三个层次：第一是国家制定的基本法律，《证券法》《公司法》从宏观角度对信息披露提出要求。第二是国务院和证监会制定的行政法规和部门规章以及最高人民法院制定的司法解释，如《上市公司信息披露管理办法》《信息披露违法行为行政责任认定规则》《关于审理证券市场因虚假陈述引发的民事赔偿案件的若干规定》。第三是证券交易所和证券业协会制定的交易规则和行业标准。信息披露具体可分为初始披露和持续披露。

1. 初始披露

初始披露是首次公开发行证券而依法作出的信息披露，主要涉及招股说明书和债券募

---

① 师华、王华倩：《外资协议控制模式国家安全审查实践操作探析》，载《国际商务研究》2022 年第 2 期。

② 参见韩龙：《国际金融法》，高等教育出版社 2020 年版，第 249~250 页。

集说明书等法律文件。招股说明书是含有股票发行条件的法律文件，是发行人邀请投资者认购发行股票的意思表示。募集说明书是上市公司为筹集资金而向邀请投资者成为债权人的意思表示。

我国法律关于招股说明书的要求主要体现在《证券法》《公司法》《公开发行证券的公司信息披露内容与格式准则第 57 号——招股说明书》以及针对某些特殊行业的特别规定。目前我国没有对招股说明书的披露内容和格式要求作统一规定，而是针对不同证券交易所、发行对象以及债券类型作出不同的安排。

各国或地区的证券法大多规定，除豁免证券外，证券发行须经审核或批准以监督证券发行人履行披露义务，保护投资者和社会公众的利益。据前文所述，各国采用的证券发行审核制度可分为注册制、核准制和保荐制。无论注册制、核准制还是保荐制，三者对信息披露的基本要求都是真实、准确、完整和及时。真实性是指发行人公开的信息应当真实，不得作虚假记载或欺诈。准确性要求披露的信息应尽量采用精准的语言表述，不得误导投资者作出不合理的投资决策。完整性是指发行人应披露所有可能影响投资者投资价值判断的信息，不得有任何隐瞒或重大遗漏。及时性要求发行人在法定期限内及时公开有关信息，保证投资者对信息的平等利用。

2. 持续披露

持续披露是证券发行上市后，发行人和相关主体向投资者继续披露信息的行为。这里的相关主体可以是持有一定比例股票的股东，也可以是公开发行证券的公司董事、监事以及高级管理人员。持续信息披露包括定期信息披露、临时信息披露和预测信息披露。定期信息披露中，发行人需定期向证券监管机构提交向投资者公开披露其经营状况和财务状况的报告。定期报告主要包括年度报告和中期报告，有些国家或地区如我国香港还包括季度报告。定期报告是持续信息披露中的最主要形式，能使投资者加强对发行人的监督、对投资进行动态评估。临时信息披露是指上市公司及时披露对其证券交易价格产生重大影响而投资者尚未得知的重大事件[1]，也即作出临时报告须同时具备两个基本条件：发生可能对上市公司证券交易价格产生较大影响的事件，以及投资者对该事件尚未得知。根据《上市公司信息披露管理办法》（以下简称《管理办法》）第 24 条，当上市公司在以下最先发生的任一时点披露重大事件才满足及时性要求：一是董事会或监事会就重大事件通过决议时；二是相关各方签署意向书或协议时；三是董监高知悉该事件时。临时报告将临时性重大信息及时传送给投资者，能弥补定期报告的不足，方便投资者作出投资决定。预测性信息披露是上市公司对未来盈利预测的披露。除了需强制披露风险因素、业务发展目标和募股资金运用计划外，上市公司可自愿披露和投资者作出价值判断和投资决策有关的信息。我国对预测性信息披露制度尚未形成一套完整体系，缺少系统性的制度规定，上市公司通常仅

---

① 参见吴志忠：《国际经济法》，北京大学出版社 2008 年版，第 329 页。

披露有利信息而隐瞒负面信息。

(二)禁止欺诈制度

与信息披露制度一样,禁止欺诈制度也是国际证券发行和交易的基础性制度之一。证券欺诈行为主要表现为虚假陈述、内幕交易、操纵市场三种形式。

1. 虚假陈述

虚假陈述是对证券发行交易过程中需披露的事项作出不实、严重误导或含重大遗漏的陈述,使善意投资者作出错误的投资判断并遭受损失的行为。《证券法》第85条规定了信息披露义务人证券虚假陈述所需承担的法律责任。信息披露义务人可分为基本义务人和衍生义务人。基本义务人主要包括证券发行人和上市公司、基金管理公司等。衍生义务人是基于与基本义务人间的雇佣、股权、交易等关系衍生而来的信息披露义务人,包括发行人的董监高人员和其他直接责任人员等。① 因此,《证券法》第85条中的"信息披露义务人"包括发行人、发行人的控股股东、发行人的实际控制人、董事、监事、高级管理人员和其他直接责任人员。证券服务机构同样需对其出具报告承担勤勉尽责义务,文件存在虚假陈述内容造成损失的,也应承担赔偿责任。

从行为要件上看,虚假陈述主要有虚假记载、误导性陈述、重大遗漏三种表现形式。虚假记载违背了信息披露的真实性要求,是信息披露义务人在文件中对所披露的内容进行不真实记载的行为。财务造假即是现实中最典型的虚假记载行为。误导性陈述违背了信息披露的准确性要求。尽管披露阐述的事实是真实的,但披露文件的表述存在不完整或不准确的缺陷,投资者难以获得准确信息作出正确判断。重大遗漏违背了信息披露的完整性要求,是指披露文件未记载或未以适当方式披露和投资者利益密切相关的重大信息的行为。无论是上述哪种形式,都难以使投资者在信息极不对等的情况下作出适合的投资决策,从而损害了投资者合法权益。此外,根据《最高人民法院关于审理证券市场虚假陈述侵权民事赔偿案件的若干规定》(以下简称《民事赔偿若干规定》)第10条规定,被告需证明虚假陈述具有重大性才能满足行为要件,即只有证券交易价格或交易量因虚假陈述行为发生明显变化时,才能满足重大性标准。从主观要件上看,《证券法》第85条规定了发行人应承担严格责任,无论主观上是否对虚假陈述存在故意或过失,都应承担民事赔偿责任。除了发行人外的其他虚假陈述民事责任主体都应承担过错推定责任。从因果关系上看,《民事赔偿若干规定》第18条和第19条分别列举了交易因果关系和损失因果关系的认定情形,只有证券虚假陈述行为和损害结果间存在交易因果关系和损失因果关系,才能承担赔偿责任。

证券虚假陈述行为的行政责任和刑事责任。实施证券虚假陈述行为还面临着承担严格

---

① 郭锋:《新虚假陈述司法解释适用探讨》,载《法律适用》2023年第9期。

的行政责任的风险。根据《信息披露违法行为行政责任认定规则》第 12 条，五洋建设在 2012—2014 年度报告虚增资产和营业收入以满足证券发行条件，属于第 1 款中的"违法披露信息"的行为，符合行政处罚的行为要件。根据第 13 条规定，五洋建设的造假行为显然构成欺诈发行行为，主观上存在故意。证监会依据社会危害程度和违法情节，对五洋建设处以 4080 万元罚款。发行人违反信息披露行为规定还有可能触及相关刑法规定。根据《刑法》第 160 条，在发行文件中隐瞒或编造重要内容，达到一定数额或后果严重的会构成欺诈发行证券罪，视程度处以有期徒刑、拘役和罚金。根据《刑法》第 161 条，公司提供虚假或隐瞒重要事实的财务会计报告或不按规定披露，严重损害股东或他人利益的，对直接负责的主管人员和其他直接责任人员可最高处以五年以上十年以下有期徒刑，并处罚金。

2. 内幕交易

内幕交易是掌握内幕信息的人，利用内幕信息进行的、以获取利益或避免损失为目的的证券交易行为①，其目的是获得额外利益或避免正常的交易风险。内幕交易的主体是特定的内幕人员。综合各国法律规定和司法实践，内幕人员包括公司内幕人员、市场内幕人员和接受内情的人员。我国《证券法》第 51 条将内幕人员界定为知悉证券交易内幕信息的知情人员，并对其一一作出列举，包括发行人及其董监高人员；发行人控股或实际控制的公司及其董监高人员；因职责、工作可获取内幕信息的证券监管管理机构工作人员等。《证券法》第 53 条规定内幕交易的对象是内幕信息。内幕信息须具备两大特征。内幕信息具有非公开性。这些信息为内幕人员所掌握的内部信息，投资公众通常不能通过合法渠道获取这些信息。非公开性使得内幕信息和公开的与证券价格相关的信息区别开来。内幕信息具有价格敏感性。内幕人员实施内幕交易主要是借助证券价格波动获得额外利益或避免利益损失，因此内幕信息公布后需要对证券价格产生重要影响。此外，内幕交易必须存在内幕交易行为。无论内幕人员自身是否获益，只要其直接利用内幕信息买卖证券或建议他人买卖证券，或者向他人泄露内幕信息使他人利用该信息交易，都属于内幕交易行为。

《证券法》禁止内幕交易行为的核心在于禁止交易一方利用内幕信息优势损害交易对方利益，以保护公众投资者的合法权益，维护证券市场的公平交易秩序。故内幕交易行为的认定应适用明显优势证明标准。若交易双方均为内幕信息知情人则不存在内幕信息优势，不是《证券法》所禁止的内幕交易形式。《证券法》规制的内幕交易形式应是通过法定证券交易系统进行的公开市场上的并可能损害到公众投资者利益的匿名交易。②

3. 操纵市场

操纵市场是个人或组织不公平地利用其资金、信息、地位等优势，通过制造虚假交易

---

① 参见韩龙：《国际金融法》，高等教育出版社 2020 年版，第 250 页。

② 参见北京市第三中级人民法院(2020)京 03 民终 13203 号民事判决书。

人为影响证券市场价格，诱使他人买卖证券，使自己获利或止损的行为。① 操纵市场行为严重损害证券市场供求机制，操纵者以受欺诈的投资者利益受损为代价不公平获利，严重影响了证券市场的健康发展。认定市场操纵要从操纵行为、损害事实、因果关系、归责原则等方面着手。市场操纵行为包括联合或连续操纵、洗售、通谋买卖等形式。根据《证券法》第55条，因操纵证券市场行为遭受损害的个人投资者或证券投资机构可提起操纵证券交易市场侵权赔偿诉讼。此外，出于保护不特定投资者合法权益的目的，我国法律规定该责任适用因果关系推定原则，涉诉行为人需证明投资者决定并未受到操纵行为的影响，否则推定该交易因果关系成立。②

(三) 投资者的注意义务

证券服务机构的注意义务应根据是否为专业事项而有所区分。只有证券服务机构对非专业事项尽到一般注意义务，对专业事项尽到特殊注意义务，才会被认为已履行勤勉尽责义务。投资者进行证券交易活动时也具有注意义务。如乐视网虚假陈述案中，原告抗辩机构投资者应比普通投资者尽到更高的注意义务，从而应减轻其损害赔偿责任。审理乐视网的北京金融法院认为，机构投资者和普通投资者的注意义务应保持一致。投资者可分为普通投资者和专业投资者，两者在信息告知和风险警示等方面会存在差异。然而机构投资者并不必然是专业投资者，即使某些机构投资者是专业投资者，《民事赔偿若干规定》在适用上也未对普通投资者和专业投资者作出区分。除一些特殊市场外，专业投资者不应因其专业身份而和普通投资者区别认定双方的注意义务。此外，专业投资者的谨慎勤勉义务并非是对发行人的义务，而是其作为受托人或资产管理人在信托关系下对投资者的义务。故原则上不论是普通投资者还是专业投资者，都应该受到推定信赖的保护，二者的注意义务应当一致。

证券实体制度是各国证券法最重要的组成部分。以下将以五洋债为代表，结合乐视网案等案件分析虚假陈述的认定等问题。

二、典型案例

2015年8—9月，五洋建设集团股份有限公司公开发行两期债券"15五洋债"和"15五洋02"。陈某樟为五洋建设的董事长和控股股东。德邦证券股份有限公司为本次发行的承销机构、受托管理人。大信会计师事务所、上海市锦天城律师事务所和大公国际资信评估有限公司是该次债券发行的第三方专业机构。

2016年4月27日，上海证券交易所认定五洋建设存在募集资金使用管理不规范、募集资金专户管理不到位、未决诉讼披露不完整等违规行为，并对其出具纪律处分决定书。

2016年7月6日，浙江证监局因五洋建设公司债券募集资金实际使用情况与募集说明

---

① 参见韩龙：《国际金融法》，北京大学出版社2020年版，第251页。
② 参见上海金融法院(2021)沪74民初146号民事判决书。

书不一致，对受托管理人德邦证券出具警示函。

2016 年 12 月，德邦证券发布受托管理报告称五洋建设未披露其被列入失信被执行人名单的事实，没有提请投资者关注两期债券的潜在投资风险。

2016 年 12 月 18 日，因重大事项未公告"15 五洋债""15 五洋 02"两期债券开始停牌。2017 年 7 月 6 日，五洋债券复牌交易。2017 年 8 月 11 日，五洋建设发布《关于收到中国证券监督管理委员会调查通知书的公告》，称因五洋建设涉嫌违反证券法律法规，证监会正式对其进行立案调查。2016 年 12 月 18 日，因重大事项未公告，"15 五洋债""15 五洋 02"两期债券开始停牌。2017 年 7 月 6 日，五洋债券复牌交易。2017 年 8 月 11 日，五洋建设发布《关于收到中国证券监督管理委员书的公告》，"15 五洋债券"和"15 五洋 02 债券"再次停牌。

2018 年 12 月，部分债权人向浙江绍兴中级人民法院申请五洋建设破产重整，浙江绍兴中级人民法院受理了部分债权人的申请，债权人在 2019 年 3 月可以开始申报债权。

2019 年 1 月，证监会向大信会计出具《行政处罚决定书》；同年 11 月德邦证券受到证监会行政处罚，后德邦证券提请复议，证监会维持原行政处罚结果。

2020 年 7 月 13 日，杭州市中级人民法院立案受理五洋债券投资人的民事诉讼。由于五洋债券有较多自然人投资者，该案适用了证券纠纷诉讼代表人的诉讼方式，并于 2020 年 9 月 4 日和 12 月 24 日开庭审理代表人诉讼案件和七名机构投资者诉讼案件。

2020 年 12 月 31 日，杭州中院一审判决陈某樟、德邦证券、大信事务所对债券持有人就五洋建设的 494303965.14 元债权承担连带赔偿责任，大公国际和锦天城律师事务所分别在五洋建设应付责任的 10% 和 5% 范围内承担连带赔偿责任。中介机构不服一审判决提起上诉。

2021 年 8 月，五洋债券欺诈发行案在浙江高院二审开庭。

2021 年 9 月 22 日，浙江省高院作出维持原判的终审判决。

三、裁判说理

（一）债券发行人是否应承担赔偿责任的问题

根据《证券法》（2014 年修正）第 63 条和第 69 条，信息披露义务人应当真实、准确、完整、简明清晰、通俗易懂地披露信息。信息披露义务人未按规定披露信息，或披露的信息存在虚假记载、误导性陈述或者重大遗漏的，信息披露义务人应当对受损投资者承担赔偿责任。主体上看，五洋建设是"信息披露义务人"，应承担依法披露信息的义务。从行为上看，五洋建设在编制 2012—2014 年度的财务报表时违反会计准则，将所承建工程项目应收账款和应付款项相互"对抵"，同时虚减企业应收账款和应付账款，导致最后的财务数据少计提坏账准备多计利润，上述行为属于在发行披露过程中造假财务会计报告。该行为违反了信息披露义务中的真实性要求，构成虚假陈述行为，五洋债券应对受损投资者承担赔偿无过错责任。实际上五洋建设 2012—2014 年度的平均利润不足以支付公司债券一年利息，未达到《证券法》（2014 年修正）第 16 条规定的公开发行公司债券条件"（三）最近三年平均可分配利润足以支付公司债券一年的利息"。五洋建设以虚假财务数据骗取债券公开发行核准，已构成欺诈发行行为。2018 年 1 月 19 日，五洋建设在上海证券交易所网站发布《关于收到中国证券会〈行政处罚事先告知书〉的公告》，首次在全国范围公开揭示虚假陈述行为。揭露日前在二级市场购入五洋债券的原告根据记载了虚假财务数据的公开募集文件买入债券，并因五洋建设未能兑付到期本息产生损失，应认定五洋建设的虚假陈述行为和原告损失间存在因果关系。因此，五洋建设应就其证券市场虚假陈述行为对原告承担赔偿责任。

（二）关于实际控制人的民事责任问题

根据《证券法》（2014 年修正）第 69 条，发行人的董监高和其他直接责任人员以及保荐人、承销证券公司实施违法信息披露行为的应承担过错推定责任，和发行人承担连带责任。《会计法》第 4 条规定，"单位负责人对本单位的会计工作和会计资料的真实性和完整性负责"。陈某樟是五洋建设的法定代表人和实际控制人，应当知晓公司的经营情况、利润水平以及盈利方式。陈某樟在公司报表利润与实际情况存在重大差异的情况下，在相关募集文件上签字确认且未能举证证明自己没有过错，应当与五洋建设承担连带赔偿责任。

（三）关于证券服务机构的民事责任问题

五洋债券虚假陈述案引发广泛讨论的核心问题还在于证券服务机构在虚假陈述致害中应如何承担赔偿责任。[①] 根据《证券法》第 163 条，证券服务机构为证券业务活动出具专业报告文件的，应履行勤勉尽责义务，核查验证内容的真实性、准确性和完整性。若证券服务机构出具的文件有虚假陈述内容给投资者造成损失的，应当承担过错推定责任。该条仅对证券服务机构虚假陈述损害责任作了概括式规定，实践依据该条作出了全部连带责任、补充连带责任和比例连带责任等判决结果。康美药业案中，法院认为会计事务所和审计事务所未实施基本的审计程序，影响极其恶劣，依据《证券法》（2014 年修正）应对投资者损失承担连带赔偿责任。法院认为证券服务机构证明自己没有过错的不承担任何责任，反之需要承担全部连带责任。在保千里案中，法院根据《最高人民法院关于会计师事务所为企业出具虚假验资证明应如何承担责任问题的批复》，认为会计师事务所出具虚假验资报告的，应对企业对外债务清偿不足部分在"证明资金的范围内"承担赔偿责任，也即是有限补充责任。上述两类判决都存在一定局限。全部连带责任的做法便捷快速，可以确保投资者获得足额赔偿。补充连带责任的做法同样不妥当，证券服务机构的责任赔偿数额和"证明金额"间没有必要的因果关系，因此该判决思路没有很好遵循适当分配风险责任的思路，

---

① 王然、彭真明：《证券虚假陈述中的律师侵权赔偿责任——兼评 487 名投资者诉五洋公司、上海锦天城律师事务所等被告证券虚假陈述责任纠纷案》，载《社会科学家》2022 年第 4 期。

也不能充分保障投资者权益。① 五洋债券案和乐视网案等案件采用的比例连带责任成为审理的新方向。这种裁判思路对《证券法》第 163 条作出全新解释，并依据《全国法院审理债券纠纷案件座谈会纪要》第 31 条通过行为人的过错程度和主观恶性程度来去确定连带赔偿责任范围。这种方式通过实施虚假陈述行为的原因力和作用力来确定责任比例，更加符合适当分配责任风险的原则。

证券服务机构对投资者承担民事责任的前提是违反了对投资者的勤勉尽责义务。投资者基于对证券服务机构的特殊信赖买入发行人证券。相对地，证券服务机构应对投资者承担具有法律意义的注意义务，否则应对投资者承担赔偿责任。《最高人民法院关于审理证券市场虚假陈述侵权民事赔偿案件的若干规定》(以下简称《民事赔偿若干规定》)第 18 条和第 19 条规定了证券服务机构过错抗辩事由。若证券服务机构对其出具的文书以及依赖的基础工作或专业意见经过必要调查，保持必要的职业谨慎并形成合理信赖的，应当认定没有过错。《关于在上海证券交易所设立科创板并试点注册制的实施意见》强调证券服务机构应对专业相关事项履行特别注意义务，对其他业务事项尽到一般注意义务。五洋债券案的法院同样持有相同观点。证券服务机构履行特别注意义务应当达到特殊职业团体中一个合理人在相同或相似条件下所应采取的行为标准，且该标准应为职业团体的中等水平。② 普通注意义务则是不具备自身专业知识和技能也能履行的一般谨慎义务。特别注意义务是对专业机构的特别要求，某一特定证券服务机构具备的专业技能是其能够参加证券发行的根本原因。若中介机构违反特别注意义务，法律要求其参加证券发行的制度目的就将彻底落空，即使其履行了普通注意义务也应承担相应赔偿责任。③

德邦证券是五洋债券的承销商。根据《证券法》(2014 年修正)第 31 条，德邦证券在债券公开发行中，对发行人财务状况和偿债能力负有核查义务，并对其自身出具文件的真实性、准确性和完整性负责。然而，德邦证券在知悉五洋建设应收账款回收风险和过低价格出售房产的事实时，未充分履行核查程序，审查该事项可能会对五洋建设发行条件以及偿债能力产生的重大影响，未将此风险作为重大事项写入核查意见。上述行为均说明德邦证券作为承销商未尽到勤勉尽职义务，对发行和交易债券行为存在重大过错。根据《证券法》(2014 年修正)第 69 条，德邦证券应当与五洋建设承担连带赔偿责任。

大信会计是为五洋债券 2012—2014 年年度财务报表出具审计报告的审计机构。根据《民事赔偿若干规定》第 5 条和第 6 条，注册会计师在审计业务活动中，明知被审计单位对重要事项的财务会计处理与国家规定抵触而不予指明，并给利害关系人造成损失的，应和被审计单位承担连带赔偿责任。注册会计师未根据审查要求采用必要的调查方法获取充分

---

① 参见史欣媛：《比例连带责任在中介机构虚假陈述责任认定中的适用》，载《河南财经政法大学学报》2022 年第 4 期。

② 邢会强：《证券市场虚假陈述中的勤勉尽责标准与抗辩》，载《清华法学》2021 年第 5 期。

③ 丁宇翔：《证券发行中介机构虚假陈述的责任分析——以因果关系和过错为视角》，载《环球法律评论》2021 年第 6 期。

的审计证据的，应认定会计师事务所存在过失。大信会计未验证其获得的审计证据的真实性前提下，认可五洋建设对应收账款和应付账款"对抵"的账务处理方式，并出具了标准无保留意见的审计报告。在得知审计报告用于五洋建设债券发行时，大信会计未按照其已有工作方案调整项目的风险等级并追加相应的审计程序。以上行为均表明，大信会计作为审计机构未履行勤勉尽职义务，对五洋债券的发行交易存在重大过错。根据《证券法》（2014年修正）第173条，大信会计应和五洋建设承担连带赔偿责任。

大公国际系本次债券发行的资信评级机构。《证券市场资信评级业务管理暂行办法》第15条第2款规定，资金评级机构在考察分析评级对象和提供初评报告时，应对所依据的文件的真实性、准确性和完整性进行核查和验证。资金评级机构在采信有关机构出具的材料时应尽一般注意义务，在一般知识水平和能力范畴内对其真实性和准确性进行评估。五洋建设资产中投资性房产占比较高，可能会对五洋建设的发债条件和偿债能力产生较大影响，但大公国际在提出的修改意见中未进一步核实并评定信用等级，存在过错。考虑到过错程度以及投资者对信用评级的依赖度，根据《证券法》（2014年修正）第173条，大公国际应在10%的投资者损失范围内承担连带责任。

锦天城律所为本案债券发行出具法律意见书。根据《律师事务所从事证券法律业务管理办法》第14条，律师在出具法律意见时，对法律相关的业务事项应履行法律专业人士特别的注意义务，对其他事项履行一般注意义务。在大公国际已提示五洋建设出售投资性房产事项的情况下，锦天城律所对该重大合同及所涉重大资产变化事项未进行核查，对不动产权属尽职调查不到位，未能发现占比较高的重大资产减少导致偿债能力降低所带来的法律风险，故锦天城律所亦未勤勉尽职，存在过错。根据《证券法》（2014年修正）第173条和锦天城的过错程度，锦天城律所在投资者损失5%范围内承担连带责任。

综上所述，法院判决：第一，确认原告武汉禾誉企业管理服务有限公司对被告五洋建设集团股份有限公司享有237884.74元的债权。第二，被告陈某樟、德邦证券股份有限公司、大信会计师事务所对上述债务承担连带赔偿责任。第三，被告锦天城律师事务所在5%债务范围内承担连带赔偿责任；大公国际资信评估有限公司在10%债务范围内承担连带赔偿责任。

四、域外视野

美国《1933年证券法》第17条a款从反面列举了欺诈、虚假陈述、遗漏信息等信息披露违法行为。美国虚假陈述民事责任分成明示责任和默示责任。明示责任主要体现在《1933年证券法》第11条规定，而虚假陈述中的默示责任规定在《1934年证券交易法》第10条b款。两者在适用上存在巨大差异，具体上看默示责任的适用范围远大于明示责任范围。主体上看，第11条规定将原告限制为"任何取得相关证券的人"，并不适用于在二级市场出让证券受损的投资者。同时该条规定的被告主要是签署注册登记文件的组织和个人，直接从事违法披露行为但未签署的主体并不在被告范围内。在对象上，第11条仅适用于证券发行时的注册报告书存在虚假陈述欺诈行为的情况，类似瑞幸咖啡年度报告虚假陈述的行为不属于该条的调整范围。对比明示责任范围，第 10 条"任何人""任何方式""任何证券"的表述扩展了虚假陈述民事责任的适用范围，降低了投资者的诉讼门槛。^① 因此，依据虚假陈述的文件而买卖证券的投资者是美国证券虚假陈述责任纠纷的适格原告，涉及实施虚假陈述行为的任何人都可成为适格被告。

从行为要件看，美国法律上的虚假陈述行为具体包括：使用任何方法欺诈；对重要事实进行虚假陈述，或陈述中遗漏重要事实且缺乏该事实会产生误导；从事对任何人构成欺诈或欺骗的活动。尽管这些规定较为抽象和模糊，但其适用范围较之于中国也更加广泛。美国法律同样将重大性作为证券虚假陈述行为的要件之一，并将重大性标准定义为"对普通的理性的投资者决策有重要影响"。例如 TSC Industries 案明确，披露文件中遗漏事实必须是理性股东在决定和表决时可能被视为重要的信息。^② 若这种影响是切实存在的，遗漏事实就是重大性信息；若理性投资者认为该遗漏事实不会实质性地对其决策依赖的信息产生重大改变，该遗漏信息就不具有重大性。

从主观要件上看，美国要求证券虚假陈述行为人应具有欺诈的故意。美国司法实践一般支持将"严重疏忽而不知陈述失实"作为默示责任规则下故意的判断标准，也即被告在主观上明知虚假陈述事实或主观上存在重大过失导致陈述失实。在因果关系上，美国虚假陈述责任纠纷中原告同样需举证证明虚假陈述行为和损害结果间存在交易因果关系和损失因果关系。

实施虚假陈述行为可能还需承担行政责任和刑事责任。在行政责任上，美国证监会有权对涉嫌违法行为主动调查并移交司法部处理，也可以直接起诉请求法院发出禁令并处以矫正性处罚。美国证监会可向违反证券法主体发出"停止令"，责令行为人停止违法行为。^③ 美国《1934 年证券交易法》第 32 条 a 款规定在披露的信息中欺诈或虚假陈述行为会被最高处以 100 万美元罚款和 10 年有期徒刑。《萨班斯-奥克斯利法案》规定证券欺诈行为能最高处以 25 年有期徒刑和巨额罚款。

五、若干思考

五洋债券案等案件的裁判说理一方面蕴含了法官的才学和智慧，另一方面也暴露出相关法律法规在适用中捉襟见肘的现状。缺乏明确的法律规定，对法官释法用法无疑是一个挑战。怎样认定发行人的实际控制人、承销商以及相关证券服务机构和投资者损失

---

① 李有星、潘政：《瑞幸咖啡虚假陈述案法律适用探讨——以中美证券法比较为视角》，载《法律适用》2020 年第 9 期。

② 李有星、潘政：《瑞幸咖啡虚假陈述案法律适用探讨——以中美证券法比较为视角》，载《法律适用》2020 年第 9 期。

③ 深圳证券交易所综合研究所：《美国 NASDA 市场信息披露制度》，载中国法学网，http://iolaw.cssn.cn/flxw/200701/t20070123_4599310.shtml，2023 年 10 月 26 日访问。

间的因果关系？怎样确定证券服务机构虚假陈述致损的赔偿范围？机构投资者应承担怎样的注意义务？五洋债券虚假陈述案中，法院仅在论证发行人是否侵权时分析发行人虚假陈述行为和投资者损失间的因果关系问题，在讨论发行人的实际控制人、承销商以及相关证券服务机构时都忽略了其虚假陈述行为和投资者损失间的因果关系的论证。在该案中，应如何认定发行人的实际控制人、承销商以及相关证券服务机构和投资者损失间的因果关系？裁判时应注意与金融监管协同，且言之有据，在合法合规的基础上审慎行使自由裁量权。

2023 年 9 月 21 日，北京金融法院对投资者与乐视网信息技术（北京）股份有限公司证券虚假陈述责任纠纷作出一审判决。乐视网虚假陈述案的一审判决书中对各被告责任承担的认定，展示了证券虚假陈述连带责任赔偿的最新发展方向。法院先是说明确定证券虚假陈述行为侵权损害赔偿责任的总原则，即上市公司和控股股东等财务造假的"首恶"，应承担投资者的全部损失。对于上市公司的其他高级管理人员，应在考虑其岗位、职责、参与情况、过错程度等因素后针对性地确定其民事责任。对于证券服务机构，应保持注意义务、注意能力和赔偿责任间的平衡，精准追责。根据证券服务机构的履行职责、过错程度和发行人的造假手段的隐秘性以及核查手段局限性，证券承销商和保荐人在 10% 范围内承担连带赔偿责任，利安达、华普天健、信永中和三家审计机构分别在 1.5%、1%、0.5% 范围内承担连带赔偿责任。虽然乐视网一案仍处于可上诉阶段，但一审判决书中对证券服务机构实施虚假陈述行为致损的赔偿责任认定和五洋债券案相比有新的变化，该问题再次成为讨论的重点。我国法律虽然规定证券服务机构实施虚假陈述行为应承担连带责任，但对于证券服务机构的赔偿范围并未形成统一的认定标准。我国应如何确定证券服务机构虚假陈述致损的赔偿范围？

对于机构投资者是否应有更高注意义务，专业投资者和普通投资者的注意义务是否存在区别，目前我国法律未对机构投资者的注意义务作出明确规定。司法实践中也呈现出不同的观点。在广夏银川虚假陈述案件中，法院认为基金管理人应基于其专业和任职资格而承担更高的注意义务，从而认定基金管理人的投资决定和虚假陈述行为间不存在因果关系。法院认为，基金管理人属于专业投资机构，其应当具备与普通证券市场投资人不同的市场投资技能和专业研究分析能力，故原审法院对基金管理人适用高于普通证券市场投资人的标准并无不妥。该案中，法院认定专业机构未运用专业知识和技能，严格履行投资决策程序，故不能认定专业机构合理信赖虚假陈述行为。[①] 在保千里证券虚假陈述案件中，法院根据交易市场和交易方式的差异区分投资者的注意义务。针对公开募集股份的发行市场和通过证券交易所报价系统进行的"非面对面"证券交易，应采用交易因果关系推定原则以减轻不特定投资者的举证责任，实现实质公平。针对向特定投资者发行股票、协议转让等"面对面"证券交易，《民事赔偿若干规定》并未纳入其适用范围。这类证券虚假陈述侵

---

① 参见宁夏回族自治区高级人民法院（2007）宁民商终字第 74 号民事判决书。

权纠纷属于普通侵权，应由特定投资者作为被侵权人举证证明其投资决定与虚假陈述行为之间存在因果关系。[①]

案例五：证券诉讼制度

——以康美药业案和阿里巴巴案为代表

一、基础知识

(一)证券代表人诉讼程序

根据 2020 年最高人民法院颁发的《关于证券纠纷代表人诉讼若干问题的规定》(以下简称《诉讼规定》)，证券代表人诉讼包括普通代表人诉讼和特别代表人诉讼。普通代表人诉讼是受损害投资者作为代表人，代表其他因同一违法行为遭受损失的投资者提起的民事诉讼。特别代表人诉讼是投资者保护机构作为代表人，代表因同一违法行为遭受损害的投资者提起的民事诉讼。康美药业案是证券特别代表人诉讼第一案，飞乐音响案是我国证券普通代表人诉讼第一案，这表明我国的证券代表人诉讼程序已在实践中落地实施。

(二)普通代表人诉讼和特别代表人诉讼的辨析

1. 设置目的相同

证券代表人诉讼都是基于共同的诉讼标的或可以合并审理的诉讼程序。无论是普通代表诉讼还是特别代表人诉讼，都是保护投资者利益、完善和规范证券市场的重要手段。建立证券代表人诉讼能进一步强化证券民事责任追究，有效遏制欺诈发行、财务造假等证券违法行为，对防范化解金融风险和促进资本市场改革发展有重要意义。尽管普通代表人诉讼和特别代表人诉讼都属于证券代表人诉讼，设置目的相似，但两者在管辖权、诉讼代表人、启动条件、投资者参与诉讼方式以及诉讼成本和诉讼效果上都存在巨大差异。

2. 管辖法院不同

根据《诉讼规定》第 2 条，证券纠纷代表人诉讼案件的级别管辖法院应为中级人民法院或专门人民法院。从地域管辖上看，普通代表人诉讼应由发行人住所地或被告住所地法院管辖。而特别代表人诉讼应由相关证券交易所所在地的法院管辖。

3. 诉讼代表人不同

根据《诉讼规定》第 5 条，普通代表人诉讼中的代表人应由十个以上原告推举产生，代

---

① 参见广东省高级人民法院(2019)粤民终 2080 号民事判决书。

表人数为二至五名。《诉讼规定》第 12 条规定普通代表人诉讼中代表人的资格限制，要求代表人自愿参与、具有相当比例的诉讼利益、有一定的诉讼能力和专业经验愿意积极履职，且无须依法回避。根据《证券法》第 95 条，投资者保护机构是特别代表人诉讼的代表人，具体包括中证中小投资者服务中心有限责任公司(以下简称"中小投服")和中国证券投资者保护基金有限责任公司(以下简称"投保基金公司")。中小投服是投资者保护公益机构，投保基金公司是国有独资企业，双方都由中国证监会直接管理。这些投保机构的选任资格来源于其与生俱来的公益性、专业性和独立性。

4. 启动条件

根据《诉讼规定》第 5 条，普通代表人诉讼的原告方人数须超过十人，且原告方应向法院提交证明证券侵权事实的初步证据。《证券法》第 95 条规定特别代表人诉讼的启动前置条件：第一，法院启动普通代表人诉讼程序并发出权利登记公告。第二，委托投资者保护机构的投资者在五十人以上。只有满足上述两个条件才有可能从普通代表人诉讼转为特别代表人诉讼。

5. 投资者参与诉讼的方式不同

《诉讼规定》第 8 条明确规定普通代表人诉讼程序的明示加入原则。普通代表人诉讼中，权利人应在公告确定的登记期内向法院登记，超期未登记的法院不认可其原告资格。根据《证券法》第 95 条，投资者保护机构为合格的委托人向法院登记，除非权利人明确表示不愿意参加诉讼的除外。通常认为该条确立了明示退出默示加入的原则。

6. 诉讼成本和诉讼效果

根据《民事诉讼法》第 121 条，普通代表人诉讼需要预交案件受理费。《诉讼规定》第 39 条表明特别代表人诉讼不预交案件受理费用。与普通代表人诉讼相比，特别代表人诉讼能一次性解决纠纷，对证券违法行为形成威慑态势，倒逼证券发行人和相关机构人员审慎作为。但这也意味着相关责任人短期内需支付巨额赔偿可能面临破产的风险，增加获得赔偿的不确定性。在最终利益归属方面，普通代表人诉讼中若原告主张法院被支持，部分胜诉利益会归属于具有当事人身份的代表人。而特别代表人诉讼中，投保机构仅为程序当事人而非实体利益的最终享有者，故胜诉后投保机构不会享有相关赔偿金。

通过案例四介绍了我国证券实体制度后，案例五将聚焦证券诉讼制度的普通代表人诉讼程序、特别代表人诉讼程序以及证券纠纷示范判决机制。以下将通过康美药业案阐述国内特别代表人诉讼程序的具体流程，再通过阿里巴巴集体诉讼案介绍美国证券集团诉讼制度，以供读者进行对比学习。

二、典型案例

(一)康美药业案

2001 年 3 月 19 日，康美药业在上海证券交易所主板上市。2017 年 4 月至 2018 年 8 月，康美药业通过官方渠道先后披露《2016 年年度报告》《2017 年年度报告》《2018 年半年度报告》。2018 年 10 月 15 日，质疑康美药业财务造假的文章在网上出现，并被多家影响范围较大的媒体广泛转载。次日，康美药业股票一度跌停，收盘跌幅 5.97%，而后连续三日以跌停价收盘。

2020 年 5 月 14 日，证监会对康美药业作出《行政处罚决定书》。经查明，康美药业虚增财产，所披露的《2016 年年度报告》《2017 年年度报告》《2018 年半年度报告》《2018 年年度报告》存在虚假记载。同时，《2016 年年度报告》《2017 年年度报告》《2018 年年度报告》未对控股股东及其关联方非经营性占用资金的关联交易情况进行披露，存在重大遗漏。证监会拟决定，对康美药业责令改正，给予警告并处以罚款；对相关责任人员给予警告并处罚款，并对领导者和直接实施者采取市场禁入措施。①

2021 年 2 月 18 日，中国证监会对作为审计机构的正中珠江作出《行政处罚决定书》。正中珠江为康美药业 2016 年至 2018 年财务报表出具的审计意见均存在虚假记载。中国证监会决定对正中珠江责令改正，没收业务收入并处罚款；对相关责任人员给予警告并处以罚款。②

2020 年 12 月 31 日，若干名投资者向广州市中级人民法院提起诉讼。2021 年 7 月 27 日，广州中院适用特别代表人诉讼程序公开审理该案，并于 11 月 12 日作出一审判决。12 月 21 日，各方均为上诉，一审判决生效。

(二)阿里巴巴集体诉讼案

2014 年 7 月，原国家工商总局和阿里巴巴以非公开方式进行行政指导座谈会。为不影响阿里巴巴上市进度，原国家工商总局直至 2015 年 1 月 28 日才发布了《关于对阿里巴巴集团进行行政指导工作情况的白皮书》(以下简称《白皮书》)，指出阿里巴巴网络交易平台存在五大问题。随后国家工商总局澄清，《白皮书》仅为座谈会的会议记录，不具有法律效力，该文章也被直接删除。然而美股市场反应强烈，并以阿里巴巴首次发行上市时遗漏披露《白皮书》、涉嫌虚假和误导性陈述为由，将阿里巴巴及其包括马云在内的高管团队作为被告向美国提起集体诉讼。

---

① 参见中国证券监督管理委员会：《中国证监会行政处罚决定书(康美药业股份有限公司、马兴田、许冬瑾等 22 名责任人员)》，(2020)24 号行政处罚决定书。
② 参见中国证券监督管理委员会：《中国证监会行政处罚决定书(广东正中珠江会计师事务所、杨文蔚、张静璃、刘清、苏创升)》，(2021)11 号行政处罚决定书。

2016 年 6 月，纽约地方法院一审判决驳回原告投资者的起诉，其理由在于：第一，阿里巴巴的信息披露准确充分，不存在有意的虚假和误导性陈述。第二，行政指导行为属于非正式管理行为，不具有强制执行内容，并不意味着阿里巴巴内部存在违法行为。然而二审法院判决发回重审。2018 年 12 月，阿里巴巴公告其已经向美国集体诉讼原告达成向其支付 3.24 亿美元的和解方案。

三、裁判说理

(一)康美药业、正中珠江以及相关责任人员的赔偿责任

本案中对于康美药业和正中珠江实施虚假陈述行为的认定没有太大争议，双方的其中一个争议焦点在于虚假陈述行为实施日和揭露日的认定。根据《民事赔偿若干规定》第 7 条和第 8 条，虚假陈述实施日是指信息披露义务人作出虚假陈述之日。虚假陈述揭露日是指虚假陈述在有全国性影响的公开渠道首次被公开揭露并为证券市场知悉之日。实施日和揭露日的认定对交易因果关系以及投资者损失的确定具有重大影响，本案中法院通过揭露行为的一致性、警示性和广泛性来论证揭露之日。首先，媒体质疑的报道内容和行政处罚书认定情况基本相同，满足揭露行为的一致性要件。其次，自媒体揭露的内容引发强烈的市场反应。康美药业被质疑后股价急速下跌，对市场起到很强的警示作用，满足揭露行为的警示性要件。最后，相关文章虽然并非在官方媒体首发但被多家媒体转载，满足广泛性要求。2017 年 4 月 20 日康美药业首次披露《2016 年年度报告》，该日期应当认定为虚假陈述的实施日。2018 年 10 月 16 日，媒体揭露康美药业财务造假，该日应为虚假陈述行为的揭露日。故本案的证券虚假陈述行为的影响范围应为 2017 年 4 月 20 日至 2018 年 10 月 15 日。

最后法院认为，康美药业虚假陈述行为导致涉案投资者遭受损失，应对案涉投资者赔偿投资损失 2458928544 元。马某田和许某瑾作为康美药业实际控制人，是虚假陈述行为的直接负责人，应与康美药业承担连带赔偿责任。组织实施财务造假的董事会秘书和财务主管人员也是本案直接责任人，应承担连带赔偿责任。对于其他未从事财务工作的相关"董监高"人员，法院认为其未尽勤勉尽责，存在较大过失，且均在案涉定期财务报告中签字，故他们是本案的其他直接责任人员，应在投资者损失的 20% 范围内承担连带责任。对于不参与日常经营管理的独立董事，其过失较小，应在投资者损失的 5% 或 10% 范围内承担连带赔偿责任。正中珠江严重违反基本审计程序，应承担连带赔偿责任。根据《合伙企业法》第 57 条规定，在审计项目的签字注册会计师兼正中珠江合伙人应在正中珠江责任范围内承担连带责任。正中珠江的其他直接责任人员无须承担赔偿责任。

表3-3 康美药业虚假陈述案各责任主体的责任承担一览表

责任主体	职责	责任承担
上市公司	信息披露义务人	赔偿责任
实际控制人	直接责任人	连带赔偿责任
董事会秘书、财务总监	直接责任人	连带赔偿责任
未从事财务工作的"董监高"	其他直接责任人	20%范围内的连带赔偿责任
独立董事	其他直接责任人	5%或10%范围内的连带赔偿责任
审计机构	未尽勤勉职责的证券服务机构	连带赔偿责任
中介机构签字人员(合伙人)	中介机构直接责任人	连带赔偿责任
中介机构签字人员(非合伙人)	中介机构直接责任人	无赔偿责任

(二)特别代表人诉讼的运行程序(详见图3-1)

根据《诉讼规定》和《中证中小投资者服务中心特别代表人诉讼业务规则(试行)》(以下简称《中小投服规则》)相关规定,特别代表人诉讼的运行程序可分为三部分:启动普通代表人诉讼程序、中小投服内部决策、当事人委托授权。

1. 启动普通代表人诉讼程序

《证券法》第95条规定①已明确普通代表人诉讼程序和特别代表人诉讼程序是递进关系而不是并行关系。该条第1款规定了证券普通代表人诉讼的适用条件。适用普通代表人诉讼程序后,投保机构受50名以上投资者委托可作为代表人参加诉讼,法院转而适用特别代表人诉讼程序,并再次公告通知不愿涉诉的投资者应在合理期限内登记。因此可知投保机构参加诉讼需满足两个条件:法院采用普通代表人诉讼程序并发出权利登记公告;投保机构接受足够数量投资者的委托。最高人民法院对第95条的解释也证明了两程序间的递进关系。② 为落实《证券法》第95条内容,《诉讼规定》第32条进一步明确特别代表人诉讼的前置启动程序。

---

① 《证券法》第95条规定:"投资者提起虚假陈述等证券民事赔偿诉讼时,诉讼标的是同一种类,且当事人一方人数众多的,可以依法推选代表人进行诉讼。对按照前款规定提起的诉讼,可能存在有相同诉讼请求的其他众多投资者的,人民法院可以发出公告,说明该诉讼请求的案件情况,通知投资者在一定期间向人民法院登记。人民法院作出的判决、裁定,对参加登记的投资者发生效力。投资者保护机构受五十名以上投资者委托,可以作为代表人参加诉讼,并为经证券登记结算机构确认的权利人依照前款规定向人民法院登记,但投资者明确表示不愿意参加该诉讼的除外。"

② 参见《〈关于证券纠纷代表人诉讼若干问题的规定〉的理解与适用》中"《规定》的主要内容和价值导向"下的第八项内容。

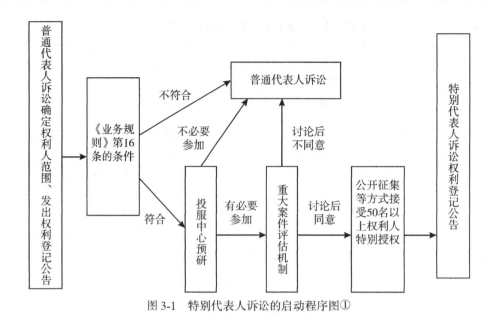

图 3-1 特别代表人诉讼的启动程序图①

2. 中小投服内部决策

《证券法》第 95 条中,投保机构受委托后"可以"作为代表人参与诉讼表明投保机构提起特别代表人诉讼并非必需的,投保机构具有选案权。这种规定更有利于集中投保机构的有限资源于需要特别保护受损投资者利益的案件中,避免投保机构陷于诉累。中小投服的选案标准规定在《中小投服规则》第 16 条和第 17 条中:第一,"有关机关作出行政处罚或刑事裁判等"。这些决定书裁决书或判决书能帮助固定证券虚假陈述行为的存在,增强特别代表人诉讼的确定性和效率性,投保机构的胜诉率也会增加。第二,"案件典型重大、社会影响恶劣、具有示范意义"。该类案件的社会影响力极大,投保机构选择这类案件不仅可以对缺乏专业知识、数量众多的受损投资者提供援助,也能对证券违法行为人施加威慑力和压迫力。第三,"被告具有一定偿付能力"。投保机构参与诉讼的最终目的是使受损投资者获得应有的实质赔偿。若被告不能承担赔偿责任,该诉讼也就陷入僵局,即使投保机构加入也不能帮助投资者获得实质救济。第四,"投服中心认为必要的其他情形"。《中小投服规则》第 17 条具体规定了投服中心内部预研考虑的情形,包括公司基础信息和经营情况、违法事实和被处罚内容等。在整个中小投服内部决策过程中,只有待选案件满足以上四个条件,投服中心才会接受投资者的委托。

3. 当事人委托授权

只有经过当事人的委托授权后,投服中心才具有参与证券诉讼的正当理由。《中小投

---

① 郭文旭:《新〈证券法〉实施下特别代表人诉讼的启动程序——规则解读、制度构思和完善建议》,载《南方金融》2021 年第 6 期。

服规则》第 20 条明确了投服中心可通过公开征集或其他方式收集投资者的特别授权。授权当事人不仅要满足 50 人以上的程序性要求，还需要符合法院公告的裁决书中确定的实质性条件。若授权当事人诉讼过程中退出导致投资者不足 50 人的，根据《诉讼规定》第 36 条投保机构仍可以代表人身份参与诉讼。

康美药业作为适用证券特别代表人诉讼程序的第一案，法院在启动特别代表人诉讼程序时同样依照上述流程。2020 年 12 月 31 日，11 名投资者向广州中院提起普通代表人诉讼。2021 年 3 月 26 日，广州中院发布《普通代表人诉讼权利登记公告》，明确符合相关要求的投资者可在 2021 年 4 月 25 日前登记加入本案诉讼。4 月 8 日，中小投服接受 56 名权利人授权，向法院申请作为代表人参加诉讼。经最高人民法院指定管辖，广州中院适用特别代表人诉讼程序审理本案。4 月 16 日，广州中院发布《特别代表人诉讼权利登记公告》，符合公告中权利人范围的投资者如未在公告期间届满后 15 日内书面声明退出诉讼的，即视为同意参加本特别代表人诉讼。

四、域外视野

（一）美国的证券集团诉讼

证券纠纷群体诉讼可分为两种模式，分别为英美法系证券集团诉讼以及以德国为代表的投资者示范诉讼。如下将以阿里巴巴集体诉讼案为背景，介绍美国的证券集团诉讼。

美国《联邦民事诉讼规则》第 23 条 a 款规定了集团诉讼的四项启动条件。第一，原告人员众多，这是集团诉讼的首要条件。只有集团成员人数较多，且要求全体出庭是不可行的情况下，才能开启集团诉讼。第二，集团成员具有事实上或法律上的共同问题。法院需要审查集团成员的诉讼请求和材料判断成员间是否具有共同的问题。第三，代表人的请求在集团具有代表性。第四，代表人需具有公正性。代表人需公正地对待所有集团成员的利益，不可为自身利益损害其他集团成员的利益。[1] 除满足上述条件外，法院还需依据《联邦民事诉讼规则》第 23 条 b 款审查是否满足以下三种情形之一：以个别诉讼方式起诉可能会导致判决相矛盾或不当处分未涉诉成员的利益；被告特定行为对多数人造成广泛性影响时法院可通过终局禁制令或相关声明予以救济；集团成员的共同性问题主导了单个成员的问题且集体诉讼是最公正有效的解决方式。

美国集团诉讼中的代表人应如何确立？投资者若认为上市公司侵犯其合法利益的，均可在未经其他投资者同意的情况下提起集体诉讼。法院确定启动集团诉讼程序后会指定符合条件的集团代表人。《联邦民事诉讼规则》第 23 条 g 款还规定了集团诉讼代理人的选任规则。集团诉讼代理人由法院指定，经法院和代表人任命后，需负责调查分析集团诉讼的事实和法律问题，并将报告提交给代表人查阅。囿于专业知识的限制，集团成员难以对集

---

[1] 唐豪、朱琳：《我国证券纠纷代表人诉讼的程序解构及其重塑》，载《南方金融》2021 年第 3 期。

团诉讼代理人形成有效监督，代理人有可能会为了自身利益损害集团成员的利益。为平衡双方利益，法院在集团诉讼中的监督职能会更加凸显。例如，法院具有集团代理人的指定权和撤换权、律师酬金最终裁定权。

在投资者参与诉讼的方式上，美国确定了默示退出的规则。法院决定以集团诉讼程序受理纠纷后向成员通知案件情况，若成员在指定期限内未向法院提出退出诉讼，则默示承认属于本案的原告，诉讼结果对其发生效力。这种默示退出规则有利于降低诉讼成本，避免重复诉讼。它使得受损投资者不作为也能获得赔偿，有力保障投资者的合法权益。当然默示退出的规定同样尊重投资者退出集团诉讼的选择，为投资者另行起诉保留余地。对证券违法者来说，由于该规则纳入的原告数量众多，巨大赔偿金额可能会使其面临破产风险。从长期来看，这种威慑力极强的规则有利于减少证券违法行为的发行。

在阿里巴巴集团诉讼案中，众多投资者因《白皮书》内容担忧阿里巴巴上市存在虚假陈述行为，但仅有阿里巴巴在美投资者对其提起集团诉讼，港股投资者并未因此提起诉讼。有学者认为，这和美国的胜诉酬金规则导致的诉讼成本低有关。胜诉酬金规则中，证券集团诉讼的代理律师先行垫付诉讼费用，并自行承担败诉风险，只有胜诉或达成和解取得诉讼收益时才能收取代理费用。[①] 这种规则的风险较高，但胜诉后的风险代理费也较高，极大激励了律师代理该类案件的工作热情。

实践中，多数的美国证券集团诉讼并非以法院判决的方式结案，而是以庭前和解的方式替代诉讼全程。阿里巴巴集体诉讼案最终以和解结案也证明了这一点。区别于一般民事诉讼和解程序没有第三方介入的特点，集体诉讼的和解协议只有经过法院批准后才具有效力。之所以这样规定，归根结底是以集团成员的利益为出发点，特别是关注到未直接参与诉讼的集团成员的利益。和解协议拟定后，法院对和解协议进行书面审查，具体可分为初步审查阶段和最终同意阶段。在初步审查阶段，法院需审阅和解协议，考虑和解协议是否可行。法院主要从以下角度进行考虑：各个集团成员的利益是否充分维护、直接参诉成员是否有为自身利益欺骗其他成员信任的行为、能与代理律师直接接触的集团代表人有无恶意串通行为、和解协议内容是否可以实现集团成员利益最大化以及和解协议确定的数额与被告方的经济能力能否匹配等。法院初步同意后，诉讼代表人和代理人应向所有未申请退出的集团成员发出和解通知并公告和解协议的内容。无论集团成员是否对和解协议提出异议，法院都可依职权举行听证会。若有集团成员在听证会上提出质疑，法官需对此进行质询，并由记录人员记录在案。即便无人质疑，法官也应依职权对将来可能出现的问题要求代理律师和集团代表人在会上质证。听证会质证结束并排除一切合理怀疑后，和解才算真正被批准，这也是法官的最终同意阶段。

（二）德国的投资者示范诉讼

德国通过《投资者示范保护法》确立以投资者示范诉讼来处理证券群体纠纷。德国投资

---

① 参见刁忠：《新〈证券法〉下我国证券集团诉讼的完善路径——对美国集团诉讼的借鉴与反思》，载《法制与社会》2020 年第 23 期。

者示范诉讼的示范性体现在州高等法院作出的判决对州其他地方法院处理的平行案件具有很强的参考作用。地方法院将案件移交给高等法院后中止审理平行诉讼,只有当高等法院对示范诉讼作出裁决后才可依据裁决认定的法律事实继续审理该案件。[①] 投资者示范诉讼的启动同样需要满足相关条件。只有当事人向州地方法院提出申请、法院审查通过该申请、联邦在 6 月内接收了至少 9 个指向相同的示范诉讼申请后,案件才会移送给州高等法院适用示范诉讼程序审理。

五、若干思考

如何分析投资者保护机构在诉讼地位中的正当性?中小投服是否面临垄断风险?《证券法》第 95 条将民事诉讼法的代表人诉讼制度运用到证券法领域,《关于证券纠纷代表人诉讼若干问题的规定》对证券代表人诉讼制度的运行规则也进行细化。特别代表人诉讼制度提高了中小投资者维权的便捷程度以及投资者权益的保障力度,进一步引导证券市场在公正合理的秩序上运行。然而该制度实施时间短,尚未形成指导性案例,在具体实践中仍存在若干问题。我国的代表人诉讼要求代表人应从众多当事人中选择。在证券特别代表人诉讼中,投资者才是实体权利义务的享有者,应作为当事人参与诉讼。出于投保机构的专业性、便利诉讼、平衡投资者和发行人实质利益等理由的考虑,投保机构能作为代表人参与诉讼。但投保机构并非诉讼的适格主体,缺乏代表受害投资者诉讼的法理基础,不能将特别代表人诉讼归于代表人诉讼中,因此应从其他角度合理分析投保机构诉讼地位的正当性。目前,中小投服是我国唯一真正意义参与证券集体诉讼的投资者保护机构。即使投保基金公司在后面阶段也参与特别代表人诉讼中,这两家机构也可能会形成寡头垄断。因此,应如何通过对投保机构的激励和约束机制降低垄断发生的可能性?

独立董事实施证券虚假陈述行为致损的民事责任和赔偿数额应如何确定?康美药业中法院判决五位独立董事承担投资者损失的 5% 或 10% 范围内的连带赔偿责任,赔偿数额高达两亿多元。该判决引发学界对独立董事的证券虚假陈述民事赔偿责任的思考。第一,独立董事承担的虚假陈述赔偿责任的法律基础是什么?应通过什么标准认定独立董事已经达到注意义务?第二,根据《民事赔偿若干规定》第 16 条规定了独立董事过错推定的抗辩事由。然而关于专业协助的抗辩事由仍存在专业领域的界定等问题。第三,独立董事并未参与公司日常经营管理,其承担巨额的赔偿数额是否负担过重,应如何平衡独立董事的收益和风险?

如何在代表人诉讼程序和证券纠纷示范判决机制中进行协调和衔接?2021 年 12 月 15日,上海金融法院修订通过《上海金融法院关于证券纠纷示范判决机制的规定》(以下简称《判决规定》)。证券纠纷示范判决机制是上海金融法院在证券审判实践中作出的一项创新制度。与德国的投资者示范诉讼相似,示范判决机制是在处理群体性证券纠纷时先行审理

---

① 参见唐豪、朱琳:《我国证券纠纷代表人诉讼的程序解构及其重塑》,载《南方金融》2021 年第 3期。

代表性案件，再依据示范案件解决有共同性事实问题和法律问题的平行案件的纠纷解决机制。示范案件能覆盖群体性证券纠纷全部的共同争点，示范案件得到优先解决后，其他平行案件能在示范判决认定的共通事实基础上进行审理。该机制极大简化了平行案件的审理程序，显著提升了审判效率，获得了中小投资者的高度认可。然而在代表人诉讼、公益诉讼等多种诉讼制度并存的情况下，我们需要思考示范判决机制和代表人诉讼间的适用范围和衔接机制。虽然《判决规定》规定示范判决机制应在代表人诉讼适用范围以外的情形中去适用，然而并未对示范判决机制和代表人诉讼间的衔接作出回应。为进一步完善示范判决机制，我们有必要对示范判决机制和代表人诉讼间的衔接问题作具体解释。

案例六：证券监管合作制度
——从中概股退市风波谈起

一、基础知识

国际证券监管有广义和狭义之分。广义下，国际证券监管合作的主体包括立法机构、司法机构、政府证券监管部门、证券交易所和证券监管自律组织。狭义的国际证券监管合作一般是指两国证券监管部门间通过签署不具有国际法效力的双边证券监管合作谅解备忘录，开展双边证券监管执法协助、协调双边证券监管标准及行动等互助行为。① 目前我国的证券跨境监管合作机制主要通过多边和双边途径开展监管合作，详见图 3-2。

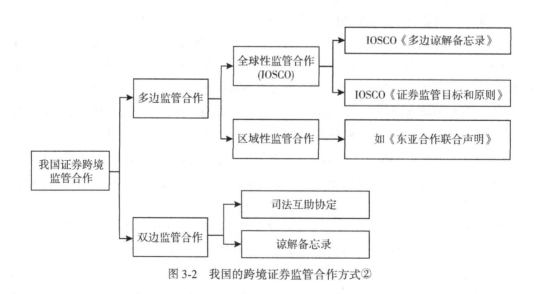

图 3-2　我国的跨境证券监管合作方式②

---

①　参见韩龙：《国际金融法》，高等教育出版社 2020 年版，第 283 页。

②　唐应茂：《国际金融法：跨境融资和法律规制(第二版)》，北京大学出版社 2020 年版，第 67~69 页。

(一)多边证券监管合作

多边证券监管合作主要是基于国际证监会组织(IOSCO)合作框架进行。IOSCO 是多边证券监管领域最重要的国际组织,在性质上它属于论坛性的非政府国际组织,故其证券监管规则不具有法律效力,属于国际软法的范畴。IOSCO 围绕跨境监管与执法合作活动形成了证券监管规则体系,其中《证券监管的目标与原则》《关于磋商、合作和信息交换多边谅解备忘录》具有里程碑意义。《证券监管目标与原则》确立了证券监管的三项基本目标:保护投资者,确保市场的公平、高效透明以及减少系统性风险。为实现上述监管目标,文件制定了 38 条原则并将其分为 10 类进行阐述。《关于磋商、合作和信息交换多边谅解备忘录》中,一国证券监管机构一旦成为签字方,即相当于同时和其他签字方签订了内容相同的双边合作谅解备忘录,免去签署多个双边备忘录的麻烦,突破了双边谅解备忘录局限。目前我国证监会和 SEC 均是 IOSCO 的正式会员,可以根据 IOSCO 跨境监管合作机制开展合作。除了开展全球性监管合作外,我国积极参与了区域间证券监管合作并签署了《东亚合作联合声明》《中国-东盟全面经济合作框架协议》等文件。

(二)双边证券监管合作

双边证券监管合作是双方通过签署双边合作文件约定并履行双边证券监管合作实务的活动。双边证券监管合作主要以双边司法协助协定和双边谅解备忘录两种形式实现。双边谅解备忘录是双边证券监管合作最常见的形式。目前中国证监会已经和多个国家或地区的证券监管机构订立证券监管合作谅解备忘录。然而相较于成熟市场国家签订的双边谅解备忘录,中国的双边谅解备忘录的内容较为简单,合作范围相对狭窄,并且多采用原则性或概括性规定。除这种方式外,我国还通过和其他国家或地区的司法协助协定来开展证券监管的双边合作。双边司法协助协定是以协议的方式对某一国当局的请求而给予司法便利的国家协助行为。在证券监管领域开展的双边司法协助合作有效打击了跨境证券违法犯罪行为,在保护投资者权益上也取得一定的成效。

二、典型案例

以下以中概股退出美国市场、瑞幸咖啡财务造假事件为例,讨论中美证券监管合作问题。

自 1992 年"中概第一股"华晨汽车在美国纽约股票交易所挂牌上市以来,迄今已有 500 余家中国公司先后赴美上市,中概股一度成为美国资本市场上最活跃的焦点。然而,受海外监管环境变化、中国国内资本市场制度逐渐发展、中美关系等影响,大批中概股从美国市场退市。

中概股在 2010 年和 2020 年左右有两次大规模退市浪潮,主要是因浑水和香橼为代表的做空公司就财务造假或协议控制架构的风险问题质疑中概股而起。不少中概股因受到做空打击或被波及而退市。退市原因主要分为三种：一是市值跳水、亏损严重，企业失去持续经营能力而退市；二是认为估值低，进行私有化，主动退市；三是因造假被查，被迫摘牌退市。在中概股危机事件中瑞幸咖啡案的影响较大，对于推动中美证券监管合作具有里程碑意义。瑞幸咖啡案始末如下：

2017年10月，瑞幸咖啡(中国)有限公司成立，总部设在厦门。2019年5月，瑞幸咖啡在美国纳斯达克成功上市，成为当时中国境内上市最快的中概股公司。

2020年2月1日，做空机构浑水公司声称收到匿名做空报告，揭露瑞幸咖啡存在虚构交易、财务造假等问题。瑞幸咖啡对此一概否认，称公司运营及利润正常。

2月5日，美国开始启动针对瑞幸咖啡的集体诉讼。4月2日，瑞幸咖啡向SEC递交文件，自曝公司存在严重财务舞弊行为。根据瑞幸咖啡内部调查，瑞幸咖啡从2019年第二至第四季度与虚假交易相关的总销售金额约为人民币22亿元。自爆财务欺诈的行为令瑞幸咖啡的股价在一小时内经历5次熔断，一度暴跌超过80%，市值瞬间蒸发300亿美元。6月29日，瑞幸咖啡停牌并进行退市备案。

7月31日，中国证监会声称将依法对瑞幸咖啡国内运营主体、关联方及相关第三方公司涉嫌违法行为进行立案调查，同时根据国际证监会组织跨境监管合作机制安排，配合美国证券监管部门开展跨境协查的工作①。

9月18日，市场监管总局及各地市场监管部门对瑞幸咖啡(中国)有限公司、瑞幸咖啡(北京)有限公司及北京车行天下咨询服务有限公司、北京神州优通科技发展有限公司、征者国际贸易(厦门)有限公司作出行政处罚决定，分别处以罚款200万元。

2021年9月21日，瑞幸咖啡声称和美国集体诉讼的原告代表已达成和解协议，同意向其支付1.875亿美元。

2020年自瑞幸咖啡财务造假爆发后，美国通过了《外国公司问责法案》(*Holding Foreign Companies Accountable Act*，以下简称HFCAA法案)。该法案主要通过加强审计监管力度来加强对赴美上市企业的监管，使得中概股在美国的合规成本剧增。

2022年8月26日，中美双方签署了《审计监管合作协议》，双方就合作原则、合作范围以及合作方式等内容作出约定，为后续开展监管合作提供了指引。

三、学理分析

中概股，是"中国概念股"的简称，是指在海外注册或上市、最大控股权或实际控制人直接或间接隶属于中国的民营企业或个人的公司，也是外国投资者对所有海外上市的中国股票的统称。中概股境外上市不仅要受到我国法律监管，更重要的是受到上市地法的规制。在中概股同时受到中国法律和上市地法律的双重监管下，中国应如何运用《证券法》对

---

① 证监会：《关于瑞幸咖啡财务造假调查处置工作情况的通报》，载中国证券监督管理委员会网，2020年7月31日，http://www.csrc.gov.cn/csrc/c100028/c1000725/content.shtml。

其进行监管？如何协调与上市地法律间的冲突？

(一)我国证券法的域外管辖适用

我国是否能监管中概股证券活动以及如何实施监管实质上是《证券法》域外管辖适用的问题。2019 年对《证券法》修改时在第 2 条增加了域外管辖条款，境外的证券发行交易活动扰乱国内市场秩序，损害境内投资者合法权益的，可依据证券法追究其法律责任。"扰乱境内市场秩序"以及"损害境内投资者合法权益"的表述表明《证券法》是在遵循属地管辖原则和保护性管辖原则的基础上行使域外管辖权。瑞幸咖啡是注册地和证券发行地都位于国外的外国公司，其证券融资行为发生在美国，符合第 2 条中的"境外"要求。瑞幸咖啡在纳斯达克全球精选市场发行存托凭证同属于我国和美国证券法中"证券"和"证券发行和交易活动"的定义，故瑞幸咖啡满足《证券法》域外管辖条款的适用条件①，实践中证监会在调查瑞幸咖啡违法行为时也主要根据中国法律来认定其存在何种违法行为。

实施证券域外管辖极易和他国司法主权产生冲突，应如何协调我国和相关国家对中概股的管辖问题？在适用证券域外管辖权时应遵循国际礼让原则，避免侵犯他国主权。当双方对证券都有监管权且一国已介入管辖时，他国只能以国际证券监管合作方式处理②。

(二)中美证券跨境监管合作机制

就中美双边证券监管合作而言，最早可以追溯到 1994 年签署的《中美证券合作、磋商及技术援助的谅解备忘录》。截至 2023 年 9 月，已签署的中美谅解备忘录及合作协议如表 3-4 所示。

表 3-4　　　　　　　　　　　中美签署备忘录及合作协议一览表③

签署对象	时间	名　称
美国证券交易委员会	1994	《中美证券合作、磋商及技术援助的谅解备忘录》
美国商品期货交易委员会	2002	《期货监管合作谅解备忘录》
美国证券交易委员会	2006	《中国证券监督管理委员会与美国证券交易委员会合作条款》
美国商品期货交易委员会	2008	《中国证券监督管理委员会与美国商品期货交易委员会合作条款》

---

① 郭金良：《我国〈证券法〉域外适用规则的解释论》，载《现代法学》2021 年第 5 期。

② 曹明：《我国证券域外管辖规则构建研究——以瑞幸咖啡财务造假事件为切入点》，载《南方金融》2021 年第 2 期。

③ 参见韩洪灵、陈帅弟、陆旭米等：《瑞幸事件与中美跨境证券监管合作：回顾与展望》，载《会计之友》2020 年第 9 期。

续表

签署对象	时间	名　　称
美国公众公司会计监督委员会	2012	《美方来华观察中方检查的协议》
美国公众公司会计监督委员会	2013	《执法合作备忘录》
美国公众公司会计监督委员会	2016	《试点检查合作备忘录》
美国公众公司会计监督委员会	2022	《审计监管合作协议》

(三) 中美《审计监管合作协议》

《审计监管合作协议》是在实现中美双方监管要求下提出的双边协议，该协议对提高会计师事务所执业质量、保护投资者合法权益具有积极意义，也有助于为企业依法依规开展跨境上市活动营造良好的监管环境。

在信息披露制度已不能满足上市地的监管需要时，为上市公司提供审计服务的会计师事务所也被纳入监管范围。审计监管是证券监管主体监督会计师事务所按法律规定对被审计单位的会计凭证、会计账簿等进行审计，并有权查阅审计中形成的工作底稿。从对象上看，审计监管的直接对象是会计师事务所，间接监管对象是被审计单位即跨境上市公司。跨境上市公司的审计工作通常由其母国所在地的会计师事务所负责，只有当会计师事务所在上市地注册登记后，其作出的审计报告才能获得上市地国家证券监管机构的认可。从主体上看，美国的审计监管机构是会计监督委员会(以下简称 PCAOB)，其有权审查会计师事务所作出的审计报告，并对违法会计师事务所实施制裁。中国主要由证监会和财政部牵头、有关业务主管部门共同配合来实施审计监管。

协调美国审计监管规则和中国跨境审计监管体系间的规则矛盾是《审计监管合作协议》出台的主要原因。美国《萨班斯-奥克斯利法案》和《多德-弗兰克法案》规定，PCAOB 有权对审计与美国上市公司相关的审计底稿的会计师事务所进行监管；对于拒绝提供审计工作底稿的会计师事务所，SEC 有权禁止其在美国继续提供审计服务。美国对中概股审计监管主要规定在 HFCAA 法案中。依据该法案第 2 条，若发行人提交了其他国家会计师事务所出具的财务审计报告，且因发行人母国采取的立场使得美国 PCAOB 无法全面检查或调查的，该审计年度计为一个未检查年度。连续三年未检查的，SEC 将禁止该企业参与在美的所有场内外交易。[①] 只有当发行人能证明其已聘请合格的会计师事务所且通过 SEC 检查时，SEC 才取消交易禁令。

美国的上述规定可能与我国法律规定相悖。由于审计底稿可能涉及国家安全、商业秘密或个人隐私的内容，PCAOB 查阅审计工作底稿的要求会对企业经济发展和国家安全造

---

① 参见彭志杰：《破解中概股退市困局：论中美跨境审计监管合作机制构建》，载《南方金融》2022年第 10 期。

成不利影响。《证券法》第 177 条表明我国并未绝对禁止提供监管信息提供，但原则上有关机构需对审计底稿的出境进行审查评估。故美国监管部门的证券域外管辖权与我国的现行法律规则间存在一定冲突。若在美上市的中国公司因审计底稿未通过我国有关部门的审查评估，连续三年未向 PCAOB 提供审计底稿的，将会面临强制退市的风险。

为解决上述问题，中国证监会、财政部和 PCAOB 正式签署《审计监管合作协议》，以双边监管合作方式开展审计监管。《审计监管合作协议》的主要内容如下：第一，双方坚持对等原则，"中美双方均可以依据法定职责，对另一辖区内相关事务开展检查和调查，被请求方应在法律允许范围内尽力提供充分协助"。第二，在合作范围上，中方提供协助的范围包括部分地为中概股提供审计服务、且审计底稿存放于香港事务所。第三，在合作方式方面，双方将提前就检查和调查活动进行沟通协商，美方须通过中方监管部门获取审计底稿等文件，在中方参与和协助下对会计师事务所相关人员开展访谈和问询。

四、域外视野

（一）美国证券域外管辖规则

美国法律并未对证券域外管辖规则作出明文规定，该规则是在长期司法实务判例中确认完善起来的，主要包括效果测试标准、行为测试标准、效果-行为标准以及交易标准。[①]

效果测试标准是指无论行为发生地在何处，只要证券违法行为对美国投资者和证券市场造成损害的，美国证券法即可对其进行管辖。为防止管辖权过度扩张，投资者损害结果须达到"实质性""可预见性""直接性"才会触发证券法的域外管辖。"实质性"要求境内投资者损害范围或结果须达到一定程度。"可预见性"是指境外证券违法行为和境内损害结果是可以预见的。"直接性"是指证券违法行为和损害结果间须具备直接的因果关系。行为测试标准是指发生在美国且违反证券法的行为即使对境外产生影响，美国法院也能对其进行管辖。美国在后来的司法判例中结合效果测试标准和行为测试标准，形成了"效果-行为标准"。该标准将行为的效果因素和行为发生地都纳入了考虑范围，法院可仅就影响较小的行为和效果而行使域外管辖权。效果-行为标准极大扩张了美国管辖权，反映了美国长臂管辖权的特征。此外，美国在 2010 年 Morrison 案中还确立了新的管辖适用条件，即交易标准。交易标准认为证券法的调整范围应仅适用于美国境内，证券法不具有域外效力。然而美国学者认为交易标准不当限缩了证券域外管辖范围，降低了投资者保护限度，损害了投资者合法权益。由于交易标准引发了诸多批评，《多德-弗兰克法案》将证券域外管辖适用标准重新确立为效果测试标准和行为测试标准。

---

① 曹明：《我国证券域外管辖规则构建研究——以瑞幸咖啡财务造假事件为切入点》，载《南方金融》2021 年第 2 期。

(二)欧盟跨境审计监管的等效认证制度

欧盟的审计监管制度创新性地构建了等效认证制度。等效认证制度是指成员国监管机构共同承认第三国审计机构出具的审计报告有效，无须对其进行监督。等效认证制度的法理基础在于：东道国监管当局对母国监管当局给予充分尊重和信任，在监管评估结果相似的前提下认可母国对会计师事务所的监管。在具体操作上，第三国监管机构的审计监管若能得到欧盟的承认，去欧盟上市的第三国企业则无须经过欧盟审计监管审查即可上市。反之，欧盟赴境外上市企业面临第三国审查时，同样能以国内的审计结果来替代第三国审查结果。2011年1月19日，欧盟通过《关于认可部分第三国审计监管体系等效以及延长部分第三国审计师和会计师事务所在欧盟成员国执业过渡期的决议》，确认包括中国在内的10个国家审计监管体系与欧盟审计监管体系等效。这意味着我国注册会计师行业的公众监督、质量保证、调查和惩戒体系与欧盟审计监管体系实现等效，跨境赴欧盟上市的中国企业能减轻合规成本。

五、若干思考

虽然《审计监管合作协议》对PCAOB获取审计底稿信息的方式作出回应，但在审计工作底稿查阅的具体权限和内容的问题上中美两国存在不同的主张。美国认为，PCAOB派驻的检查员依程序可以查看完整审计工作底稿并保留相应信息，同时有权查阅发行人的审计业务或潜在的违规行为。PCAOB能直接对相关审计人员面谈与问询并记录证词，查阅结束后有权将所获信息传送给SEC。然而，从中国法律上看，美方审查审计底稿前应事先与中国证券监管部门协商沟通，双方协商确定审查的主体、查阅的被审计单位、审计数据查阅的范围以及查阅的目的及用途等，并且仅限于现场查阅，美方不得将审计工作底稿擅自带离出境，审计底稿应存放在中国境内。可见，美国由美国主动参与主动介入，中国强调合作过程中应由中国主导、中美合作。因此，双方会在多大程度和何种深度开展审计监管合作，在协议执行过程中如何进行沟通协调以及参与和协助，有待双方在后续合作中作出进一步的安排。

第四章　金融新业态法律问题案例研习

人工智能、大模型、区块链、数字技术等应用于金融行业，金融新模式、新业态迭出，在促进金融发展的同时又带来新的风险，为国家金融监管和法律治理带来新的挑战，政策制定者和监管机构需要在鼓励创新与降低风险之间进行权衡。以下选取金融新业态发展中的若干案例，即关于金融衍生品合规性和投资者适当性的原油宝案、关于私募基金管理人责任认定的钜洲资产管理公司案、关于对赌协议效力认定的海富案、关于金融科技监管的英国沙盒监管实践、关于互联网金融消费者保护的P2P爆雷事件，探讨银行衍生业务的合规性、私募基金和对赌协议的性质与效力、金融科技发展对传统金融监管的挑战与因应、互联网金融消费者权益保护等法律问题。

案例一：金融衍生品的合规性
——对原油宝案的思考

一、基础知识

(一)金融衍生品的含义与特征

根据《银行业金融机构衍生产品交易业务管理暂行办法》(以下简称《衍生品办法》)第3条的规定，金融衍生品是指价值受基础资产影响波动的金融合约，主要包括远期、期货、掉期和期权或者具有上述种类特征的混合金融工具。金融衍生品是常见的用于规避外汇风险的工具。期权赋予双方在未来买卖资产或工具的权利。期货是期货交易所统一规定的在未来买卖标的物的标准化合约。远期和期权含义大致相同，但与期权最大的区别在于远期是必须要履行的合约。掉期是双方约定未来交换两种货币的交易。《关于促进衍生品业务规范发展的指导意见(征求意见稿)》列出了金融衍生品的三个特征：第一，具有未来进行交割或行权的基础资产；第二，合约需明确未来进行交割的基础资产的数量和价格或其确定方式；第三，具有明确的到期期限及明确的交割方式。

(二)我国有关衍生品交易的规定

根据交易市场区分，金融衍生品可分为场内衍生品和场外衍生品。场内衍生品是在期货交易所交易的标准化产品。基于标准化特征，场内衍生品交易需要严格遵循交易所制定的交易规则，不能改变交易品种和交易期限，因此参与场内衍生品交易的投资者主要是专业金融机构，少数情况下也存在具有专业知识的个人投资者。金融机构和客户间一对一的柜台交易属于场外衍生品交易。场外衍生品交易的针对性更强，金融机构需要针对客户的个性化需求选择适当的产品，流动性较差。表 4-1 列出了我国规范场内衍生品和场外衍生品交易的有关文件。

表 4-1　　　　　　　　我国对场内衍生品和场外衍生品交易的专门规定

	颁布主体	文件名称
场内衍生品交易	证监会	《关于进一步规范证券基金经营机构参与场外衍生品交易的通知》《关于进一步加强证券公司场外期权业务监管的通知》
	行业协会	《中国证券期货市场场外衍生品交易主协议》
场外衍生品交易	国务院	《期货交易管理条例》

二、典型案例

以下以 2018 年原油宝事件为例讨论金融衍生品的合规性问题以及伴生的投资者适当性义务。原油宝是中国银行 2018 年 1 月推出的金融衍生品，主要为境内个人客户提供挂钩境外的原油期货交易服务。

2020 年 3 月 16 日，江某均和中国银行南通钟秀支行签署《产品协议》电子合同购买"人民币美国原油 2004 合约"。至 2020 年 4 月 20 日停止交易前，江某均仍保留多手(桶)"人民币美国原油 2004 合约"。2020 年 4 月 22 日，中国银行发布公告，"人民币美国原油 2005 合约"多头平仓结算价格为 - 266.12 元。江某均"原油宝"交易账户产生平仓损失139723.95 元，其中保证金损失 28885.95 元和本金损失 110838 元。原油宝多头持仓客户全部穿仓。江某均等多位投资者向南京市鼓楼区法院起诉，确认《中国银行股份有限公司金融市场个人产品协议》无效并判令南通钟秀支行赔偿本金损并退还保证金。经法院调解，江某均和南通钟秀支行达成调解协议，南通钟秀支行赔偿其 20% 本金损失并退还保证金。

2020 年 12 月 31 日，鼓楼区人民法院对另两件案件一审公开宣判，判决南通钟秀支行承担原告全部穿仓损失和 20% 的本金损失，返还保证金余额并支付相应资金占用费。一审判决后，两位原告分别提起上诉要求银行赔偿其全部损失。

2021 年 2 月 10 日，南京市中级人民法院公开宣判，判决驳回上诉维持原判。

三、裁判说理

法院认为原油宝产品在银保监会备案设立，产品本身具有合法性。其次，依据银保监会对原油宝事件的调查结果，原油宝未被认为是期货交易或变相期货交易产品，中国银行销售原油宝产品也未被认定为非法经营期货行为。故依据《金融机构金融衍生产品交易业务管理暂行办法》第 4 条规定，中国银行销售"原油宝"产品的行为不属于非法经营期货行为，中国银行有资格向投资者推售"原油宝"产品。此外，原油宝产品实行 100% 保证金交易并设置 20% 为最低保证金比例的强制平仓线，这也不符合期货交易具有的杠杆交易的特征。原告抗辩《产品协议》违反《期货交易管理条例》的强制性规定而应认定为无效的观点不成立。故《产品协议》是双方真实意思表示，内容不违反法律和行政法规的强制性规定，合同应认定为有效。

在是否尽到投资者适当性义务上，中国银行已经通过《产品协议》和官方网站对原油宝产品的适用对象和风险作出提示和说明，并在销售产品前对销售对象进行了风险测评，按照银行业适当性标准履行了销售产品的适当性义务。然而，中国银行在产品设计时未考虑原油期货产品出现负价的情况，未在交易过程中向投资者作出提示，也未执行保证金充足率降至 20%（含）以下时强制平仓的约定。综上，中国银行应承担投资者全部穿仓损失和 20% 的本金损失，返还投资者账户中保证金余额和资金占用费。

四、学理分析

(一)产品合法性和协议有效性分析

若是金融衍生品和签订的协议本身不具有合法性，金融机构固然应向金融消费者承担其投资损失，因此在分析缔约阶段前应先对此问题进行分析。

金融衍生品根据产品形态，可以分为期货、远期、期货和掉期四个种类。虽然原油宝案件中法院认定原油宝产品销售不属于期货交易，然而学术界对原油宝产品性质的讨论并没有止于此。有学者认为原油宝属于期货，中国银行发行原油宝产品从本质上看是中国银行为客户开立了原油期货账户进行交易。若原油交易发生穿仓，期货公司能向投资者追偿，投资者有义务补足该部分款项。若期货公司因过错未强制平仓的，应对投资者透支交易造成的损失承担赔偿责任。另外有学者主张原油宝产品是证券化处理的收益凭证。目前我国尚未对其作出相关的监管规定，故投资者和中行签订的投资协议属于无名合同，原油宝的交易和收割价格应参考境外原油期货交易价格。还有学者认为原油宝客户和银行间属于境外投资的委托代理关系。

多数学者认为原油宝产品是非套期保值类衍生产品，是一种金融差价合约。[1] 本书在后文分析中也将贯彻这种观点。杠杆交易又称保证金交易，是期货交易的典型特征，它允许投资者用可用资金进行更大的头寸交易。投资者向交易所交纳的 5%~15% 保证金就是"可用资金"，投资者可以用这笔保证金撬动更大的资金作为投资。杠杆交易能让投资者在同等投资金额下享有更大收益，但同时也会使投资者遭受更惨重的损害。原油宝产品实行

---

① 李依琳、康习风：《中国商业银行金融产品市场的法律监管——以"原油宝"为例分析》，载《中国外资》2021 年第 19 期。

100%保证金交易并设置了20%最低保证金的强制平仓线，并不符合期货交易的上述特征，因此原油宝产品并不属于期货交易。从中国银行的原油宝的产品介绍上看，原油宝是中国银行对个人客户发行的挂钩境外原油期货合同的交易产品。在原油宝产品交易中，中国银行的海外机构和芝加哥商品交易所签订WTI原油期货合约按照内盘的头寸进行外盘交易，在内盘交易中中国银行作为做市商和投资者进行对冲交易，内盘交易的报价和外盘挂钩。因此，根据《衍生品办法》第3条和第4条规定，原油宝产品属于非套期保值类衍生产品交易。

在分析原油宝产品是非套期保值类衍生产品后，还需分析中国银行是否有权发行和销售原油宝产品。根据《衍生品办法》第7条，银行业金融机构从事衍生品交易的，应具有银监会批准的衍生品交易业务资格。根据《中国银行业监督管理委员会关于中国银行开办衍生产品交易业务有关问题的批复》，中国银行自2004年已获得进行衍生品交易业务的资格。中国银行获得授权后可通过内部授权的方式允许分支行和分公司在授权范围内提供衍生品交易业务。然而根据《衍生品办法》第18条规定，银行业金融机构不得向客户销售以衍生品产品为基础资产或挂钩指标的再衍生产品。据上述分析，原油宝产品和WTI原油期货合约挂钩，属于建立期货合同基础上的再衍生产品。即使中国银行具有开办衍生品交易业务的资格，也需遵守《衍生品办法》的禁止性规定，禁止向客户销售再衍生产品，因此原油宝的发行可能涉嫌违法行为。

抛开产品的合法性分析单独从协议的合法性来看，《中国银行股份有限公司金融市场个人产品协议》(以下简称《产品协议》)是双方真实意思表示，且内容不违反法律和行政法规的强制性规定，合同有效。

(二) 金融机构的适当性义务和告知说明义务

金融机构在向金融消费者推销银行产品时，需要尽到适当性义务和告知说明义务。《全国法院民商事审判工作会议纪要》(以下简称《九民纪要》)对两义务及其法律适用规则、责任主体、举证责任分配、损失赔偿数额和免责事由作出详细规定。适当性义务要求金融机构需根据金融消费者的风险承担能力和投资经历等因素为其提供风险系数匹配的产品。金融产品的风险系数越高，对投资者的能力要求和风险承受能力要求也越高。适当性义务能确保金融消费者了解金融产品的风险收益等情况的基础自主决定是否投资，自负盈亏。若金融机构未尽适当性义务，金融消费者可请求发行人或销售者承担赔偿责任，也可要求发行人和销售者承担连带赔偿责任。告知说明义务同样是金融消费者真正了解投资活动的投资风险和收益的关键。由于金融衍生产品合同通常采用格式合同，金融机构需对金融消费者提示说明其中的风险事项条款。《九民纪要》第76条特别规定，金融机构单纯以金融消费者已手写知悉风险字样为由主张已履行告知说明义务，而是以理性人的客观标准和特定金融消费者的主观标准判断自身是否已履行到位。

适当性义务一直被视为金融机构在缔约阶段承担的义务，但原油宝案例表明，投资者适当性在合同履行阶段可能会产生显著变化。依据《衍生品办法》第44条，银行业金融机构应至少每年一次对衍生产品交易的适合度评估进行动态管理。因此，适当性义务同样属于合同履行阶段银行业金融机构需履行的义务。受国际原油价格波动影响，原油宝产品的风险等级已经从原先的"中高风险产品"升高至"高风险产品"，使得原来部分的适当投资者丧失适当性。在产品的风险等级发生变化的情况下，中国银行应重新对投资者进行评估，及时以有影响力的方式提醒投资者，并可通过暂时冻结投资账户、强制终止交易等方式避免穿仓事件的发生。[①] 在原油宝案件中，中国银行在合同履行阶段未及时对产品风险进行动态管理，允许丧失适当性的投资者继续投资，可能存在一定的过失从而承担相应责任。

五、若干思考

我国银行业和证券基金的衍生品交易监管规则是否相同？为什么？监管规则的未来发展趋势如何？目前我国的金融监管主要为分业监管，银行业和证券基金的衍生品交易监管规则完全不同。银行业主要依据银保监会制定的部门规章《银行业金融机构衍生产品交易业务管理暂行办法》开展业务，而证券基金公司主要依据行业自律规则《证券公司金融衍生品备案指引(试行)》实施。仅依据行业差异而使得金融衍生品监管的具体适用规则不同，长期来看很有可能会造成衍生品市场的混乱。故应如何协调金融衍生品监管下银行业和证券基金公司的适用规则？

在处理金融消费者权益保护纠纷时，应如何分析金融衍生品发行和交易过程的合法性，保护金融消费者权益？在分析金融衍生品合规性时，应着重关注金融衍生品发行阶段的产品合法性和买卖协议的有效性，以及金融机构在缔约阶段是否履行适当性义务和告知说明义务。面对这类诉讼还应坚持倾向性保护投资者的总原则，注意平衡金融机构和金融消费者间的利益。

《九民纪要》为什么确立倾向性保护投资者原则？其逻辑与目的是什么？在金融产品买卖关系中，卖方机构和金融消费者在信息和专业知识等方面具有天然的不对等性，金融产品的复杂性和金融风险的隐蔽性使这种不平等愈发突出。[②] 为维护双方主体权利义务实质平衡，《九民纪要》确立了倾向性保护投资者原则，坚持"卖者尽责，买者自负"。只有当金融机构已履行适当性义务和告知说明义务后，金融消费者购买金融衍生产品所造成的损失由其自身承担。因此，《九民纪要》确立倾向性保护投资者原则的逻辑是建立在金融机构可能利用事实上优势地位来损害投资者的合法权益的预设上的。同时倾向性保护投资者原则也有限度要求。从《九民纪要》的逻辑出发，若金融消费者具有既往投资经验和专业知识

[①]　郑劭杰：《金融衍生品的合规性与投资者适当性义务研究——基于"原油宝"事件的反思》，载《投资与合作》2023年第1期。

[②]　蔡晓倩：《适当性义务司法适用评析——以金融消费权益保护为视角》，载《南方金融》2021年第4期。

等特质，法律对其的保护力度会相应削减。对金融消费者实施倾向性保护应结合具体案件作出判断。在产品合法且双方签订的合同有效的前提下，金融机构已尽责履行适当性义务和告知说明义务时，投资者应对自行作出的投资决定自行承担市场风险。一味无差别保护投资者利益会放大投资者的侥幸心理，不公平地增加金融机构的负担，使双方权益失衡。

案例二：私募基金制度
——以钜洲资产管理公司案为例

一、基础知识

（一）公募和私募

跨境直接发行可分为公募发行与私募发行。公募发行，即指发行人在境外资本市场上面向不特定的公众投资者发行证券的行为，包括首次公开发行（即 IPO）与增资发行。而私募发行是指面对少数特定投资者发行证券，募集对象主要是机构投资者和个人投资者，如各类基金和保险公司、发行企业的研究人员等。两者的比较详见表4-2。

表 4-2　　　　　　　　　　　**公募发行与私募发行的比较**

	公募发行	私募发行
对象	不特定投资者	小范围的特定投资者
程序	发行条件较为严格，需要监管机构的批准	不需要监管机构的批准
流动性	证券流动性较强，可以申请在交易所上市	证券流动性较弱，一般不能上市，在一定时间内也不能转让
范例	远洋资本发行高级无抵押境外公募美元债，发行规模5亿买美元，债券期限2年，票面利率6.25%	麦当劳在港以私募形式发行"点心债*"，总金额2亿元人民币，债券期限3年，票面利率3%①

（二）私募基金

根据《私募投资基金监督管理暂行办法》第2条规定，私募基金是指以非公开方式向投资者募集资金而设立的投资基金。发行私募基金只能以私募发行方式进行，金融机构不得采取公开性劝诱或宣传的手段招揽客户且私募基金只能对特定投资者发行。依据该条第3

---

① 点心债是指在香港发行的人民币计价债券，因相对于整个人民币债券市场规模很小而得名。与此相对的概念是"熊猫债"，即国外和多边金融机构在中国境内发行的人民币债券。

款规定,私募基金按组织形式可分为公司型基金、合伙型基金和契约型基金。

公司型基金一般以有限责任公司的形式依《公司法》规定设立。对于这类私募基金来说,私募基金管理人通常是公司的董监高成员,需要履行忠实义务和勤勉义务。合伙型基金采用有限合伙企业形式设立,基金管理人通常由普通合伙人担任,对基金债务承担无限连带责任。契约型私募基金以基金合同为基础,基金投资者、基金管理者和基金托管者对权利义务关系也主要规定在基金合同中。基金投资者、基金托管人和基金管理人间形成信托关系。投资者委托授权基金管理人管理处分资金,托管人负责保管基金财产并收取报酬,投资者享有相关收益,使得委托人、托管人和受托人分别享有基金的处分权、保管权和所有权。

(三) 我国私募基金的监督体系

目前我国从法律层面到自律规则层面对私募基金的监管体系已经初步形成(详见表4-3)。2023 年 7 月《私募投资基金监督管理条例》(以下简称《管理条例》)的颁布填补了私募基金监管在行政法规上的空白。《管理条例》第 24 条私募基金财产包括公司股权债券的表述将法律未调整的私募股权投资基金纳入监管范围,在行政法规层面肯定了私募股权投资基金的地位。此外,《管理条例》还规定投资合同禁止"明股实债"和禁止以私募基金形式进行不正当关联交易等强制性规定,违反《管理条例》强制性规定的行为应当被认定为无效。

表 4-3   我国对私募基金的监管体系

法律层级	文件名称	主要内容
法律	《证券投资基金法》《信托法》《证券法》《公司法》《合伙企业法》	以《基金法》为核心,其他四部法律为辅助,明确将私募证券投资基金纳入调整范围
行政法规	《私募投资基金监督管理条例》	在法律法规层面肯定私募股权投资基金的地位
部门规章	《私募投资基金监督管理暂行办法》《证券期货经营机构私募资产管理业务运作管理暂行规定》《关于规范金融机构资产管理业务的指导意见》《关于加强私募投资基金监管的若干规定》《证券期货投资者适当性管理办法》	主要由证监会制定,分别规定了《管理条例》出台前的过渡性规定、证券期货经营机构的业务运作、资产管理要求、基金管理人义务和期货投资者适当性管理
自律规则	《私募投资基金信息披露管理办法》《私募投资基金管理人内部控制指引》《关于进一步规范私募基金管理人登记若干事项的公告》《私募基金登记备案相关问题解答》《私募股权、创业投资基金备案关注要点》等	数量较多,主要分为办法、指引、公告、解答、材料清单和备案关注要点

在宏观上介绍了私募基金的相关知识和我国对私募基金的监管体系后，以下将通过钜洲资产管理公司案从微观角度探讨私募基金管理人的法定义务问题。

二、典型案例

2016 年 5 月，北京国投明安资本管理有限公司、广州汇垠澳丰股权投资基金管理有限公司、钜洲资产管理(上海)有限公司(以下简称"钜洲资管")约定成立广州天河明安万斛投资合伙企业。三方约定，国投明安、汇垠澳丰为普通合伙人，钜洲资管为有限合伙人，由国投明安任执行事务合伙人并委派周某执行合伙事务。但根据公示信息，汇垠澳丰未曾在国家企业信用信息公示系统登记为合伙人。

2016 年 6 月，钜洲资管成立"钜洲智能制造 2018 私募股权投资基金"并任基金管理人。钜派公司是钜洲资管的关联公司。经过钜派公司推介，周某华与钜洲资管、作为基金托管人的招商证券签订私募基金合同，认购 300 万份"钜洲智能制造 2018 私募股权投资基金"份额，同时周某华在载明基金具有高收益高风险特征的风险揭示书上签字确认。合同约定，募集资金主要用于投资以国投明安和汇垠澳丰为普通合伙人的合伙企业明安万斛，明安万斛再对上市公司卓郎智能机械有限公司进行股权投资。

2019 年 9 月 24 日，私募基金进入清算期，钜洲资管公告国投明安未按约定归集资金。

2019 年 10 月 28 日，钜洲资管公告，在私募基金募集及存续期间，明安万斛基金管理人国投明安及其法定代表人周某伪造资料恶意挪用基金资产，目前已经失联，公安机关已以涉嫌合同诈骗为由进行立案侦查。

周某华因投资争议向上海市浦东新区人民法院起诉，要求解除涉案私募基金合同，钜洲资管返还基金投资款和认购费并赔偿相应损失，钜派公司承担连带赔偿责任。一审宣判后，钜洲资管和钜派公司不服，向上海金融法院提起上诉。

三、裁判说理

法院认为，虽然《私募基金合同》的签署方是周某华和钜洲资管，但《资金到账确认函》、案涉私募基金销售服务费的支付情况以及钜派公司对钜洲资管的实控关系等事实表明，钜派公司和钜洲资管构成实质意义上的代销关系。根据《私募投资基金监督管理暂行办法》第 16 条和第 17 条，钜洲资管和钜派公司未充分评估投资者适当性，应当就违法代理行为造成的投资者损失承担连带责任。案涉基金的权益基础为明安万斛企业对卓朗公司的股权收益，目前基金资产已被案外人恶意挪用，明安万斛未取得卓朗公司股权，基金资产已脱离管理人控制。钜洲资管和钜派公司未能履行管理人义务，钜洲资管作为管理人未体现专业独立性，导致基金财产被案外人侵占转移，应承担相应责任。

从损失认定上看，法院认为基金的清算结果不是认定投资者损失的唯一依据。由于基金募集款项已被案外人恶意挪用，基金清算工作处于停滞状态。若坚持清算完成再确认损失，难以使投资者得到及时保护。因此法院可根据投资款项、认购费和利息来确定投资者的损失，若周某华在后续清算中获得清偿的应予抵扣。综上所述，一审法院判决钜洲资管赔偿周某华基金投资款损失及认购费损失并赔偿资金占用损失，钜派公司对上述赔偿义务承担连带责任。二审驳回上诉，维持原判。

四、学理分析

私募基金的法律关系复杂、规制私募基金的法律规范庞杂，司法裁判中值得探讨的问题很多，大问题如信息披露、投资人义务、内部控制、适当性制度和其他合法合规经营等，小问题如管理人未登记或基金产品未备案对基金合同性质和效力的影响、保底协议的法律效力等。鉴于私募基金的诸多争议都涉及基金管理人义务问题，下面结合钜洲资产管理公司案对私募基金管理人在不同阶段的法定义务加以分析。

(一) 基金管理人在产品推介和销售阶段的法定义务

依据《九民纪要》第72条，基金管理人在募集和销售阶段需承担适当性义务，适当性义务对打破刚性兑付具有重要意义。在募集和销售阶段，适当性义务主要分为了解客户义务、了解产品义务、风险匹配义务以及告知说明义务。

了解客户义务主要表现为了解客户的财产状况、风险偏好和风险承受能力，确认该投资者是否符合合格标准。实践中有些基金管理人未对投资者相关信息作全面收集，或设置的风险测评流于形式，没有切实履行了解客户的义务。基金管理人是否履行了解客户义务，可从如下因素进行考虑：其制作的投资者调查问卷是否科学有效；是否充分收集投资者的基本信息、财产状况、投资经验和投资目标等信息；管理人是否对投资者进行科学合理的评估分类等。此外，投资者需要保证其提供的信息具有真实性和准确性。《九民纪要》第78条规定，投资者故意提供虚假信息而使其购买的产品不适当的，卖方机构可免除相应责任。

了解产品义务要求金融机构应了解其推荐的金融产品或服务的特性、交易结构和风险等。只有在了解产品的基础上基金管理人才能做到适配销售。管理人采取可自行调查还是委托第三方专业机构的方式进行调查，但依委托第三方机构调查时应保持合理怀疑态度，不可完全依赖第三方的推荐和调查。

风险匹配义务要求私募资金管理人根据客户的特性向其推荐适当的风险等级的产品或服务。实践中多数法院采取实质审查标准来认定管理人是否违反风险匹配义务。在投资者和金融产品的风险等级明显不匹配的情况下，仅靠投资者签署的风险自担的承诺不能说明私募基金管理人已履行风险匹配义务。但是《九民纪要》第78条同样规定了金融机构的免责事由。若投资者拒绝听取卖方机构建议而强行买入金融产品的，卖方机构可免除相应责任。

告知说明义务属于金融机构在销售阶段的信息披露义务，私募资金管理人在推介产品时，应和投资者充分说明与产品有关的风险和基金合同的重要内容，以便投资者能审慎作出投资决定。私募基金管理人选择性披露目标公司的财务数据，隐瞒或美化其经营状况的都可认定其违反了告知说明义务。

投资者一般难以举证基金管理人是否在推介和募集阶段履行适当性义务。故《九民纪要》第 75 条规定，投资者对购买产品和遭受损失的事实进行举证，私募资金管理人是否违反适当性义务的举证责任由管理人自身承担。

(二)基金管理人在投资阶段的法定义务

投资阶段是资金管理业务的核心阶段，基金管理人在这一阶段需依基金合同约定完成审慎投资义务。若管理人未审慎履行投资义务导致投资目的无法实现的，应承担赔偿责任。管理人在划付基金款项时应履行投前尽调义务。但因目前缺乏对私募基金投前尽调义务的明确规定，实践中如何判断管理人是否履行该义务也是审查难点。2021 年北京仲裁委发布的《北京仲裁委员会/北京国际仲裁中心私募基金纠纷案件裁判指引(2021 年版)》总结，管理人是否尽责履行尽职调查义务应采取专业标准判断，具体可包括管理人是否寻求第三方专业意见、投资决策流程是否合法合规、决策形成和实施过程中是否存在明显失误等。除了难以认定投前尽调义务外，管理人未尽审慎尽调义务和投资者损失间的因果关系也难以认定。基于私募基金投资活动的专业性和复杂性，法院一般难以判断投资者损失是由市场风险还是由管理人未审慎发现投资目标的重大风险所导致的。

(三)基金管理人在管理阶段的法定义务

基金投资者和基金管理人间存在信托关系，基金管理人在管理阶段应对基金投资者履行忠实义务和注意义务。忠实义务是指基金管理人需要谨记投资者利益至上，不故意损害其财产或消极作为。注意义务是指在投资管理处分委托人的财产时，需要以处分自身财产的同等注意为标准。对于管理人是否违反信义义务中的审慎管理职责，应结合法律法规、监管规定及基金合同三方面进行审查。通过投资项目运作跟进、风险防范措施落实以及风险控制措施采取等方面综合判断管理人是否采取具体有效的管理措施。当管理人的出资人、实际控制人或关联方实际参与基金的管理活动时，其实质上处于实际管理人的地位。若实际管理人在管理阶段违反了基金管理人的法定义务的，应承担连带责任关系。

(四)基金管理人在产品清算退出阶段的法定义务

私募基金到期后，基金管理人应及时履行清算义务。若管理人已开启清算程序的，应依据清算的具体情况判断投资者的损失。在管理人未能及时清算时应当推定管理人投资损失已发生。但法院是否以未经清算无法认定损失为由驳回原告请求，应当结合私募基金具体情况、管理人的过错程度等因素综合认定投资者损失是否客观发生。

钜洲资管在募集销售阶段违反了适当性义务。根据《九民纪要》第 74 条和《证券投资基金法》第 87 条，卖方机构应向投资者揭示风险，通过评估投资者的风险承担能力等情况判断其是否为合格投资者。依据《私募投资基金监督管理暂行办法》第 16 条，钜洲资管在销售私募基金时仅让投资者签字确认风险揭示书，未采用问卷调查的方式评估投资者的风险承担能力，在募集销售阶段违反了注意义务中的适当性义务。在投资管理阶段，钜洲资管违反了审慎投资义务和审慎经营义务。基金管理人在投资阶段应按约定的投资策略投资，履行审慎投资义务。基金合同约定了投资对象明安万斛的合伙人组成情况，实际却发生合伙企业的合伙人由付汇垠澳丰变更为其他普通合伙人的情况。钜洲资管在划付款项前未将变更事实告知投资者，未尽到应有的信义义务。在管理阶段，钜洲资管支付款项后未及时跟踪基金募集流向，未能向投资者披露股权代持情况，在基金到期后未审慎监督回款管理事务，不能体现其已尽到专业审查义务。从损失认定上看，法院认为基金的清算结果不是认定投资者损失的唯一依据。基金清算工作处于停滞状态，若坚持等待清算完成再确认损失，难以使投资者得到及时保护。从因果关系上看，钜洲资管未尽审慎投资义务使得款项被挪用，明安万斛未取得卓朗智能股权，合同约定的基金权益已无实现可能，钜洲资管和投资者损失间存在因果关系。钜洲资管违反信义义务给投资者造成损失，应向投资者承担赔偿责任。

钜派公司是钜洲资管的关联公司。从合同相对性上看，钜派公司不是投资者签署的基金合同的相对方，与投资者之间不存在直接的法律关系。探讨私募基金管理人的关联方是否对投资者损失承担责任，应从私募基金管理人和关联方的关系上入手。虽然钜派公司和钜洲资管之间未签订代理协议，但双方在私募基金投资管理事项上已形成代理关系。钜派公司出具的《资金到账确认函》、案涉私募基金销售服务费的支付情况以及对钜洲资管的实控关系等事实表明其已实质参与了销售管理环节，构成违法代理。依据《证券投资基金法》第 55 条和《私募投资基金募集行为管理办法》第 24 条，私募基金只能由具有专业资质的基金管理人管理，非基金管理人不得推介私募基金。钜派公司不具备相关资质却向投资者推介产品违反上述规定。钜洲资管明知上述事实却违反规定放任钜派公司的代理行为，双方在主观上存在意思联络。由于钜派公司和钜洲资管在基金募集和投资管理阶段都严重违反信义义务，双方应按照《民法总则》第 167 条承担连带赔偿责任。

五、若干思考

学界通说认为契约型基金中管理人和投资者之间的关系应属于信托法律关系。依据信托法理，契约型私募基金财产具有独立性，投资者在基金存续期间一般不能主张取回或持有基金财产。无论基金是盈余还是亏损，投资者仅享有约定清算后基金财产的约定份额比例对应的权益。简言之，投资者不对基金财产享有直接请求权，而是对受托人及时进行清算工作具有请求权。只有清算后投资者获得的权益少于初始投入时，其才可要求管理人对两者间的差额作出赔偿。

当清算程序未完成时，司法实践包括几种情形：一种是法院仅对初始投资本金对应的基金份额予以确认，原告可在清算结束后另行明确对应权利的具体范围。另一种是在投资者和管理人之间临时达成清算补偿协议，投资金额直接认定未投资者的认购款，管理人对投资金额和清算分配额间的差额进行赔偿。有些法院认为无法确定投资者对管理人享有的给付请求权金额，此时投资者要求返还本金和收益没有直接的依据。[1] 在这种解释下，法院的做法又分为两派。一派坚持以清算作为定损的唯一依据，在清算僵局不能明确投资者未兑付损失的情况下，直接驳回赔偿损失的诉讼请求，或采取间接认定的手段依据管理人的过错程度就清算完成后投资者未能兑付的损失承担比例赔偿责任。无论是哪种做法，都是以管理人完成清算程序后投资者才能获得实质性权益。另一派认为可直接推定投资者投入的资金全部不能偿还，未经清算也通过"推定全损"确定损失。这种做法也即是钜洲资管案法院所采取的做法。但这种做法的合理性和合法性存疑。私募基金的投资收益应按实际盈利进行分配。然而投资活动具有高风险高收益的特点，当事人和法院难以确定投资者实际损失的预期利益。在面对清算僵局的情况下，我们该如何确认投资者的损失，完善契约型私募基金清算制度？

案例三：对赌协议的认定

——以海富案为中心的分析

一、基础知识

(一) 对赌协议的含义与由来

实践中俗称的"对赌协议"，又称估值调整协议，是投资方与融资方达成股权性融资协议时，为解决双方对目标公司未来发展的不确定、信息不对称而设计的包含股权回购、金钱补偿等对未来目标公司的估值进行调整的协议。所谓估值调整，是指当投资者成为目标公司股东后，对目标公司未来经营业绩和公司上市等事项作出约定，若约定目标未达到则由目标公司或股东按约定对投资者作出补偿。[2] 由于估价调整以未来事件作为双方是否履行某种权利义务的条件，具有不确定的"对赌"性。对赌协议约定，若公司达到协议约定目标，则投资方对手可行使约定的相应权利，如股权奖励、股票变现和股东追加投资等；若公司没有达到预期目标，则股东可行使约定的股权回购等权利。从本质上看，对赌协议是投资方和目标公司约定的动态调整企业估价的融资契约。从形式上看，对赌协议可以是一份独立的法律文件，也可以作为条款和补充协议约定在投资协议中。

对赌协议的产生使得投资方和目标公司达成股权交易的可能性大增。对赌协议产生的

---

① 参见吴弘、陆瑶：《论契约型私募基金强制清算的制度建构》，载《金融发展研究》2022年第6期。

② 赵旭东：《第三种投资：对赌协议的立法回应与制度创新》，载《东方法学》2022年第4期。

最重要的原因是信息不对称。为吸引投资方向其融资，目标公司可能会依仗内部信息优势夸大自身价值和未来前景。投资方难以通过内部渠道了解到目标公司的真实情况，仅能通过企业对外公布的书面文件进行审查。然而因这些文件所载信息未必真实准确，投资方可能难以获得其预期利润。对赌协议通过对目标公司未来业绩为条件约定双方权利义务关系，可以解决双方信息不对称的问题。对赌协议产生的另一个原因是企业估价分歧。在私募股权投资协商阶段，双方可能会对目标公司交易价格发生分歧。双方可在对赌协议约定以中间价为交易价格，当投资方明悉公司经营状况和股权价值后，双方再根据约定条件调整持股比例，保证投资顺利进行。总之，对赌协议是一项合理平衡投资利益和投资风险的安排。一方面，目标公司能获得其所需要的巨额资本并投入优质项目开发中；另一方面投资方可以通过目标公司经营管理获得相应利润，或者通过对赌协议的业绩补偿和回购价款等约定基本保障投资权益。因此，对赌协议的存在具有一定的公平合理性。

(二) 对赌协议的内容

对赌协议至少约定了对赌主体、投资方条件以及对赌成功和失败的结果。对赌协议的一方主体是投资方，另一方通常是目标公司、股东或管理人员。投资方和目标公司有一定股权比例的大股东签订对赌协议，可以使该股东为公司未来发展提供相应担保。投资方在购买目标公司股权后与原股东具有相同的法律地位，双方可以通过对赌协议对利益和风险进行分配。投资方和目标公司对赌可将目标公司的资产作为保障，其履约能力更强，对赌失败后投资方更容易从目标公司中获得补偿。投资方和上述两类主体对赌主要是出于获取补偿的目的，而投资方和某些目标公司管理人员对赌更多的是为激励公司有效运营管理，保证公司管理层的稳定，因此这类对赌标的侧重对工作时间和岗位的约束。投资方约定的最常见的条件包括财务业绩、非财务业绩和上市时间等。财务业绩主要关注目标公司的年税后净利润；非财务业绩可能以技术研发、产量、客户人数等作为对赌标的；以上市时间为标的表明双方以目标公司是否能在约定时间内上市交易为条件。对赌成功的结果和对赌失败的结果同样是对赌协议的重要组成部分。需要特别注意的是，双方不能将不符合法律规定的安排作为对赌成功或失败的结果，否则对赌协议可能会被认定为无效，或其诉求无法得到司法支持。

(三) 对赌协议的类型

对赌协议可分为补偿性对赌和退出性对赌。其中，补偿性对赌又称为业绩补偿承诺，若目标公司未达到预期目标则需通过现金或股份的形式对投资方作出补偿，具体有可分为现金对赌和股权对赌。在现金对赌中，投资方可在对赌失败时获得一定数量的货币作为补偿，现金对赌对股东间的股权比例不产生影响。若目标公司触发股权对赌的补偿条款需向投资方给予股权作为补偿。投资方可获得原股东低价或无偿转让的股权，或以低价增资购入股权，投资方的持股比例会相应增加，甚至成为目标公司的大股东。退出性对赌是指对赌失败时，投资方可通过退出投资以降低损失。股权回购是退出性对赌的典型形式，对赌失败后原股东应以投资方的投资款和约定的回报价格回购投资方所持股份以使投资方退出投资。另一种形式是股转债，投资方若因目标公司或股东的支付能力不能及时获得回购款的，可以将对目标公司的股权转换为对目标公司的债权。此外，退出性对赌还包括重组并购、优先清算、进取式对赌等形式。

(四) 对赌协议的性质

对于对赌协议的性质是射幸合同还是附条件合同，各界看法不一，见仁见智。射幸合同是指至少一方当事人的权利义务以当事人双方不可控制的不确定事件为基础进行调整的合同。射幸合同具有给付结果不确定以及投机性的特征。[①] 以给付结果在合同成立时是否确定为标准，合同可分为实定合同和射幸合同。射幸合同的给付结果在合同成立时尚未确立，给付结果是否确立取决于不确定事件是否发生。这也使得射幸合同具有投机性。不确定事件的发生会让一方当事人获得巨大收益，或者收益全无。依据《民法典》第158条，附条件合同是在满足特定前提条件下才具有法律效力的合同。因此判断附条件合同的关键是合同成立后是否具有效力。由于射幸合同和附条件合同讨论的角度不同，两者间不是对立的而是可以并存的。

从性质上看，对赌协议应认定为射幸合同，至于对赌协议是否为附条件合同应以双方当事人的具体约定来确定。首先，对赌协议标的和给付结果具有不确定性。对赌协议主要以目标公司未来的业绩为标的。在投资方和融资方签订对赌协议时不能预见到未来的业绩是否达标，故目标的达成具有较大不确定性。对赌协议标的的不确定性还进一步导致给付结果的不确定性。当双方预设的商业目标成就时，投资方可能需按约定向融资方转让一定股权；但当约定的目标不能成就时，投资方会出现亏损，融资方需向其作出一定补偿。从投资方的角度上看，投资方的出资和预设的收益间不是正增长比例关系，双方达成的协议具有投机性。因此对赌协议在性质上属于射幸合同。

以下以对赌协议第一案海富案为中心，梳理我国司法实践中关于对赌协议纠纷的主要裁判思路及其发展，其中对赌协议的效力认定是讨论的焦点。

二、典型案例

2007年11月1日，甘肃众星锌业有限公司、苏州工业园区海富投资有限公司、香港迪亚有限公司、陆某共同签订《甘肃众星锌业有限公司增资协议书》，约定：众星公司是迪亚公司的独资公司，现各方同意海富公司以现金2000万元人民币对众星公司进行增资，占众星公司增资后注册资本的3.85%。《增资协议书》第七条第二项业绩目标约定，众星

---

① 参见杨宏芹、张岑：《对赌协议法律性质和效力研究——以"海富投资案"为视角》，载《江西财经大学学报》2013年第5期。

公司 2008 年净利润不低于 3000 万元人民币。如果众星公司 2008 年实际净利润低于 3000 万元，海富公司有权要求众星公司予以补偿，如果众星公司未能履行补偿义务，海富公司有权要求迪亚公司履行补偿义务。

2007 年 11 月 1 日，海富公司、迪亚公司签订《中外合资经营甘肃众星锌业有限公司合同》，约定：众星公司增资扩股将注册资本增加至 399.38 万美元，海富公司受让部分股权，将众星公司由外资企业变更为中外合资经营企业。合资各方以其各自认缴的合资公司注册资本出资额或者提供的合资条件为限对合资公司承担责任。海富公司出资占注册资本的 3.85%，迪亚公司出资占注册资本的 96.15%。关于合资公司利润分配部分，双方约定合资公司依法缴纳所得税和提取各项基金后的利润，按合资方各持股比例进行分配。

据工商年检报告登记记载，众星公司 2008 年度生产经营利润总额 26858.13 元，净利润 26858.13 元。2009 年 12 月 30 日，海富公司诉至兰州市中级人民法院，要求判令世恒公司、迪亚公司和陆某向其支付协议补偿款并承担本案诉讼费及其他费用。

三、裁判说理

本案涉及的焦点问题有：《增资协议书》第七条第二项内容是否具有法律效力？在民间投资活动中，双方约定不论融资方的经营业绩如何，作为合资企业的投资方都可取得固定收益的，该约定是否有效？

对于《增资协议书》第七条第（二）项的效力问题，最高人民法院认同一审法院和二审法院的观点，认定应为无效。海富公司和世恒公司的约定虽然是双方的真实意思表示，但违反了法律强制性规定和风险共担原则。根据《中外合资经营企业法》第 8 条规定，合营企业的净利润应根据合营各方注册资本比例分配。《增资协议书》中，世恒公司 2008 年实际净利润没达到 3000 万元，海富公司即有权要求补偿的约定不符合法定利润分配方法。依据《合同法》第 52 条规定，该条内容应以违反法律法规的强制性规定为由认定无效。无论世恒公司经营业绩如何，海富公司都能取得约定收益而不承担任何风险违反了投资领域的风险共担原则。基于违反强制性规定和风险共担原则下，《增资协议书》第七条第（二）项部分应被认定无效。关于迪亚公司是否需要对海富公司作出补偿的问题，法院认为应和世恒公司是否需作出补偿区分看待。《增资协议书》中迪亚公司对海富公司的补偿承诺不损害世恒公司和公司其他债权人的利益，不违反《中外合资经营企业法》和《公司法》的相关规定，故应被认定为有效，迪亚公司应对海富公司作出相应补偿。

法院面对对赌协议效力问题时，采取了"和投资目标公司对赌无效，和公司股东对赌有效"的裁判思路。投资者和目标公司间的补偿条款会违反法律强制规定，直接或间接损害公司和债权人的利益。担投资者和目标公司股东的补偿条款不会影响公司和债权人的利益，应依据意思自治和诚实信用原则予以认可。

判决的法律依据如下：

《全国法院民商事审判工作会议纪要》第五条：关于"对赌协议"的效力及履行

投资方与目标公司订立的"对赌协议"在不存在法定无效事由的情况下，目标公司仅以存在股权回购或者金钱补偿约定为由，主张"对赌协议"无效的，人民法院不予支持，但投资方主张实际履行的，人民法院应当审查是否符合《公司法》关于"股东不得抽逃出资"及股份回购的强制性规定，判决是否支持其诉讼请求。

投资方请求目标公司回购股权的，人民法院应当依据《公司法》第35条关于"股东不得抽逃出资"或者第142条关于股份回购的强制性规定进行审查。经审查，目标公司未完成减资程序的，人民法院应当驳回其诉讼请求。

投资方请求目标公司承担金钱补偿义务的，人民法院应当依据《公司法》第35条关于"股东不得抽逃出资"和第166条关于利润分配的强制性规定进行审查。经审查，目标公司没有利润或者虽有利润但不足以补偿投资方的，人民法院应当驳回或者部分支持其诉讼请求。今后目标公司有利润时，投资方还可以依据该事实另行提起诉讼。

四、学理分析

关于对赌协议效力问题，司法裁判的观点多次发生变化，效力认定因对赌协议类型的不同而不同，不同观点中蕴含的法理和逻辑值得品味。

（一）投资方和目标公司签订的对赌协议的效力问题

海富案是我国对赌协议第一案，在该案中最高人民法院提出了"和目标公司对赌无效，和目标公司对赌有效"的区分思路。最高院认为投资方和目标公司对赌违反了资本维持原则和风险共担原则，应认定协议无效。而后各级人民法院基本沿用上述裁判思路否认投资方和目标公司的对赌协议效力。直至2019年华工案，江苏省高院突破最高人民法院的裁判思路，支持了投资者的回购请求。华工案分别讨论了对赌协议的效力问题和可履行性问题，法院认为回购股权的约定并不违反《公司法》强制性规定，不会损害公司股东和债权人的利益也不会违反资本维持原则，因此投资方和目标公司签订的对赌协议应认定为有效。[①] 自华工案不久后出台的《九民纪要》第一次从法律层面确立了判断对赌协议的效力的具体规定。《九民纪要》第5条沿用华工案的思路，在肯定和目标公司签订对赌协议有效的基础上将协议效力和协议履行区分看待。协议履行问题应结合《公司法》有关规定进行认定，若依据《公司法》第35条和第142条审查发现目标公司未首先完成减资程序而违反"股东不得抽逃出资和股权回购的强制性规定"的，协议不应当履行。若依据《公司法》第166条审查发现目标公司利润不足以补偿投资方的，法院应驳回或部分支持投资方要求目标公司金钱补偿的诉求，投资方可在目标公司有足够利润后再另行起诉。[②] 自此，司法实践对

---

① 江苏省高级人民法院（2019）苏民再62号民事判决书。

② 参见赵旭东：《第三种投资：对赌协议的立法回应与制度创新》，载《东方法学》2022年第4期。

认定和目标公司对赌的协议有效性问题基本形成统一的判决思路。

(二)投资方和原股东签订的对赌协议的效力问题

自海富案后,投资方和原股东签订的对赌协议的效力通常被认定为有效。因为投资方和原股东对赌仅涉及一般合同关系,不适用公司法抽逃出资的强制性规范,不对公司债权人和其他股东权益造成损害。若协议是双方在意思表示真实的情况下作出,且不违反法律法规的禁止性规定的,都应认定对赌协议有效。然而,实践中还出现了目标公司为股东和投资方的对赌提供担保的情况。若目标公司为原股东回购义务承担担保责任的,目标公司实质上是第二股权回购义务人,在原股东未履行回购义务的情况下也应向投资方履行回购义务,因此这种情况下也需先审查协议是否属于抽逃出资或违反资本维持原则,再判断公司对外担保是否符合法律规定的相应程序。若目标公司仅为原股东支付的回购款承担担保责任,该情况不涉及减资问题,只需依照《公司法》规定判决担保合同效力即可。例如2016年瀚霖案中,对赌协议约定原股东在对赌失败后应承担回购义务,目标公司对股东的付款承担连带清偿责任。在目标公司已通过股东会决议后原股东已取得对外签订担保条款的授权,故担保条款对目标公司发生效力。[1]

五、若干思考

公司在引入投资时,投资人为保障自身权益,通常要求与公司等相关方在投资协议中约定一些投资人的股东特殊权利条款。这在一定程度上能够起到鞭策被投资方的作用,激励其努力发展达成对赌目标,与此同时投资者也得以从中获益,进而达到双赢。但当目标公司受所在行业、市场或自身业绩波动不利影响时,对赌协议或条款的存在也将对目标公司及相关方产生重大不利影响。因此,对赌协议的制定及适用都需各方审慎处理,这要求法律工作者在从事相关业务时更加精准、完整、准确地把握相关法律法规,以便高效地出具解决问题的方案及思路。

中外合营企业未经外商投资主管部门审批股权回购对赌条款,是否有效?答:有效。

在2020年1月1日前,根据《中外合资经营企业法实施条例》规定,合营一方向第三者转让其全部或者部分股权的,须经合营他方同意,并报审批机构批准,如未经审批机构批准,即便对赌当事方已签署股权转让协议,其亦违反了效力强制性规范,将被视为无效而无法得到有效执行。

2020年1月1日《中华人民共和国外商投资法实施条例》与《外商投资法》一同实施,同时,《中外合资经营企业法》《中外合作经营企业法》《外资企业法》《中外合资经营企业法实施条例》一同废止,在外商投资企业设立和变更过程中需要商务部门审批/备案和市场监管部门登记等行政程序,简化为在市场监管部门实行"一站式"的审核/登记,故,未经审

---

[1]　最高人民法院(2016)最高法民再128号民事判决书。

批机构批准已不是对赌合同无效的理由。

司法实践中的对赌协议纠纷繁多、涉及面广,如对赌协议的内容、对赌协议的效力、股份回购的履行、上市对赌的监管审核等。虽然有关对赌协议纠纷的个案各有特点,裁判五花八门,但对赌协议的效力认定无疑是首先需要明确的。那么,《九民纪要》是否彻底解决了对赌协议的效力认定问题呢?有学者提出,《九民纪要》就对赌协议的效力和合同履行问题分别作出规定,将产生以下新的法律问题:第一,若对赌协议约定的股权回购或现金补偿条款和目标公司章程规定相违背,是否会影响对赌协议的效力认定问题?[①] 第二,《九民纪要》先减资再回购的规定是否违反《公司法》第142条规定?《公司法》第142条规定,公司在减少公司注册资本时可以收购本公司股份,收购股份后应在10日内进行注销登记。《九民纪要》规定目标公司未完成减资程序,法院不支持回购股权请求。《公司法》股权回购的实施步骤应是先回购再减资,和《九民纪要》先减资再回购的规定相矛盾。因此在对赌协议股权回购程序上,应如何确定减资和股份回购的顺序?第三,依据《九民纪要》规定,法院应根据目标公司是否存在可分利润裁判是否支持投资方请求目标公司履行现金补偿义务。由此可推导出,对赌协议中履行业绩补偿和股份回购的资金来源应为目标公司的利润。然而应如何确定目标公司的利润范围,公司的公积金是否可用于支付现金补偿?

案例四:金融科技监管
——以英国沙盒监管为代表

一、基础知识

(一)金融科技的含义

金融科技(Fin Tech)是金融与科技的深度融合,寓指新技术革命在金融领域日益广泛和深入的应用。[②] 其中,Fin Tech是Financial Technology的缩写,但金融科技并非Finance(金融)与Technology(科技)的简单相加,而是指通过运用各类科技手段创新传统金融行业提供的产品和服务,提升效率并有效降低运营成本,是在互联网信息技术加速发展的背景下,技术赋能传统金融而产生的一系列商业模式,是产业与新技术深度融合的必然发展方向与创新结果。金融稳定委员会(Financial Stability Board,简称FSB)指出,金融科技通过技术手段推动金融创新。金融科技指"技术带来的金融创新,它能够产生新的商业模式、应用、过程或产品,从而对金融市场、金融机构或金融服务的提供方式产生重大影响"。[③]

---

① 参见王东光:《对赌协议的效力及司法裁判路径》,载《现代法学》2023年第3期。
② 彭兴韵:《金融学原理》,格致出版社2019年版,第447~448页。
③ Financial Stability Board, Fintech:"Describing the Landscape and A Framework for Analysis", *Research Report*, 2016.

具体来看,金融科技包含两个层面,第一是能够有效赋能产业的一系列新兴技术的研发、推广与应用,主要包括人工智能技术,大数据技术,以移动互联技术和物联网技术为代表的互联技术,以云计算和区块链技术为代表的分布式技术,以密码技术、量子技术和生物识别技术为代表的安全技术,具有更新迭代快、跨界、混业等特点,是大数据、人工智能、区块链技术等前沿颠覆性科技与传统金融业务与场景的叠加融合。第二是对一系列技术驱动的金融创新的开发、运营与服务,主要包括大数据金融、人工智能金融、区块链金融和量化金融四个核心部分,例如智能投顾、供应链金融、消费金融、第三方支付、监管科技等新兴领域。不同于传统金融以及互联网金融,金融科技的核心功能是技术中介,其主要风险是技术性风险。[①]

(二)金融科技监管

随着金融科技的普及,健全政策框架和监管模式日趋重要。自 2017 年以来,FSB 从金融稳定的角度监测了金融科技的发展,提及金融科技有潜力催化金融业的永久性重大变革,一旦其规模达到一定阈值(全球金融市场的重要节点),就会产生重要风险。世界银行的数字金融服务白皮书(2020 年 4 月)列出了金融服务数字化从基本交易账户到完全数字化的金融系统转型的四个主要阶段,这些阶段伴随着日益发展的法律和监管框架、扶持性基础设施和辅助性政府支持系统。因此,随着越来越多金融科技活动的开展,政策应对的丰富性和复杂性必然有所增加。

从根本上讲,金融科技相关风险的性质与传统金融活动类似,但其在形式和实质上存在显著差异。减轻金融稳定、诚信和安全等核心政策目标的风险是从金融科技应用中获益的先决条件。所有形式的金融服务最终都可能导致微观审慎层面的流动性、信贷、市场和运营风险,以及宏观层面系统级外部性产生的宏观审慎风险,数字化转型导致上述风险以不同的方式出现,引发监管范围之外的风险转移。基于此,不同国家对创新发展的金融科技采用了不同的金融监管思路,总体而言强调监管技术及工具的应用。美国对金融科技进行功能型监管,强调对同一类型的金融服务实施同样的金融监管;英国、新加坡、澳大利亚等国注重创新监管工具,采用了"监管沙盒"以及"创新加速器"等金融监管工具。其中,英国于 2015 年首次提出"监管沙盒"构想,并在国内顺利推行"监管沙盒"机制,有助于金融科技公司积累合规经验、提升 IT 基础设施以及技术、风险管理能力,对改革金融科技监管方案、维护金融稳定、规范金融科技市场运行以及保护金融消费者合法权益发挥重要作用。

---

① 袁康、唐峰:《金融科技公司的风险防范与监管对策》,载《山东大学学报(哲学社会科学版)》2021 年第 5 期。

(三) 监管沙盒

1. 监管沙盒的含义和由来

监管沙盒(Regulatory Sandboxes)指可控的金融科技监管环境,金融科技新产品或新服务在该可控的测试环境中接受真实或虚拟测试,企业在该测试环境中测试创新产品、服务、商业模式和交付机制,而无须立即承担参与相关活动的所有正常监管后果。其核心要义是为金融创新提供一个安全、快捷的测试环境,使金融科技企业可在其中测试创新金融产品和服务,进而决定是否在沙盒外的真实市场推广。

监管沙盒的提法源于计算机技术。计算机领域的沙盒(Sandbox)是一种维护计算机安全的虚拟技术,提供一个可供应用程序运行的受限环境,运行过程中程序的状态以及所使用或访问的资源受到严格记录和控制。每个程序在自己受保护沙盒中的运行状态不会影响到其他程序和整体操作系统,避免了恶意程序可能造成的危害。沙盒为一些风险不确定性较高、外溢性未知、来源不可信、具备破坏力或无法判定程序意图的程序提供真实测试试验环境。如果含有恶意行为,则禁止程序的进一步运行,而这不会对系统造成任何危害;并会在确认病毒行为后实行回滚机制,让系统复原。① 随着计算机、互联网、大数据等技术应用于金融领域,金融风险监管被提高到一个更高级别,作为受到严格监管的行业,金融要更好地服务于数字化,需要一定的"创新容忍度"——克服监管不确定性所导致的延迟对创新者造成的阻碍、借助安全测试为金融创新拓宽融资渠道、鼓励更多金融创新产品通过安全测试并进入市场,因而,沙盒模式对于金融监管模式的创新具有启发意义。

2. 监管沙盒的发展概况

监管沙盒,或称沙盒监管,最早于2015年由英国金融行为监管局(Financial Conduct Authority, FCA)在 *Regulatory Sandbox* 报告中开创性提出,按照 FCA 的定义,监管沙盒是一个"安全空间",在这个安全空间内,金融科技企业可以测试其创新的金融产品、服务、商业模式和营销方式,而不用在相关活动遇到问题时立即受到监管规则的约束。2016年6月 FCA 建立了第一个监管沙盒,随后在2019年建立了国际金融监管机构以推动跨境沙盒战略,并在同年启动了"全球沙盒(Global Sandbox)"项目,即全球金融创新网络(Global Financial Innovation Network, GFIN),旨在为金融技术产品提供一个跨境测试平台,为金融科技创新型公司提供一种更有效与监管机构互动的途径,测试科技公司开展跨境业务的能力,协助其在多个司法管辖区测试创新产品、服务或商业模式。GFIN 还旨在为金融服务监管机构构建合作平台,促进金融监管机构就监管活动的开展交流分享经验。② 澳大利

---

① 杨涛:《理性认识金融科技监管沙盒的改革探索》,载《人民论坛·学术前沿》2022年第17期。

② 参见 https://www.fca.org.uk/publication/consultation/gfin-consultation-document.pdf。

亚、瑞士、新加坡、加拿大、丹麦、马来西亚等国家也逐渐效仿 FCA 的监管沙盒模式，美国的沙盒监管战略进展相对较缓，部分原因在于美国联邦及各州的金融监管规则存在差异，联邦和州的监管机构在各自的辖区内的管辖权具有排他性，而技术创新使得金融科技公司能够更轻易地为全国范围内的客户提供服务，特别是在提供信贷和资金转移活动方面，监管制度缺乏协调的弊端更加尖锐。①

根据世界银行 2020 年发布的报告，② 2016—2020 年，全球已公布了 73 个与金融科技相关的沙盒。其中，52 个(约占总数的 70%)是在新兴市场和发展中经济体(Emerging Markets and Developing Economies，EMDEs)中启动的；其余的是在发达经济体(Advanced Economies，AEs)中创建的。东亚和太平洋地区创建的金融科技相关沙盒数量最多，紧随其后的是欧洲和中亚；尽管印度和美国的沙盒浓度较高，但北美和南亚的监管沙盒数量最少。超过一半的监管沙盒(约 56%)于 2018—2019 年建立，仅在 2020 年上半年就建立了约五分之一，这表明各国家地区越来越倾向于使用沙盒测试金融科技创新并改善金融科技监管。

3. 监管沙盒的设计要素

监管沙盒的设计必须包含五个要素：资格、治理、时间、测试限制、退出(详见表 4-4)。③

表 4-4　　　　　　　　　　　　沙盒监管设计要素一览表

设计元素	描述	设计选择(示例)
资格	定义谁可以参与沙盒测试。该资格应当明确，为所有市场参与者营造公平竞争环境	1. 仅对现有企业开放 2. 仅对初创企业开放 3. 对非金融服务提供商开放(例如技术提供商)
治理	定义沙盒的内部操作结构、角色和职责，以及关键操作流程	1. 专门的沙盒单元 2. 轮辐：与监管机构的其他单位协调沙盒查询的中心联络点
时间	1. 准入审核时长 2. 测试持续时长	1. 定期入盒 2. 永久入盒 测试周期从 3 至 36 个月不等

①　参见 https：//home. treasury. gov/sites/default/files/2018-08/A-Financial-System-that-Creates-Economic-Opportunities—Nonbank-Financials-Fintech-andvInnovation. pdf。

②　参见 https：//documents1. worldbank. org/curated/en/912001605241080935/pdf/Global-Experiences-from-Regulatory-Sandboxes. pdf。

③　参见 https：//www. cgap. org/sites/default/files/publications/slidedeck/2021_01_Regulatory_Sandboxes_Overview. pdf。

续表

设计元素	描述	设计选择(示例)
测试限制	限制沙盒测试的范围、规模及操作方式,尽量降低潜在风险	1. 客户数量 2. 交易数量 3. 地域限制 4. 消费者保护保障措施 5. 最低 AML/CFT(Anti-Money Laundering/Combating the Financing of Terrorism)要求
退出	1. 个别测试结果(出盒、终止测试等) 2. 项目层面的关键绩效指标 3. 将见解和经验教训纳入更广泛的监管议程	1. 测试结果 2. 以绝对产出计算关键绩效指标 3. 推动监管变革方面的关键绩效指标

二、典型案例

(一)英国沙盒监管的提出和制度设计

2015 年 5 月,英国金融行为监管局发布《监管沙盒》报告,首次提出"监管沙盒"构想。监管沙盒机制把一个缩小的真实市场作为"安全空间",在此范围内企业可享受一定的监管豁免。企业对金融科技创新产品、服务和商业模式进行短期、小范围的测试,如果测试效果得到认可,测试完成后可进行大范围推广。"监管沙盒"机制自实施以来,金融行为监管局定期接受项目申请,集中开展项目测试,目前已开展到第 7 批。第 7 批有 58 家企业参与测试,2021 年 6 月,FCA 收到了 58 份申请。13 份申请被接受参加测试。该群体的大多数申请来自零售投资和零售贷款行业的公司。在冠状病毒(Covid-19)的更广泛背景下,越来越多从事的开发业务、提供产品或服务的公司进行的创新并接受沙盒测试。[①]

1. 监管主体和监管对象

FCA 为沙盒监管主要实施主体。对于双重监管的公司,FCA 将与审慎监管局(PRA)合作,就适当的沙盒选项达成一致。如有必要,将根据 FCA 和 PRA 之间现有的谅解备忘录的现行条款或 2000 年《金融服务和市场法》(FSMA)的相关规定,在咨询或征得 PRA 同意的情况下开展监管工作。例如,由二者协商确定适用于双重监管公司的限制性规则或豁免条款。

所有金融机构和提供金融服务支持的非金融机构都可申请参与沙盒测试。测试项目的

---

① 参见 https://www.fca.org.uk/firms/innovation/regulatory-sandbox/accepted-firms。

业务范围不受限制，包括个人银行、个人贷款、一般保险和养老金、养老金和退休收入、个人投资、投资管理、机构金融市场，以及其他类型的金融创新业务等。根据牌照获取情况，金融行为监管局将拟测试企业分为未经授权的企业、限制性授权的企业、经授权的企业、金融机构的技术支持企业，适用不同的测试工具。

2. 测试工具和准入资格

"监管沙盒"提供五类工具，分别是限制性授权、个别指导、规定豁免与修改、无异议函和非正式引导，企业可以根据自身业务和测试需要进行选择。利用上述测试工具，企业能够享受到简化授权流程、明确监管要求、灵活豁免、专业指导等优势，降低了行政审批成本。[①]

FCA 公开准入标准作为进入沙盒的先决条件，旨在保证监管程序的公平性及透明度，确保沙盒监管机制运用于真正有利于消费者的主张。在准入方面，FCA 提出以下资格要件[②]：

（1）金融科技公司的业务范围。要求业务创新将应用于英国市场；相关活动由 FCA 监管，或者可能由 FCA 监管的公司使用。

（2）创新要求。相关创新属于具有稀缺性，市场上不存在相关创新案例；相关创新在规模上有明显变化。

（3）消费者利益方面。相关创新会为消费者带来更好的交易体验（如更低的价格、更高的质量、更好的安全性等）；已经预见到消费者可能遇到的风险并且已经有应对风险的既定方案；相关创新能够促进市场准入或有利于企业更好地遵守 FCA 规则。

（4）准备就绪。已经进行了较为充分的背景调查，了解义务并有了一个较为清晰明确的商业提案；有完善的测试计划，包括有明确的目标、参数和成功标准；已经进行了初步测试；具备需要进行沙盒测试的素材及资源；制定了完善的保障措施方案以保护消费者，并能够在必要时采取适当的补救措施；所有测试合作伙伴都已到位，或者很快就会到位；对于需要授权的测试，将于近期申请并获授权。

（5）需要创新支持。没有其他与 FCA 接触的途径；相关创新无法适应现有的监管框架；能够通过使用沙盒工具在实时环境中接受测试而获益；完整的授权过程对于可行的短期测试来说成本太高/太困难。

3. 保障措施

沙盒监管为企业带来的好处应该有利于金融消费者，比如增加产品和服务的范围、降低成本、提高消费者获得金融服务的质量。然而，当创新金融产品或服务在进行沙盒测试

---

① 参见 https：//www.fca.org.uk/firms/innovation/regulatory-sandbox。

② 参见 https：//www.fca.org.uk/firms/innovation/regulatory-sandbox/eligibility-criteria。

时可能会损害消费者利益，因而应当谨慎应对并防范此种风险。FCA提出了一系列保护消费者利益的措施，对相关措施的优势和弊端加以分析，同时提出：

（1）措施一。参与沙盒测试的公司只能将知情且同意参与测试的客户纳入其创新方案测试过程，同时应当通知客户测试可能存在的潜在风险，并在事前明确补偿方案。采取该措施各方可以灵活地就适用于特定测试的补偿安排达成一致，但这只能是老练消费者和公司的选择。一方面，不那么老练的消费者不明白他们的权利是有限的，对测试的认知局限和偏见会扭曲实验结果；另一方面，谨慎的消费者认为试验风险太大而选择退出试验，可能会进一步扭曲试验结果。

（2）措施二。参与沙盒测试的企业提出他们将向客户作出何种披露、提供何种保护和补偿，FCA与企业合作并确保相关内容公平合理。采取该措施企业可以灵活地提出适合特定测试的补偿安排。如果保障措施足够充分，可以考虑与不知道测试情况的客户进行测试。但一旦保护不足，则可能对客户造成损害。

（3）措施三。参与沙盒测试的客户与其他授权公司的客户享有相同的权利。具体表现为，消费者先与参与公司协商，协商未果可以向英国金融调查专员服务处（Financial Ombudsman Service，FOS）①投诉，也可以根据金融服务补偿计划（Financial Services Compensation Scheme，FSCS）②寻求救济。该救济体系已较为成熟，客户不承担额外风险。但沙盒公司必须支付FOS和FSCS费用，导致其财务风险比仅补偿损失更高。

（4）措施四。参与沙盒测试的一个条件是，企业承诺赔偿客户的所有损失（包括投资损失），并证明他们有能力(有足够资源及资本)赔偿损失。只要公司不破产，客户与沙盒公司进行交易就不需要承担任何风险，因而客户能获得比与正规授权公司合作更高级别的保护。但由参与沙盒测试的公司承担所有风险(包括投资风险)会使沙盒对小微公司缺乏吸引力，成为小微公司无法负担的监管选择。此外，如果客户知道他们几乎无须承担风险，则很有可能扭曲测试结果。

FCA认为，为了使沙盒制度对包括新进入者在内的各种公司具有吸引力，措施二相较而言应成为首选，此种措施不仅使公司能够分析并策划为参与特定测试的消费者提供适当的保护，而且使FCA有机会审查并确保相关保护措施是适当的。

(二) 英国监管沙盒的运作模式

1. 测试流程

整个沙盒测试包括三个阶段，即申请阶段、测试阶段和退出阶段。其中，在申请前，

---

① 金融调查专员服务处(FOS)由英国议会创立，是英国解决金融服务纠纷的官方专业机构。

② 依据2000年的《金融市场与服务法案》，金融服务管理局(FSA)在2001年建立了金融服务补偿计划。其中规定：任何英国公司一旦被担任执行金融监管活动的FSA批准在英国运营，该公司则自动成为金融服务补偿计划有限公司的成员。

欲参加沙盒测试的金融科技公司应当先满足预申请要求，即根据准入要求中的"准备就绪"标准，公司需要为沙箱测试做好准备，一般来说应当确定一个准备在沙盒中测试的命题项目，并已经就相关商业模式开始运营。例如，相关公司已经与合作伙伴签订合同协议，招募核心团队，并筹集沙盒测试所需的资金，满足预申请要求后即可进入沙盒测试流程。

（1）申请阶段。公司提交申请，对照准入资格的五个要件论证其符合沙箱资格标准，并详细说明项目测试计划。沙盒团队根据资格标准对申请进行评估，对于被评估为初步合格的公司，将继续开展合作并进一步制定、完善测试计划，相关公司可以从一系列沙盒测试工具中选择，一旦测试计划达成一致，公司就被接受进入沙盒；不符合标准的公司则不被允许接受沙盒测试。

（2）测试阶段。确定测试所需要的沙盒工具后测试即正式开启。如果沙盒测试涉及受监管的活动，公司则需要申请授权以获得进行测试的相关许可，授权申请必须在测试开始前获得批准。接受沙盒测试的公司所获授权通常会被附加限制，例如限制公司在测试期间所服务客户的数量及类型，目的在于防范风险及保护消费者权益。沙盒测试通常持续6个月，整个测试运行过程由沙盒团队密切监控，受测公司应当以周为单位就风险控制情况进行汇报，一旦违反规定则强行终止运行。

（3）退出阶段。完成测试后，公司应以书面形式提交测试报告、退出沙盒并根据测试结果决定继续测试（在测试过程中发现存在需要继续测试的项目）、申请正式授权（测试结果较为可观并能够正式投入市场）、变更或放弃授权申请（根据测试报告改变运作模式或部分业务，进而改变牌照类型）。

2. 不同类型公司的选择

（1）未经授权公司的选择。

第一，申请取得限制性授权。FCA将建立一种与银行动员授权处理过程相似的特定授权流程，允许需要获得授权的公司测试其新产品或服务。沙盒公司将首先获得限制性授权，且只能在授权范围内测试其项目方案（因而是一种限制性授权）。一旦公司满足一定条件，此种限制将会被取消。

这种限制性授权使得公司在满足与测试活动相称的授权要求时获得授权，比申请获得完全授权更加快捷。在全面开展商业活动时，相关公司必须申请取消限制，而无须申请获得新授权。

第二，由相关行业成立沙盒保护伞公司（Sandbox Umbrella，简称"伞公司"）。相关行业可以成立一家非营利公司作为伞公司，允许未经授权的创业者作为指定代表在行业庇护下提供服务。伞公司获得适当的许可后与其他授权公司一样受FCA的监督并自行监督行业指定的代表。并非所有受监管的活动都适用指定代表制度，因而并非所有金融科技创新企业都能使用沙盒保护伞，例如，开展保险承保和投资管理业务的企业就不能适用该制度。

FCA 认为伞公司应该由行业引入。因为由行业主导的保护伞更有利于对沙盒公司开展评估并根据评估结果提出建议，促进行业整体创新。FCA 通过创新中心协助行业建立伞公司并持续给予支持和建议，对伞公司进行监督以确保对测试活动按照规定开展。

限制性授权以及保护伞制度不适用于实施《金融服务和市场法案》(FSMA) 授权范围之外的活动，如支付服务以及电子货币的活动。支付服务条例以及电子货币条例中规定了适用于小型支付公司以及电子货币公司更加宽松的登记注册机制，也规定了这些条例不能得以适用的一些例外情况。

(2) 授权公司的选择和外包安排。

第一，不采取行动通知(No Enforcement Action Letters，简称 NALs)。FCA 可以发布 NAL，以此声明如果其合理确信测试活动没有违反相关规定或背离 FCA 的目标，则不会对测试活动采取强制行动。此种不采取强制行动的承诺适用于从发布 NAL 到 FCA 完成或关闭测试的期间。

第二，个别指导(Individual Guidance，简称 IG)。除了 NAL 之外，FCA 还可以就公司实施测试活动所适用规则进行解释并向其发布个别指导。如果该公司按照指导方针行事，FCA 不会对其采取行动。

第三，规定和豁免与修改(Waivers)。如果测试活动违反 FCA 制定且在其豁免权力范围内的规则，但沙盒公司能够通过豁免测试，FCA 则可以豁免或修改适用于该公司的特定规则。但 FCA 能够根据欧盟立法要求进行豁免的内容有限，不受 FSMA 监管的公司(例如支付机构)无法享有豁免。

三、域外视野

"监管沙盒"作为为金融科技发展提供良好环境的监管工具，除英国外，还在其他国家和地区广泛采用，以下以中国香港、美国和澳大利亚为代表，对监管沙盒实践加以考察。

(一) 中国香港——多元沙盒监管主体的代表

香港的金融业由行业监管机构监管：香港金融管理局(简称金管局)、证券及期货事务监察委员会(简称证监会)、保险业监管局(简称保监局)，是多元沙盒监管主体的代表。

金管局于 2016 年 9 月推出金融科技监管沙盒(沙盒)，使银行及其伙伴科技公司能够在无须完全符合金管局监管规定的环境下，邀请有限数目的客户参与金融科技项目的试行。这项安排使银行及科技公司能够收集数据及用户意见，以便对新科技产品作出适当修改，从而加快推出产品的速度并降低开发成本。截至 2023 年 8 月底，共有 305 项金融科技项目获准使用沙盒进行试行。①

---

① 参见香港金融管理局官网，https://www.hkma.gov.hk/gb_chi/key-functions/international-financial-centre/fintech/fintech-supervisory-sandbox-fss/。

证监会于 2017 年 9 月推出证监会监管沙盒(沙盒)。以期为合格企业将金融科技全面应用于其业务之前,提供一个受限制的监管环境,督促使用创新科技的企业致力于利用金融科技开展业务,为投资者及消费者提供更优质的产品和服务,使香港金融服务业受惠。[①]

保监局于 2017 年 9 月推出保险科技沙盒(沙盒),使获授权的保险公司及持牌保险经纪公司在商业运作时以先导形式试行应用创新保险科技。[②] 保监局同时宣布,保监局、金管局和证监会均已分别完善相应沙盒,有意就跨行业金融科技产品参与试行计划的公司,可选择其认为最相关的沙盒,并向该沙盒的监管机构提交申请。该监管机构将作为公司的主要接洽点,在其沙盒中测试产品,协助联系并将测试结果传达给其他监管机构,以便协调使用其他沙盒。

(二)美国消费者金融保护局沙盒中的承销算法压力测试——利用监管沙盒创新金融科技监管的代表

Upstart Network 是一家于 2016 年开始运营的美国金融科技公司,其利用传统的承销信息和其他信息(如就业史和教育背景)评估个人的信用。Upstart 平台汇集了相关数据,同时应用计算和机器学习来分析数据,并推算出利用传统评估方式无法得出的用户信誉水平。

由于担心算法借贷存在公平性问题,且考虑到处理非传统数据可能违反 1970 年制定的《公平借贷法》,Upstart 与推出监管沙盒的美国消费者监管机构消费者金融保护局(Consumer Financial Protection Bureau,CFPB)进行沟通。CFPB 在沙盒中使用一系列测试对 Upstart 采用的信贷资格分析模型进行了审查,并根据测试结果向该公司发出了一封不采取行动通知(No-Action Letter,NAL),提到了《平等信贷机会法》(*Equal Credit Opportunity Act*,ECOA)及其实施条例的适用,[③] 对该公司在其信贷承销和定价模型中使用人工智能(AI)和机器学习的合法性进行分析。CFPB 在 2019 年 8 月的一份报告中强调,与传统模式相比,Upstart 模式将借款人的批准率提高了 27%,同时提供了 16% 的低利率,显著扩大了信贷渠道,有利于为更多的投资者和金融消费者提供信贷服务。此外,在过去一年中,该公司克服了违约风险并实现盈利,因而其采取的新模式能够投入市场使用。

Upstart 继续为 CFPB 提供信用报告,进一步证明人工智能有助于优化信用评分和信用审批流程。同时,沙盒测试减轻了监管机构对替代数据和算法决策中可能存在固有偏见的

---

① 参见香港证券及期货事务监察委员会官网,https://sc.sfc.hk/gb/www.sfc.hk/TC/Welcome-to-the-Fintech-Contact-Point/Virtual-assets/Virtual-asset-trading-platforms-operators/Regulatory-requirements/FAQs-on-licensing-related-matters/SFC-Regulatory-Sandbox/SFC-Regulatory-Sandbox#BFEF3DCD5EB5486D9FE33F46AD2D6BE6。

② 参见香港保险业管理局官网,https://www.ia.org.hk/sc/aboutus/insurtech_corner.html#1。

③ 参见 https://files.consumerfinance.gov/f/documents/201709_cfpb_upstart-no-action-letter.pdf。

担忧，并表明 Upstart 的运营符合贷款法律法规。

由此可见，沙盒可以为创新型初创企业提供一个仿真空间，以测试符合监管目标的创意和新概念，在提供具体的经验方面发挥着重要作用，同时有利于革新金融监管机构的监管模式。

(三)澳大利亚——探索迭代监管沙盒机制的代表

澳大利亚证券和投资委员会(Australian Securities & Investments Commission，ASIC)于 2016 年 12 月公布了其沙盒的第一次迭代。任何符合条件的金融科技公司只需通知 ASIC 其打算在既定沙盒规则范围内提供相应产品和服务，即可准入沙盒测试，而无须申请获得 ASIC 或其他监管机构的进一步批准。

然而，沙盒规则的诸多限制性参数导致能够满足在规则范围内提供产品和服务的公司有限，7 个月内只有一家初创公司使用沙盒测试。因此，ASIC 采取了进一步措施来改进沙盒规则，发布新的立法和法规草案以创建一个改良版监管沙盒。

新的沙盒提供了一个"更轻松"的监管环境，给予接受测试的金融科技公司以更多的灵活性。新立法中的基础保障措施保持不变，主要作出了以下关键修改：

(1)豁免期从 12 个月延长至 24 个月。

(2)使 ASIC 能够出于测试金融和信贷服务及产品的目的，对金融法规给予有条件豁免。

(3)授权 ASIC 决定豁免的开始和终止方式。

(4)扩大了可以在沙盒中测试的产品和服务的类别，包括人寿保险产品、养老金产品、上市国际证券和众筹活动。

(5)实施了额外的保障措施，如披露供应商薪酬信息、披露与产品发行人的关系，明确可供相关选择的争议解决机制。

这项改革允许 ASIC 控制豁免的授予和撤销方式，并要求金融科技公司通知客户他们正在使用豁免。此外，在这一过程中，某些基准义务将继续适用，例如负责任的贷款义务和处理客户资金的义务，以及在提供个人咨询的情况下编制咨询声明的义务。违反这些义务将会导致 ASIC 取消对公司的豁免。

澳大利亚的沙盒监管实践说明了对监管沙盒进行微调以满足市场需求的必要性，也督促监管机构强化创新监管方式、完善监管机制的意识。

四、中国视角

2019 年 12 月，中国人民银行启动金融科技创新监管试点工作，支持在北京市率先开展金融科技创新监管试点，探索构建符合我国国情、与国际接轨的金融科技创新监管工具。截至 2022 年 4 月底，全国 29 个省/自治区及市级地区共推出 156 项金融科技创新监管试点项目。2020 年 10 月，中国人民银行发布《中国金融科技创新监管工具》白皮书，正式推出基于本土特色、参照国际经验的"中国金融科技创新监管工具"，截至 2021 年 6 月，已有北京、上海、成都、广州、深圳、重庆、雄安、杭州、苏州 9 个城市的 90 个项目进入"监管试点"，中国版"监管沙盒"持续扩容。

（一）"出盒"项目

1. 工商银行"基于物联网的物品溯源认证管理与供应链金融"

工商银行推出的"基于物联网的物品溯源认证管理与供应链金融"于 2020 年 10 月通过中国版"监管沙盒"测试，达到了市场复制推广的条件。根据工商银行提交的《金融科技创新应用声明书》，其详细介绍了创新应用的基本信息（包括技术应用、功能服务、创新性说明、预期效果及预期规模）、创新应用服务信息、合法合规性评估、技术安全性评估、风险防控（包括风控措施、风险补偿机制、退出机制、应急预案）、投诉响应机制（包括机构投诉、自律投诉）以及承诺声明，并以附件形式附《中国工商银行电子银行个人客户服务协议书》《基于数字人和混合现实技术的智慧网点服务合法合规性评估报告》《基于数字人和混合现实技术的智慧网点服务技术安全性评估报告》《基于数字人和混合现实技术的智慧网点服务风险补偿机制》《基于数字人和混合现实技术的智慧网点服务退出机制》《基于数字人和混合现实技术的智慧网点服务应急预案》①等内容。

该应用是北京金融科技创新监管试点的第一批项目，也是最早一批金融科技创新应用之一，其最大的创新点在于基于物联网技术采集产品的生产制造、质检、库存、物流、销售等全生命周期特征数据，不可篡改地记录在区块链上，并接入了工商银行的物联网服务平台及企业智能管理系统，实现产品全链条质量管理与信息透明。

2. 百行征信公司的"百行征信信用普惠服务"

2021 年 9 月 18 日，深圳金融科技创新监管工作组对外公布首个完成金融科技创新测试的创新应用——"百行征信信用普惠服务"项目。在《金融科技创新应用声明书》中，② 百行征信明确列明了四个风控点，即在判断用户行为方面有待提高精准度、对于应用创新技术可能带来的新风险无从知晓、数据采集储存传输使用过程中由于技术缺陷可能造成数据泄露风险、项目运行过程中可能由于诸多客观因素导致征信服务无法正常提供，对于上述风险，百行征信详细列明相应防范措施并在金融科技创新测试中加以实践。在风险补偿机制方面，百行征信同样起草了补偿方案，承诺根据方案进行核实并对非客户自身责任导致的资金损失提供全额补偿，最大限度降低或弥补用户损失，充分保障消费者合法权益。

---

① 参见 https://v.icbc.com.cn/userfiles/Resources/ICBC/beijing/download/yysms.pdf。

② 参见百行征信官网，https://www.baihangcredit.com/main/detailpage?articleId=f9647eb84d794373bf4056e3ba8a02b2。

(二) 监管依据

金融科技创新监管工具创新应用从申报到结束测试的全流程中，在各个环节均具备严格的管理细则，主要依据是《金融科技创新应用测试规范》《中国金融科技创新监管工具白皮书》。在进行申报、辅导、公示等流程后，金融科技创新监管工具创新应用会进入测试运行阶段，并面向用户提供服务。在结束测试后，还需要完成全面评价后方可对外推广。

《金融科技创新应用测试规范》规定了金融科技创新应用测试的基本流程和相关要求，主要包括测试声明、测试运行、测试结束3部分要求。

第一，测试声明要求。规定了在金融领域创新应用申报提交阶段所需符合的要求、声明方式、声明流程等。金融科技创新应履行自我声明的义务，审视自身的功能和服务，明确创新的必要性和可行性，对关键技术的使用进行安全控制，强化消费者的权益保护、完善风险防控措施。

第二，测试运行要求。规定了对测试运行中创新应用的风险监控、处置和投诉建议处理要求。切实保障"入盒"项目风险可控和保障金融消费者合法权益。

第三，测试结束要求。规定了创新应用测试结束时测试评价的内容与方式，以及测试成功、测试退出的要求。确保符合测试通过条件的项目能按照流程结束创新测试。

《中国金融科技创新监管工具白皮书》则从重要意义、监管框架、运行机制、实施规程、发展愿景等方面依次展开，多角度、全景式对创新监管工具进行系统展示，为我国金融科技监管工作提供依据。

我国金融科技创新监管工具作为一种创新试错容错机制，建立了涵盖创新应用事前、事中、事后全生命周期安全管理，旨在引导持牌金融机构、科技公司稳妥开展金融科技创新，让金融管理部门更了解机构新的业务模式，也让机构更了解监管框架和监管要求。

(三) 金融市场案例测试机制——"司法沙盒"

2022年7月5日，上海金融法院发布《关于金融市场案例测试机制的规定(试行)》(以下简称《规定》)，旨在加强金融司法与金融监管协同共治，满足金融改革创新对明确规则指引和法律风险压力测试的需求，防范金融风险，促进诉源治理，服务保障上海国际金融中心建设。

根据《规定》，案例测试机制是指金融机构、交易相对方等主体针对准备开展或正在开展的金融业务中具有前沿性、亟待法律明确且对金融市场具有重大影响的典型事实与法律问题而可能引发的纠纷，向上海金融法院申请进行案例测试，法院通过审理向金融市场提供明确规则指引。《规定》共五章28条，主要对案例测试机制的定义、功能目的、基本原则、启动程序、审前程序、案例审理及配套机制等作出规定：在程序启动方面，规定了案例测试程序启动的条件和方式；在审前程序方面，规定了案例测试审理前的程序事项；在案例审理方面，规定了案例测试的庭审流程、评议、结果宣告和效力范围；在配套机制方面，规定将充分运用信息化技术提升案例测试的司法科技运用水平；就案例测试中发现的典型问题及时制发司法建议；加强金融司法与金融监管协同共治等。

金融案例测试机制是金融"沙盒监管"的一种积极尝试，也是金融领域"诉源治理"的重要创新。根据《规定》第 22 条及第 23 条，在金融案例测试机制下，上海金融法院以"司法意见书"代替"判决书"，该司法意见书并不具备强制执行效力，亦不必然对后续类案及其他法院审理产生影响，仅供当事人开展同类金融业务及上海金融法院审理同类案件时参考、向争议各方提供诉讼风险评估。

2022 年 10 月 12 日，交通银行股份有限公司、上海浦东发展银行股份有限公司、兴业银行股份有限公司、法国兴业银行(中国)有限公司四家银行作为机构 A，与银行间市场清算所股份有限公司(以下简称上清所)，依据《规定》共同申请启动首个测试案例，以测试上清所作为中央对手方清算业务违约处置规则的合法性和处置行为的合理性。案例测试以机构 A 诉被申请人上清所，要求被其赔偿因违约处置所受保证金损失的形式进行。于2022 年 12 月 12 日公开审理，2023 年 2 月 22 日由上海金融法院公开宣告。上海金融法院依据《规定》，针对上清所中央对手方清算业务违约处置规则的合法性与具体处置行为的合理性等法律问题开展的法律风险压力测试。该案例测试提升了中国金融基础设施规则的法律确定性，强化了市场参与方风险预判与防范能力，有利于防范化解系统性金融风险。同时该案例入选了全球中央对手方协会年度案例，为全球新兴的集中清算市场法治化建设提供了有益参考，金融市场案例测试机制本身亦可为全球新兴市场拓展完善金融司法服务保障功能提供可借鉴的路径。[①]

五、若干思考

沙盒直接或间接地对一国的金融科技环境产生重要影响，主要发挥以下作用：

第一，作为监管的基础依据。沙盒不仅在监管要求不明确或缺失监管标准的国家和地区发挥重要作用，而且抑制投入与风险不成比例的金融科技项目进入市场。沙盒监管的开展还有助于在不同国家利益相关者之间建立共识，针对各国之间的监管协调困境寻求破解路径。

第二，促进金融科技公司进入市场。一些金融科技公司将进入市场的能力归因于它们参与并通过沙盒监管测试。但与此同时，沙盒测试也使公司能够更深入地了解监管障碍并利用监管漏洞实现目的，因而沙盒测试对监管者也提出了更高的创新监管能力要求。

第三，促进伙伴关系。沙盒可以帮助传统金融公司与金融科技公司之间发展伙伴关系，一方面，沙盒监管推出加速器类计划，要求金融科技公司必须与持牌公司合作才有资格加入沙盒；另一方面，金融科技公司需要通过外部认可方可与沙盒建立关联。这就促进了金融科技公司与传统金融公司的沟通与协作，共同为金融消费者提供优质服务。

---

① 参见 https：//www.chinacourt.org/article/detail/2023/09/id/7536884.shtml。

第四，促进竞争。政策制定者在评估沙盒是否加剧市场竞争时报告了好坏参半的结果。一方面，沙盒可以帮助创造竞争空间；但另一方面，存在沙盒内公司与沙盒外公司处于不公平竞争环境的问题。监管机构试图通过提高其运营和决策过程的透明度来解决这个问题。

第五，关于金融包容性(Financial Inclusion，也称"普惠金融")。尽管一些沙盒对金融包容性有明确的授权，但能够证明此种授权在成功减少包容性障碍方面的证据有限。目前，以金融包容性为关键目标的沙盒并不比仅以创新任务为目标的沙盒取得更显著的成效。

第六，促进金融科技市场发展。沙盒本身不是交钥匙解决方案，也不是建立有效、永久性监管框架以实现金融科技的替代品。沙盒测试提供了较为适宜的测试环境，使金融科技公司在更广阔的战略布局及一系列举措中运作并积累经验，有效促进金融科技的发展。

第七，提升监管机构的监管能力和水平，促进内部沟通。沙盒可以帮助监管机构更加了解对金融科技趋势和创新态势，同时提供结构化的流程来加强监管机构与金融科技行业的对话和互动。①

请结合域外沙盒制度设计与经验，谈谈我国应当如何利用好监管沙盒推动金融科技公司持续创新、设计更有利于金融消费者的产品及服务，同时促进金融监管机构革新监管方式以顺应时代需求？

案例五：互联网金融消费者保护
——对 P2P 爆雷事件的思考

一、基础知识

(一)互联网金融

根据人民银行等十部门发布的《关于促进互联网金融健康发展的指导意见》(以下简称《指导意见》)，互联网金融是传统金融机构与互联网企业利用互联网技术和信息通信技术实现资金融通、支付、投资和信息中介服务的新型金融业务模式。互联网金融是传统金融在互联网时代的产物，以高速发展的互联网技术为基础，并随着互联网的普及而逐渐扩大影响范围，成为我国主要的金融模式之一，实现了数字平台与数据的深度结合与相互作用，对于发展普惠金融具有重大意义。

互联网金融主要包括互联网支付、网络借贷、股权众筹融资、互联网基金销售、互联网保险、互联网信托和互联网消费基金。互联网支付是指通过计算机、手机等设备，依托

---

① 参见 https：//blogs. worldbank. org/psd/four-years-and-counting-what-weve-learned-regulatory-sandboxes。

互联网发起支付指令、转移货币资金的服务。网络借贷包括个体网络借贷和网络小额贷款，个体网络借贷是指个体和个体之间通过互联网平台实现的直接借贷；网络小额贷款是指互联网企业通过其控制的小额贷款公司，利用互联网向客户提供小额贷款；股权众筹融资是指通过互联网形式进行公开小额股权融资的活动；互联网基金销售是指基金销售机构与其他机构通过互联网合作销售基金等理财产品；互联网保险是指保险公司开展互联网保险业务，应遵循安全性、保密性和稳定性原则，加强风险管理，完善内控系统，确保交易安全、信息安全和资金安全；互联网信托和互联网消费基金，即信托公司、消费金融公司通过互联网开展业务，应严格遵循监管规定，加强风险管理，确保交易合法合规并保护客户信息安全。

(二) 互联网金融消费者

我国现存规范性文件尚无对于互联网金融消费者的明确定义，仅在部分规定中提及其上位概念"金融消费者"，且不同文件对于金融消费者外延的表述存在差异。中国银监会于2006年年底颁布的《商业银行金融创新指引》首次提出"金融消费者"的概念并使用。《中国人民银行金融消费者权益保护实施办法》(中国人民银行令〔2020〕第5号) 第2条指出：金融消费者是指购买、使用银行、支付机构提供的金融产品或者服务的自然人。根据《资管新规》第5条、《私募投资基金监督管理暂行办法》第12、13条，资产管理产品、私募基金的投资者分为不特定社会公众和合格投资者两大类，其中，"合格投资者"是指具备相应风险识别能力和风险承担能力，投资于单只资产管理产品不低于一定金额且投资经历及家庭金融净资产达到一定要求的自然人或净资产达到一定金额的法人。根据《证券期货投资者适当性管理办法》第7、8条，新《证券法》第89条的分类，普通投资者、专业投资者均属于金融消费者。

我们认为，互联网金融消费者是指以互联网为交易平台向金融机构购买产品或者享受其服务的自然人或组织。与普通金融消费者相比，互联网金融消费者更加场景化。

(三) 互联网金融消费者权益保护

2015年，《关于加强金融消费者权益保护工作的指导意见》(以下简称《指导意见》) 出台，强调了保障金融消费者享有"财产安全权、知情权、自主选择权、公平交易权、依法求偿权、受教育权、受尊重权、信息安全权"八项权利，首次从国家层面对金融消费者权益保护进行了规定。据此，互联网金融消费者权益保护是借助互联网购买金融产品、接受金融服务的金融消费者，享有财产安全权、知情权、自主选择权、公平交易权、依法求偿权、受教育权、受尊重权和信息安全权等合法权益，其权益应得到有效保护、排除不法侵害。

我国互联网金融消费者群体庞大、权益多元、保护工作综合性强。互联网金融和普惠金融发展迅速，互联网平台借助数据挖掘与分析准确得到金融消费者画像，能快速定位消费者群体并进行宣传，越来越多 App 直接链接金融服务，大大降低了网民购买金融产品、接受金融服务的门槛。因此，互联网金融消费者的数量相较于传统金融消费者数量增速更快。互联网金融消费者作为金融消费者的下位概念，同样享有《指导意见》所列明的金融消费者的八项权利。基于互联网场景的特殊性，互联网金融消费者应特别注意财产安全权、知情权、公平交易权以及信息安全权的保护。金融消费者权益保护是一项综合性工作，除了互联网金融平台和消费者本身外，立法机关、政府部门、行业协会也是金融消费者权益保护的核心主体。立法机构应通过立法规定消费者和企业的权利和义务；政府执法部门应承担监督企业产品、服务质量和信用水平的职责；行业协会应加强行业自律，互联网平台应加强企业自律，自觉遵守法律法规；金融消费者应主动接受金融教育，避免盲从以及盲目行动。

二、典型案例

以下以我国 P2P 暴雷事件为例，探讨互联网金融消费者保护的法律问题。

P2P，即 Peer to Peer Lending 或 Peer-to-Peer，又称个体网络借贷、点对点网络借贷，是一种将小额资金聚集起来借贷给有资金需求人群的一种民间小额借贷模式。P2P 属于互联网金融中网络借贷的一种，是借助互联网、移动互联网技术的网络信贷平台及相关理财行为、金融服务。网络借贷是指个体和个体之间通过互联网平台实现的直接借贷，个体包含自然人、法人及其他组织。

我国最早的 P2P 网贷平台出现于 2006 年，2011 年快速发展，但缺乏法律规制。直至 2014 年，由于相应的监管政策未能落地，平台跑路风波频发。2016 年，银监会和国务院办公厅分别发布《网络借贷资金存管业务指引（征求意见稿）》与《互联网金融风险专项整治工作实施方案的通知》，但 P2P 网贷平台仍未得到有效监管。2018 年，P2P 网络借贷平台风险愈演愈烈，严重侵害广大人民群众合法权益，扰乱了市场经济秩序。2018 年 6 月前后，P2P 网贷机构集体爆雷，数百 P2P 平台裹挟着以亿元为单位的巨额资金在一夜之间消失无踪。根据国家公共信用信息中心发布的《2018 年失信黑名单年度分析报告》显示，2018 年出现问题的 P2P 平台有 1282 家，472 家企业涉案金额超亿元，其中涉案金额在 5 亿元及以上的有 30 家。2019 年 9 月 4 日，互联网金融风险专项整治工作领导小组、网贷风险专项整治工作领导小组联合发布《关于加强 P2P 网贷领域征信体系建设的通知》，① 其中在第一项开宗明义，明确表明支持在营 P2P 网贷机构接入征信系统。2020 年 11 月中旬，全国实际运营的 P2P 网贷机构完全归零。

在众多 P2P 案件中，广州 P2P 第一案礼德财富集资诈骗案具有代表性。2018 年 7 月 27 日，广州市公安局对礼德互联网金融信息服务有限公司涉嫌集资诈骗案立案侦查。经查，该公司于 2013 年 6 月起设立"礼德财富"线上投资理财平台，在未经有关部门批准的

---

① 参见 https：//credit. tjbc. gov. cn/news/MC4rNg。

情况下，通过媒体广告等公开宣传方式，向社会不特定公众销售固定收益为 7.8%～15% 不等的 30 天至一年期质押担保理财产品（主要是玉石质押），共吸收资金约 13 亿元，涉及投资人约 1.7 万人。案发前主要犯罪嫌疑人郑某森潜逃境外。2018 年 8 月，公安部猎狐办组织工作组赴柬埔寨开展缉捕工作，最终成功将郑某森缉捕归案。① 2020 年 12 月 23 日下午，广州市中级人民法院，对广州 P2P 第一案礼德财富集资诈骗案进行了判决。幕后主使林某鹏被判处无期徒刑；董事长郑某森被判处 15 年有期徒刑。同案还有 3 位会计人士因构成非法吸收公众存款罪被判刑。

三、学理分析

我国 P2P 平台是依法设立、专门从事网络借贷信息中介活动的金融信息中介公司。该类机构以互联网为主要渠道，为借款人与（即贷款人）实现直接借贷提供信息搜集、信息公布、资信评估、信息交互、借贷撮合等服务。② P2P 不是信用中介，不得提供增信服务，不得非法集资。③ 投资人和融资人应实名登记，明确资金流向清楚，不得违反反洗钱法律法规。

（一）互联网金融消费者保护的不足

1. 立法层级低下

《消费者权益保护法》是唯一以法律的形式涉及金融消费者权益保护的规范性文件，且由于其规定较为笼统模糊，学界与实务界普遍就该法在保护金融消费者领域的适用性问题存在争议，具体到互联网金融领域权益保护则更缺乏直接法律规范。涉及互联网金融消费者保护的规定大多为部门规章或行业规范，如中国人民银行等十部门发布的《关于促进互联网金融健康发展的指导意见》、中国互联网金融协会（以下简称协会）牵头研制的《互联网金融智能风险防控技术要求》《互联网金融个人身份识别技术要求》等。

2. 网贷评级客观性与公正性存疑

网络借贷是互联网金融的重要组成部分，很大一部分互联网金融消费者保护困境分布于网络借贷领域。网络借贷平台的综合能力及信用级别直接决定金融消费者的金融消费目的能否实现，若网络借贷平台本身不具备风险识别能力，缺乏对低信誉借贷者的识别和筛选能力，甚至网贷平台本身就存在信用透支，则会严重危害金融消费者权益。因而需要评级机构介入，对网贷平台的实际综合能力进行评估。不同于信用评级平台，我国网贷评级

---

① 参见广东省公安厅官网，https://gdga.gd.gov.cn/jwzx/jwyw/content/post_2169477.html。

② 参见《网络借贷信息中介机构业务活动管理暂行办法》。

③ 参见中国人民银行等十部门发布《关于促进互联网金融健康发展的指导意见》。

平台大多是一系列 P2P 爆雷事件之后建立的，不存在严格的准入资质要求，属于民间自发平台，甚至大多数网贷评级机构直接或间接经营网贷业务。又由于缺乏针对网贷评级的监管制度，网贷评级平台的客观公正性无从得到保障，其所提供的信息对于金融消费者很可能具有误导性。

3. 信息保护与披露不足

P2P 平台存在严重的信息保护与披露问题。一方面，在当今信息化时代，个人信息的商业价值日益提高，P2P 网贷平台涉及对用户个人基本信息、联系方式、资信状况、银行卡账户信息等信息的收集应用，而用户信息泄露的状况屡见不鲜，严重损害消费者的信息安全权；另一方面，相较于传统金融行业，在互联网场景下信息的客观透明对于金融消费者作出决策影响巨大，而多数网贷平台在服务协议及借款协议中对于免责事由和风险提示做模糊化处理，对借款人信息和资信状况没有尽到充分核实与披露义务，导致金融消费者盲目借贷或基于错误认识出借款项，在知情权没有得到充分保障的情况下承担贷款风险。

4. 网贷纠纷解决机制效率低下

根据《指导意见》，解决互联网金融纠纷应当形成在线争议解决、现场接待受理、监管部门受理投诉、第三方调解以及仲裁、诉讼等多元纠纷解决机制。但实践中，大多数当事人在应对 P2P 网贷纠纷时仍然倾向于运用诉讼方式解决，对公权力的依赖程度较高，加之其他纠纷解决机制规定较为笼统，纠纷解决机制并没有做到政策指引中的"多元"，而日益"单一化"。此外，我国金融法院及金融业务熟练的司法人员尚且为稀缺资源，对于金融纠纷的处理往往缺乏专业性，不利于行为准确定性，损害金融消费者权益，审限及审级制度也不能满足金融活动对效率的要求。

(二) 强化互联网金融消费者保护的法律对策

1. 加快完善互联网金融消费者权益保护立法

P2P 网络借贷平台频发爆雷事件，严重破坏了金融消费者合法权益。当前现存的规范性文件大多提供宏观法律支持，除了部分关于金融消费者保护的部门规章和行业规范之外，尚不存在较为完备的法律法规，具体到互联网领域的金融消费者保护更是少之又少。立法机关应当以加快金融消费者权益保护法律法规为起点，在汲取《消费者权益保护法》立法宗旨和立法核心的基础上，充分考虑金融领域的专业性与特殊性，发掘金融消费者权益保护与普通消费者保护的共性和区别，针对实务界与学术界普遍讨论的概念争议、特点辨析、权利异同和立法精神差异，从立法层面予以规范，并辅以权威立法解释。在建立健全金融消费者权益保护法律的基础上，进一步聚焦互联网领域的金融消费者权益保护法律问题，充分考虑互联网技术在金融领域应用与传统金融领域的区别，结合互联网金融中消费者权益受损的时间问题，尤其考虑 P2P 网贷平台爆雷所暴露的互联网金融监管问题，以史为鉴，加快完善互联网金融监管法律法规以充分适应大数据飞速发展、普惠金融持续推进、互联网金融消费者群体日益扩大的现实需求。

2. 促进网贷评级规范化发展

网贷评级平台乱象丛生，以逐利为导向的评级平台与网贷平台联合开展虚假评级，使网贷平台实力与评级结果不相匹配，进而为消费者提供虚假信息，此种评级错配会严重损害消费者权益。然而，网贷评级对于金融消费者作出决策发挥重要作用，为缺乏专业知识的消费者提供重要参考。因此需要促进网贷评级规范化发展。具体而言，有以下几种途径：第一，加强政府引导及监管。根据"国家干预理论"，市场机制局限性导致的市场失灵需要国家干预予以调配。网贷评级市场失灵在很大程度上源于信息不对称，具备专业技术与知识的评级平台和缺乏专业知识的金融消费者之间存在信息鸿沟，通过国家干预填补信息鸿沟对于保障消费者权益、维护金融稳定发挥重要作用，完善网贷评级信息披露能够有效减少虚假评级操作空间。第二，充分发挥行业协会的自律管理作用。相较于政府干预，行业协会自律管理更加专业便捷，通过制定网贷评级标准和制度直接约束业内网贷评级平台。在"政策指引—行业自律—政府监管"的网贷评级蓝图中，已经存在保护互联网金融消费者的原则性政策，下一步应致力于鼓励行业自律，具体而言可以由国家互联网金融安全技术专家委员会牵头，设定一定的准入资质要求，邀请具备资质的网贷评级平台加入评级工作，鼓励评级技术创新。第三，充分利用沙盒监管技术。沙盒监管不仅能适用于互联网金融平台的风险及资质测试，还可以应用于网贷评级机构的建立与完善。在沙盒设计环节根据评级机构的功能确定资格、治理、时间、测试限制和退出规则，待评级机构通过措施后出盒投入市场并实时跟进其发挥保护金融消费者合法权益的效果。

3. 健全信息安全保护机制及金融顾问制度

针对金融消费者信息安全问题，应当通过建立健全信息安全保护机制充分促进政府、网贷平台和行业协会协同发力。政府层面，加快互联网信息安全立法、加强对网贷平台信息安全核验及信息保护能力监管、提高对侵犯信息安全行为的检测和识别能力；同时注重对监管沙盒的升级运用，将信息保护能力作为测试时的重要指标，重点考察网贷平台的抗风险能力及风险应对方案，对于能够为用户信息提供基础性高级别保护的网贷平台方可准予出盒入市。网贷平台层面，加强技术革新，提高企业的社会责任感及主动性，遵守法律法规对于用户信息安全保护的要求；在用户协议中明确注明风险提示并在与消费者签约时尽到充分的释明义务及风险提示义务；积极申请实施沙盒测试，制定完备的测试方案，尤其聚焦用户信息保护测试，提高抗风险能力。行业协会方面，建立统一的网贷平台信息保护规范及指南，为业内网贷平台开展业务提供有益遵循；传授信息防火墙知识、提供防火墙技术，促进网贷平台抗风险能力的提高；加强行业监管，建立"黑名单"制度，统计屡次出现信息泄露事件的企业名单并予以公布。

针对信息披露问题，加快完善金融顾问制度。金融顾问作为第三方机构，具有一定的客观中立性，能够填补网贷平台单方掌握海量信息而金融消费者置身信息茧房所形成的信息鸿沟。同时，机构顾问掌握较为专业的金融知识，较为清楚维护消费者权益所需获取的信息，且具有专业的信息辨别与归纳能力，能够更有效协助金融消费者对网贷平台披露的信息提出要求，甄别虚假信息及风险漏洞。

4. 建立健全多元纠纷解决机制

诉讼具有强制性、终局性，在解决金融纠纷中发挥兜底作用，但在解纷过程中难以克服效率低下、专业性不足的问题。因而，应当加快建立健全多元纠纷解决机制，在诉讼之外通过多种途径更加快捷地化解纠纷。具体而言，第一，应当完善协调机制，可以由各地金融消费者权益保护委员会牵头，与地方政府金融工作议事机构签署备忘录，共同纠正被多次投诉举报的网贷领域不法行为，重拳整治侵害金融消费者权益的重点领域，营造良好营商环境。第二，建立完善金融督察专员或金融审查专员制度，[①] 设定专员介入网贷纠纷并作出裁决。专员制度的引入有利于弥补诉讼解纷专业性不足和效率低下的缺陷。第三，鼓励当事人诉诸仲裁解纷，充分发挥仲裁制度高效、灵活、便捷、专业的优势。

四、域外视野

(一) 信息披露及信息保护

美国联邦《诚实借贷法》（*Truth In Lending Act*，简称 TILA）是关于借贷行为的一般法案。这一法案同样适用于 P2P 网贷业务，要求信用中介机构、贷款人在借贷时必须及时、充分地向出借人披露相关信息。美国的《格拉斯–斯蒂格尔法案》（*Glass-Steagall Act*）禁止金融机构将其获取的非公开的个人信息公开给第三方，并且应在其用户办理业务时提前明确告知用户其个人非公开信息被获取的可能性。

在保护消费者隐私方面，按照有关隐私和数据安全法律的规定，P2P 平台不得将消费者个人信息透露给无关联的第三方，并且必须向消费者公开他们的隐私政策和实施措施，以及相关的风险共享信息。

P2P 平台还必须遵守专门的隐私与数据安全法律，相关法律中也包含有消费者隐私保护的条例。例如，《公平信用报告法》（*Fair Credit Re-porting Act*，FCRA）要求金融机构建立和落实一套防止盗用身份的程序；《公允债务清收习惯法》（*Fair Debt Collection Practices Act*）禁止向投资者泄露消费者的信息，债务催收的工作必须委托给指定的第三方机构

---

① 张郁：《中国 P2P 网贷消费者保护法律制度体系的完善——基于中美 P2P 网贷消费者保护的比较》，载《现代经济探讨》2020 年第 2 期。

执行。

(二)金融监管

在美国,依据金融危机后颁布的《多德-弗兰克华尔街改革与消费者保护法》(*The Dodd-Frank Wall Street Reform and Consumer Protection Act*,以下简称"《多德-弗兰克法案》")所成立的消费者金融保护局(Consumer Financial Protection Bureau,CFPB),负责金融消费者保护以及对涉及金融消费者的新型金融业态的监管立法,有权在其权限内制定相关的金融监管条例,以履行《多德-弗兰克法案》所赋予的金融消费者利益保护职责。具体而言,CFPB有权禁止金融机构(包括P2P网贷平台)向金融消费者提供可能存在欺骗性的业务。如有证据能表明后者开展的业务因业务本身可能的欺诈属性而导致金融消费者利益存在受损之虞,CFPB有权要求该金融机构披露一切有关信息。

(三)借款限额制度

美国(俄亥俄州)规定,P2P网贷平台的投资者出借资金不得超过个人净资产的10%;英国规定,出借人每一年度的最高投资额不得超过其个人净资产的10%;韩国则实行投资分层制度,针对一般投资者、所得收入达到综合课税的投资者以及专业投资者,分别给予不同的投资额度。

(四)金融消费者教育

在提高金融消费者维权意识和加强消费者教育方面,美国采取的主要措施是加强信息披露,P2P平台接受SEC监管,每天至少要提交一份信息披露情况报告。具体而言,P2P平台被要求将每天的贷款列表提交给SEC,保证当有消费者对P2P平台提起诉讼的时候,有存档的记录来证明其是否存在以错误信息误导消费者的情况。以此使消费者在申请贷款时免受不实信息的误导。P2P平台的注册文件和补充材料包含诸多信息,例如经营状况、潜在风险、管理团队的构成和员工薪酬,以及公司的财务状况。

任何希望成为P2P平台贷款人的消费者,必须尽可能全面地了解相关P2P平台,明确P2P借贷的内在风险。消费者有多种途径了解P2P借贷,有助于其衡量自身的风险承受能力,实现投资多元化,理智而非盲目地将钱投入P2P平台或者其他贷款当中。

(五)P2P平台对消费者的保护

除了遵守相关的法律和监管条例之外,P2P平台还采取了自律措施来保护消费者。如Lending Club将投资者的投资上限设为其净财产的10%,以此减少投资失败带来毁灭性个人财务危机的可能性。Prosper和Lending Club都制订了破产后备计划,一旦平台破产,就会有第三方机构来接管平台的运营,继续服务于消费者。Prosper还创立了Prosper Funding,保护所有的消费者在Prosper一旦破产时免受波及。此外两个平台都做了大量努力来增强风险管理能力，力求对借款人进行恰当的风险定价，降低违约风险。

美国 P2P 公司 Prosper 和 Lending Club 制订的类似破产后备计划，能为中国 P2P 平台提供一种保证提高业务量的同时又保障消费者权益的思路。

五、若干思考

虽然我国目前已将 P2P 基本清零，但互联网金融仍在蓬勃发展，从交易发生前的风险防范，到交易过程中的权益保护，直至交易完成后的维权保障，互联网金融消费者、互联网金融平台、政府部门、行业协会等各类主体应当如何维护金融消费者合法权益，仍值得我们关注和思考。其中亟待厘清的一个基础性问题是应如何划定互联网金融消费者的范围，这是为金融消费者提供保护的前提。

首先，互联网金融消费者是否属于《消费者权益保护法》中的消费者并受其保护？根据该法第 2 条，消费者为生活需要购买、使用商品或接受服务的适用该法。学界对于互联网金融消费者是否满足"为生活需要"存在两种相反观点，一种通过扩张解释认为金融消费者虽然通过投资获益，但最终目的是家庭生活需要，因而应当适用《消费者权益保护法》。另一种观点坚持资金增值和盈利不属于正常生活需要，互联网金融消费者不是《消费者权益保护法》保护的一般意义上的消费者，而应当适用专门的法律法规给予专业性的特别保护。

其次，互联网金融消费者是否限于自然人？通说认为互联网金融消费者是消费者的场景化，互联网消费者在本质上应当符合《消费者权益保护法》对消费者的界定，即为生活需要而消费的主体，而法人等实体组织不会产生生活需要，因而不应被界定为消费者，进而不能成为互联网金融消费者。另一种观点则认为，将互联网金融消费者定位为消费者并给予保护的逻辑起点为对缺乏专业知识、相对弱势主体提供保护，因而应当对法人等实体组织进行区分，将专业知识不足的组织纳入互联网金融消费者的范围。后一观点还借鉴了《网络借贷信息中介机构业务活动管理暂行办法》第 2 条的表述，根据该条，网络借贷是个体之间通过互联网平台实现的直接借贷，此处的个体包括自然人、法人及其他组织。

此外，互联网金融消费者与投资者的关系如何？一种观点从《消费者权益保护法》对消费者的识别出发认为投资者的目的在于资金增值和营利，而非为了生活需要，因而一概不属于金融消费者；另一种观点主张对投资者进行界分，分为一般投资者和专业投资者。一般投资者在金融交易中处于弱势地位，应将其界定为消费者并给予特别保护；专业投资者从金融信息的掌握到资金运作技巧的操作都有专业知识和技能作支撑，无须将其界定为金融消费者并给予特别保护。

我们认为，在专门法律规范未出台之前，应当使包括自然人、法人和其他实体组织在内的互联网金融消费者享有《消费者权益保护法》上消费者的地位并给予保护，其中应当对法人和其他实体组织所掌握金融知识的程度进行考察，对其给予针对弱势者的保护，一般投资者属于互联网金融消费者。

参 考 文 献

一、中文文献

[1]马克思:《资本论》,郭大力、王亚南译,上海三联书店 2009 年版。

[2]余劲松主编:《国际经济法学》,高等教育出版社 2019 年版。

[3]王传丽:《国际经济法》,中国政法大学出版社 2015 年版。

[4]张守文主编:《经济法学》,高等教育出版社 2019 年版。

[5]王献枢:《国际法》,中国政法大学出版社 2018 年版。

[6]中国人民大学国际货币研究所:《人民币国际化报告 2023》,中国人民大学出版社 2023 年版。

[7]王文、周洛华等:《货币主权:金融强国之基石》,中国金融出版社 2020 年版。

[8]韩龙:《国际金融法》,高等教育出版社 2020 年版。

[9]韩龙:《人民币国际化的法律问题》,人民出版社 2023 年版。

[10]韩龙:《金融法与国际金融法前沿问题》,清华大学出版社 2018 年版。

[11]韩龙等:《防范和化解国际金融风险和危机的制度建构研究》,人民出版社 2014 年版。

[12]李仁真:《国际金融法新视野》,武汉大学出版社 2013 年版。

[13]李仁真:《后危机时代的国际金融法》,武汉大学出版社 2010 年版。

[14]杨松:《银行法律制度改革与完善研究》,北京大学出版社 2011 年版。

[15]唐应茂:《国际金融法:跨境融资和法律规制(第二版)》,北京大学出版社 2020 年版。

[16]洪艳蓉:《金融监管治理》,北京大学出版社 2017 年版。

[17]冯果、袁康:《社会变迁视野下的金融法理论与实践》,北京大学出版社 2012 年版。

[18]廖凡:《国际货币金融体制改革的法律问题》,社会科学文献出版社 2012 年版。

[19]许多奇:《金融法精要》,法律出版社 2023 年版。

[20]李东方:《证券法》,北京大学出版社 2020 年版。

[21]彭兴韵:《金融学原理》,格致出版社 2019 年版。

[22]蒋远胜:《金融学》,西南财经政法大学出版社 2018 年版。

[23][英]克恩·亚历山大、拉胡尔·都莫、约翰·伊特威尔:《金融体系的全球治理》,赵彦志译,东北财经大学出版社 2010 年版。

[24]梅明华、李金泽:《项目融资法律风险防范》,中信出版社 2004 年版。

[25] 朱怀念：《国际项目融资法律问题研究》，武汉大学出版社 2002 年版。

[26] 刘大洪：《经济法学》，中国法制出版社 2007 年版。

[27] 郭锋：《新虚假陈述司法解释适用探讨》，载《法律适用》2023 年第 9 期。

[28] 马光：《论反制裁措施的国际合法性及我国反制裁立法的完善》，载《法治研究》2022 年第 1 期。

[29] 陶士贵：《大国博弈下美国对俄金融制裁新突破与俄反制创新：例证及启示》，载《太平洋学报》2023 年第 9 期。

[30] 王剑、尹轶帆：《多边央行数字货币桥：发展进程及其影响》，载《国际金融》2023 年第 1 期。

[31] 袁本祥：《探索我国跨境清算体系新路径：基于多边央行数字货币桥的安排》，载《清华金融评论》2023 年第 8 期。

[32] 蔡从燕：《论以"国际法为基础的国际秩序"》，载《中国学派》2023 年第 1 期。

[33] 蔡晓倩：《适当性义务司法适用评析——以金融消费权益保护为视角》，载《南方金融》2021 年第 4 期。

[34] 曹明：《我国证券域外管辖规则构建研究——以瑞幸咖啡财务造假事件为切入点》，载《南方金融》2021 年第 2 期。

[35] 曾凡平：《国外普通纪念币发行制度与启示》，载《青海金融》2014 年第 6 期。

[36] 曾嵘欣：《银行系统流动性风险的冲击、传染和响应》，载《上海金融》2018 年第 10 期。

[37] 崔蕾：《美国货币互换体制的法律缺陷及对中国的启示》，载《重庆大学学报（社会科学版）》2015 年第 1 期。

[38] 戴升、江朋涛、李浩：《蚂蚁集团暂缓上市的金融监管透视》，载《江苏商论》2021 年第 9 期。

[39] 聊丘泰、温建东：《央行货币互换：是否加速了货币多元化》，载 FT 中文网 2023 年 5 月 25 日。

[40] 丁宇翔：《证券发行中介机构虚假陈述的责任分析——以因果关系和过错为视角》，载《环球法律评论》2021 年第 6 期。

[41] 樊志菁：《美国财政部将瑞士、越南列为汇率操纵国；瑞士：没有参与任何形式的货币操纵》，载《第一财经》2020 年 12 月 17 日。

[42] 樊志菁：《美联储联合五大央行加码美元互换协议，稳定流动性》，载《第一财经日报》2023 年 3 月 21 日。

[43] 甘培忠、张菊霞：《IPO 注册体制下证券监管机构的功能调整——从证监会和交易所分权视角观察》，载《法律适用》2015 年第 7 期。

[44] 左常午、赵惠妙：《中概股危机背景下协议控制模式的博弈与规制》，载《湘潭大学学报（哲学社会科学版）》2022 年第 5 期。

[45]郭金良:《我国〈证券法〉域外适用规则的解释论》,载《现代法学》2021年第5期。

[46]郭文旭:《新〈证券法〉实施下特别代表人诉讼的启动程序——规则解读、制度构思和完善建议》,载《南方金融》2021年第6期。

[47]郭瑜:《论信用证欺诈及其处理》,载《法学》2000年第10期。

[48]孙炜、何迎新:《境内外存托凭证监管制度比较研究》,载《西南金融》2021年第5期。

[49]韩洪灵、陈帅弟、陆旭米等:《瑞幸事件与中美跨境证券监管合作:回顾与展望》,载《会计之友》2020年第9期。

[50]韩立余、梁意:《汇率与补贴关系的全球治理》,载《中国高校社会科学》2021年第5期。

[51]韩龙:《美国对人民币汇率的法律指控及其新变化》,载《法治研究》2011年第5期。

[52]黄雪雅:《外资银行管理法规修订对外资银行的影响浅析》,载《福建金融》2020年第5期。

[53]孔凡尧:《对金融科技企业监管的思考——以蚂蚁金服为例》,载《山西财税》2020年第12期。

[54]李东方:《存托凭证投资者权益保护制度的特殊性及其完善——兼论我国现行存托凭证制度的完善》,载《法学评论》2022年第3期。

[55]李海龙:《跨境上市制度:美国的实践及启发》,载《证券法苑》2019年第2期。

[56]李军:《新金融背景下新〈证券法〉证券扩容辨析》,载《成都理工大学学报(社会科学版)》2022年第4期。

[57]李钦:《指定银行善意议付论》,载《中国外汇》2020年第22期。

[58]李仁真:《论国际银行的并表监管》,载《经济评论》2000年第3期。

[59]李晓慧、孟春:《有效内部控制的关键环节研究——来自巴林银行、兴业银行和瑞士银行的多案例对比》,载《财政研究》2012年第2期。

[60]李依琳、康习风:《中国商业银行金融产品市场的法律监管——以"原油宝"为例分析》,载《中国外资》2021年第19期。

[61]李有星、潘政:《瑞幸咖啡虚假陈述案法律适用探讨——以中美证券法比较为视角》,载《法律适用》2020年第9期。

[62]廖凡:《国际货币体制的困境与出路》,载《法学研究》2010年第4期。

[63]刘刚、刘娟、唐婉容:《比特币价格波动与虚拟货币风险防范——基于中美政策信息的事件研究法》,载《广东财经大学学报》2015年第3期。

[64]刘汉广:《互联网金融系统性风险治理的法治化思考——以"蚂蚁金服"平台为例》,载《社会科学动态》2022年第1期。

[65]潘圆圆:《VIE架构:概念、利弊和政策含义》,载《国际金融》2023年第7期。

[66]彭志杰:《破解中概股退市困局:论中美跨境审计监管合作机制构建》,载《南方金融》2022年第10期。

[67] 柴永芳、黄家驹:《防范网络小贷系统性风险——基于蚂蚁金服与美国次贷危机的比较》,载《吉林金融研究》2021 年第 7 期。

[68] 漆彤、卓峻帆:《加密货币的法律属性与监管框架——以比较研究为视角》,载《财经法学》2019 年第 4 期。

[69] 乔仕彤:《IMF〈对成员国政策双边监督的决定〉评述》,载《金融法苑》2008 年第 4 期。

[70] 任妍姣:《论中国存托凭证信息披露规则之完善》,载《南方金融》2020 年第 4 期。

[71] 刘威、柳剑平:《从限制性的视角论经济制裁》,载《武汉大学学报(哲学社会科学版)》2009 年第 2 期。

[72] 师华、王华倩:《外资协议控制模式国家安全审查实践操作探析》,载《国际商务研究》2022 年第 2 期。

[73] 史欣媛:《比例连带责任在中介机构虚假陈述责任认定中的适用》,载《河南财经政法大学学报》2022 年第 4 期。

[74] 宋楠、唐欣语:《美联储的货币互换机制》,载《中国金融》2015 年第 19 期。

[75] 唐豪、朱琳:《我国证券纠纷代表人诉讼的程序解构及其重塑》,载《南方金融》2021 年第 3 期。

[76] 王东光:《对赌协议的效力及司法裁判路径》,载《现代法学》2023 年第 3 期。

[77] 王然、彭真明:《证券虚假陈述中的律师侵权赔偿责任——兼评 487 名投资者诉五洋公司、上海锦天城律师事务所等被告证券虚假陈述责任纠纷案》,载《社会科学家》2022 年第 4 期。

[78] 王中义、杨聪惠:《虚拟货币的财产属性认定及涉案财产处置问题》,载《人民法院报》2023 年 9 月 1 日。

[79] 吴弘、陆瑶:《论契约型私募基金强制清算的制度建构》,载《金融发展研究》2022 年第 6 期。

[80] 谢晓雪:《硅谷银行破产事件对商业银行的启示》,载《中国金融》2023 年第 7 期。

[81] 邢会强:《证券市场虚假陈述中的勤勉尽责标准与抗辩》,载《清华法学》2021 年第 5 期。

[82] 徐冬根:《论政府在国际项目融资中的主导作用》,载《法治论丛》2004 年第 3 期。

[83] 徐明棋:《央行货币互换:对国际货币体系的影响》,载《社会科学》2016 年第 3 期。

[84] 袁怡:《信用证欺诈例外之例外中议付银行的"善意"认定——以东亚银行上海分行与江苏普华有限公司信用证欺诈纠纷案为例》,载《对外经贸实务》2021 年第 11 期。

[85] 张鸿:《当心项目融资风险——印度大博(Dabhol)电厂失败案例分析》,载《对外经贸实务》2002 年第 1 期。

[86] 张继红、牛佩佩:《美国数字货币监管考量及对我国的启示》,载《金融法苑》2018 年第 1 期。

[87] 张劲松、董立:《存托凭证法律析》,载《现代法学》2001 年第 2 期。

[88] 张明：《全球货币互换：现状、功能及国际货币体系改革的潜在方向》，载《国际经济评论》2012 年第 6 期。

[89] 张庆麟：《论人民币加入特别提款权货币篮子后的汇率义务》，载《东方法学》2021 年第 3 期。

[90] 张郁：《中国 P2P 网贷消费者保护法律制度体系的完善——基于中美 P2P 网贷消费者保护的比较》，载《现代经济探讨》2020 年第 2 期。

[91] 赵炳昊：《加密数字货币监管的美国经验与中国路径的审视》，载《福建师范大学学报（哲学社会科学版）》2020 年第 3 期。

[92] 赵旭东：《第三种投资：对赌协议的立法回应与制度创新》，载《东方法学》2022 年第 4 期。

[93] 郑劭杰：《金融衍生品的合规性与投资者适当性义务研究——基于"原油宝"事件的反思》，载《投资与合作》2023 年第 1 期。

[94] 中国人民银行货币政策司青年课题组：《走向更加市场化的人民币汇率形成机制》，载《中国金融》2020 年第 17 期。

[95] 杨东、陈哲立：《虚拟货币立法：日本经验与对中国的启示》，载《证券市场导报》2018 年第 2 期。

[96] 杨宏芹、张岑：《对赌协议法律性质和效力研究——以"海富投资案"为视角》，载《江西财经大学学报》2013 年第 5 期。

[97] 杨松：《央行数字货币制度演进的国际法关照》，载《政法论丛》2023 年第 1 期。

[98] 杨松：《跨国银行境外机构的母国监管责任》，载《法学家》2009 年第 6 期。

[99] 李有星、汤方实：《证券虚假陈述赔偿案件审计机构责任新动态——以乐视网案判决为例证》，载《财会月刊》2023 年第 24 期。

[100] 袁康、唐峰：《金融科技公司的风险防范与监管对策》，载《山东大学学报（哲学社会科学版）》2021 年第 5 期。

[101] 于品显：《中央银行数字货币法律问题探析》，载《上海对外经贸大学学报》2020 年第 2 期。

[102] 刘少军：《法定数字货币的法理与权义分配研究》，载《中国政法大学学报》2018 年第 3 期。

[103] 赵桂刚：《我国央行数字货币运行机制及相关法律问题探析》，载《金融观察》2020 年第 10 期。

[104] 刘向民：《央行发行数字货币的法律问题》，载《中国金融》2016 年第 17 期。

[105] 杨涛：《理性认识金融科技监管沙盒的改革探索》，载《人民论坛·学术前沿》2022 年第 17 期。

二、英文文献

[1] Alexander R. Perry, The Federal Reserve's Questionable Legal Basis for Foreign Central Bank

Liquidity Swaps, Columbia Law Review, 2020.

[2] Bank of the West v. Valley Nat. Bank of Arizona. F. 3d 471 (9th Cir. 1994).

[3] Colleen Baker, The Federal Reserve's Use of International Swap Lines, Social Science Electronic Publishing, 2013.

[4] Financial Conduct Authority, Global Financial Innovation Network (GFIN), Consultation Document, 2018.

[5] Financial Conduct Authority, Regulatory Sandbox Accepted Firms, Regulatory Sandbox, 2023.

[6] Financial Conduct Authority, Regulatory Sandbox Eligibility Criteria, Regulatory Sandbox, 2022.

[7] Financial Conduct Authority, Regulatory Sandbox, FCA Innovation Hub., 2023.

[8] Financial Stability Board, Fintech: Describing the Landscape and A Framework for Analysis, Research Report, 2016.

[9] Ivo Jeni'k, Schan Duff, Regulatory Sandboxes: A Practical Guide for Policy Makers, CGAP Regulatory Sandboxes Overview, 2021.

[10] John J. Kerr, Janet Whittaker, "Dabhol Dispute", Construction Law International, 2006.

[11] Joseph D. Becker, International Insolvency: The Case of Herstatt, American Bar Association Journal, 1976.

[12] Jyoti P. Gupta, Anil K. Sravat: Development and Project Financing of Private Power Projects in Developing Countries: A Case Study of India, International Journal of Project Management, 1998.

[13] Sharmista Appaya, Mahjabeen Haji, Four Years and Counting: What We've Learned from Regulatory Sandboxes, Word Bank Blogs, 2020.

[14] Treasury Designated China as a Currency Manipulator, Federalreserve Gov., 2019.

[15] Treasury Releases Report on Macroeconomic and Foreign Exchange Policies of Major Trading Partners of the United States, Federalreserve Gov., 2023.

[16] U. S. Department of the Treasury, A Financial System that Creates Economic Opportunities Nonbank Financials, Fintech, and Innovation, 2018.

[17] Francois Gianviti, Current Legal Aspects of Monetary Sovereignty, https://www. imf. org/external/pubs/nft/2006/cdmf/ch1law. pdf, 2006.

[18] Steffen Murau Jens Van't Klooster, Rethinking Monetary Sovereignty: The Global Credit Money System and the State, Cambridge University Press, 2022.

[19] CBDCs: An Opportunity for the Monetary System, https://www. bis. org/publ/arpdf/ar2021e3. htm, 2021.

[20] European Central Bank: A Stocktake on the Digital Euro, https://www. ecb. europa. eu/

paym/digital ＿ euro/investigation/profuse/shared/files/dedocs/ecb. dedocs231018. en. pdf，2023.

［21］Eurosystem Proceeds to Next Phase of Digital Euro Project，https：//www. ecb. europa. eu/press/pr/date/2023/html/ecb. pr231018～111a014ae7. en. html，2023.

［22］Project MBridge：Experimenting with A Multi-CBDC Platform for Cross-border Payments，https：//www. bis. org/about/bisih/topics/cbdc/mcbdc_bridge. htm，2023.

［23］Emmer's CBDC Anti-Surveillance State Act Passes Financial Services Committee，https：//emmer. house. gov/2023/9/emmer-s-cbdc-anti-surveillance-state-act-passes-financial-services-committee，2023.

［24］Ross P. Buckley，Mia Trzecinski，Central Bank Digital Currencies and the Global Financial System：The Dollar Dethroned? Capital Markets Law Journal，2022.

三、官方网站

［1］国际货币基金组织：https：//www. imf. org/

［2］世界银行：https：//www. worldbank. org/

［3］世界贸易组织：https：//www. wto. org/

［4］金融稳定理事会：https：//www. fsb. org/

［5］国际清算银行：https：//www. bis. org

［6］国际证监会组织：https：//www. iosco. org/

［7］国际保险监督官协会：http：//www. iaisweb. org/home

［8］国际掉期与衍生工具协会：https：//www. isda. org/

［9］大西洋理事会：https：//www. atlanticcouncil. org/

［10］中国中央人民政府：https：//www. gov. cn/

［11］中国商务部全球法律网：http：//policy. mofcom. gov. cn/law/index. shtml

［12］国家金融监督管理总局：https：//www. cbirc. gov. cn/

［13］中国人民银行：http：//www. pbc. gov. cn/

［14］中国证券监督管理委员会：http：//www. csrc. gov. cn/

［15］中国法学网：http：//iolaw. cssn. cn/

［16］中国裁判文书网：https：//wenshu. court. gov. cn/

［17］中国法院网：https：//www. chinacourt. org/index. shtml

［18］上海金融法院：http：//www. shjrfy. gov. cn/

［19］北京金融法院：https：//bjfc. bjcourt. gov. cn/

［20］上海证券交易所：http：//www. sse. com. cn/

［21］深圳证券交易所：https：//www. szse. cn/

［22］香港保险业管理局：https：//www. ia. org. hk/sc/index. html

［23］香港金融管理局：https：//www. hkma. gov. hk/gb_chi

［24］新加坡金融管理局：Monetary Authority of Singapore

［25］英国金融行为监管局：https：//www. fca. org. uk

［26］美国财政部：https：//home. treasury. gov

［27］美国联邦储备系统：https：//www. federalreserve. gov/

［28］美国消费者金融保护局：https：//www. consumerfinance. gov/

［29］美国证券交易委员会网：https：//www. sec. gov/

［30］美国财政部外国资产控制办公室：https：//ofac. treasury. gov/

［31］欧洲中央银行：European Central Bank（europa. eu）

［32］瑞典中央银行：Start丨Sveriges Riksbank

附　录

一、缩略语

(一)法律文件

简称	英文全称	中文全称
IMF 协定	Agreement of the International Monetary Fund	《国际货币基金协定》
GATS	General Agreement on Trade in Services	《服务贸易总协定》
FRM	Financial Reporting Manual	《财务报告手册》
2007 年决定	Decision on Bilateral Surveillance over Members' Policies	《IMF 对成员国政策双边监督的决定》
UCP600	Uniform Customs and Practice of Documentary Credit, ICC Publication No. 600	《跟单信用证统一惯例》第 600 号出版物
ECOA	Equal Credit Opportunity Act	《平等信贷机会法》
FBSEA	Foreign Bank Supervision Enhancement Act	《强化外资银行监管法》
FCRA	Fair Credit Re-porting Act	《公平信用报告法》
FRA	Federal Reserve Act	《美国联邦储备法》
FSMA	Financial Services Markets Acts	《金融服务和市场法案》
HFCAA	Holding Foreign Companies Accountable Act	《外国公司问责法案》
ISBP	International Standard Banking Practise for the Examination of Documents Under Documentary Credits	《关于审核跟单信用证项下单据的国际标准银行实务》
OTCA	Omnibus Trade and Competitiveness Act of 1988	《1988 年综合贸易与竞争法》
PSA	Payment Services Act(资金决済に関する法律)	《日本资金结算法》
PSBFE	Principles for the Supervision of Banks Foreign Establishments	《对外国银行机构的监管规则》
TFTEA	Trade Facilitation and Trade Enforcement Act of 2015	《2015 年贸易便捷与贸易促进法》
TILA	Truth in Lending Act	《诚实借贷法》

简称	英文全称	中文全称
URVCBA	Uniform Regulation of Virtual Currency Business Act	《统一虚拟货币经营监管法案》
CBDC ASSA	The CBDC Anti-Surveillance State Act	《CBDC 反监控法案》

（二）国际金融组织和金融监管机构

简称	英文全称	中文全称
IMF	International Monetary Fund	国际货币基金组织
FSB	Financial Stability Board	金融稳定委员会
BIS	Bank for International Settlements	国际清算银行
BCBS	Basel Committee on Banking Supervision	巴塞尔银行监管委员会
SWIFT	Society for World Interbank Financial Telecommunications	环球银行金融电信协会
OFAC	The Office of Foreign Assets Control of the US Department of the Treasury	美国财政部外国资产控制办公室
PCAOB	Public Company Accounting Oversight Board	美国上市公司会计监督委员会
SEC	United States Securities and Exchange Commission	美国证券交易委员会
PCAOB	Public Company Accounting Oversight Board	美国上市公司会计监督委员会
CFTC	U. S. Commodity Futures Trading Commission	美国商品期货交易委员会
FCA	Financial Conduct Authority	英国金融行为监管局
Fed	The Federal Reserve System	美国联邦储备系统
MAS	Monetary Authority of Singapore	新加坡金融管理局
HKMA	Hong Kong Monetary Authority	香港金融管理局
CFPB	Consumer Financial Protection Bureau	消费者金融保护局
PRA	Prudential Regulation Authority	审慎监管局

（三）其他专有名词

简称	英文全称	中文全称
SDR	Special Drawing Right	特别提款权
CBDC	Central Bank Digital Currencies	央行数字货币
E-CNY	Electronic Chinese Yuan	数字人民币
MBridge	Multi-CBDC Bridge	多边央行数字货币桥项目

简称	英文全称	中文全称
PSP	Payment Service Provider	支付服务提供商
BTC	Bitcoin	比特币
DR	Depository Receipt	存托凭证
CDR	Chinese Depository Receipt	中国存托凭证
GDR	Global Depository Receipt	全球存托凭证
ADR	American Depository Receipt	美国存托凭证
Fin Tech	Financial Technology	金融科技
BOT	Build Operate Transfer	建设—经营—移交
GFIN	Global Financial Innovation Network	全球金融创新网络
CIROR	CFETS Interbank Reference Offered Rate	境内外币同业拆放参考利率
IPO	Initial Public Offerings	首次公开发行股票
LIBOR	London InterBank Offered Rate	伦敦银行间同业拆借利率
MJDS	Multi-Jurisdictional Disclosure System	多司法管辖区披露系统
NS-MBS List	Non-SDN Menu-Based Sanctions List	非 SDN 菜单式制裁名单
SDN List	OFAC's List of Specially Designated Nationals List	特别指定国民名单
NAL	No-Action Letter	不采取行动通知(美国)
NALs	No Enforcement Action Letters	不采取行动通知(英国)
P2P	Peer to Peer Lending	点对点网络借贷
SPV	Special Purpose Vehicle	特殊目的公司
RTGS	Real-time Gross Settlement	实时全额结算
VIE	Variable Interest Entities	可变利益实体
SOVIEFR	Secured Overnight Financing Rate	美元担保隔夜融资利率

二、部分裁判依据

(一)国际法依据

《国际货币基金协定》《国际复兴开发银行协定》《服务贸易总协定》《对银行国外机构的监管原则》《巴塞尔资本协议Ⅰ》《巴塞尔资本协议Ⅱ》《巴塞尔资本协议Ⅲ》《有效银行监管核心原则》《跟单信用证统一惯例》《关于审核跟单信用证项下单据的国际标准银行实务》《中美审计监管合作协议》

（二）国内法依据

《民法典》《民事诉讼法》《刑法》《公司法》《中国人民银行法》《商业银行法》《证券法》《证券投资基金法》《仲裁法》《人民币管理条例》《商业银行资本管理办法》《证券发行上市保荐业务管理办法》《银行业金融机构衍生产品交易业务管理暂行办法》《私募投资基金募集行为管理办法》《银行保险机构消费者权益保护管理办法》《最高人民法院关于审理信用证纠纷案件若干问题的规定》《最高人民法院关于审理证券市场虚假陈述侵权民事赔偿案件的若干规定》《最高人民法院关于证券纠纷代表人诉讼若干问题的规定》《全国法院民商事审判工作会议纪要》